小学语文教师书林

统编教材最新教师教学用书
一百多个语文名师工作室联合打造

小学语文名师

文本教学解读及教学活动设计

总主编 吴忠豪 薛法根
副主编 张祖庆 王冬精 杨文华

六年级 下册

上海教育出版社
SHANGHAI EDUCATIONAL
PUBLISHING HOUSE

编委名单

总　主　编：吴忠豪　薛法根

副　主　编：张祖庆　王冬精　杨文华

本　册　主　编：沈玉芬

本册副主编：范建健

编委成员（按姓氏笔画排序）

王冬精　杨文华　吴忠豪　沈玉芬　张祖庆　陈　飞　范建健　姜明红
夏江萍　徐国荣　薛法根　魏　星

编写人员（按姓氏笔画排序）

王勇燕　韦艳青　水小叶　孔怡菲　申玲燕　刘冬亚　杨静莉　狄永红
闵　慧　沈玉芬　沈　花　沈松明　沈静怡　张　贤　陆振烨　陈　飞
范建健　季　勇　赵敏芳　赵源林　钟桂芳　俞晓云　姜欢晓　夏江萍
徐国荣　徐　莉　黄　妍　曹志科　梁昌辉　蒋熙玲　傅　红　蔡海峰
蔡静艳　樊小园　魏　星　魏斯化

《小学语文教师》杂志
官方微信平台

扫描二维码，关注"小学语文教师杂志"公众号（ID：xxywjszz），回复关键词"六下课件获取"即可获取名师课件PPT链接。

编写说明

关注学生语言实践，提升语文核心素养
（代序言）

　　这套教师参考用书是由"中国语文报刊协会名师专业发展研究会"（以下简称名研会）组织编写的。名研会是全国小学语文名师自发形成的学术性组织，前身为"全国小学语文名师工作室联盟"，2018年5月正式加入中国语文报刊协会，成为其旗下的一个二级学会。学会聚集了全国20多个省、市、自治区160名小学语文名师，其中有正高级教师近40名，绝大部分为各地有影响的特级教师。

　　学会自2015年成立以来，一直围绕着"关注学生语言实践，提升语文核心素养"开展研究。这个主题包含当前语文教学改革中两个热词，一是"核心素养"；二是"语言实践"。语文素养是核心素养的重要组成部分，学生的语文素养是在语言实践中获得并提升的，所以这两个关键词是有密切联系的。2016年学会在福州召开年会，对这个专题研究开了个头；2017年在浙江义乌召开年会，用课堂教学的方式交流展示各地名师对这个主题的认识和研究成果；2018年学会在安徽合肥开会，结合统编教材对该主题进行深入研究。三次年会的学术含量很高，通过各地名师的智慧碰撞和课堂实践研讨，大家对语文课程实践性特点在理论上有了更加清晰的认识，对"实践性"如何在课堂里落地，在教学方法和途径上总结出不少经验。"关注学生语言实践，提升语文核心素养"，已逐步成为名师教学研究和教学实践中的一种主动追求和自觉行为。

　　为扩大名研会全体会员多年来学术研究成果的影响，使其能够更大范围地惠及广大语文教师，引领我国小学语文教学改革向更加健康的方向发展，学会常务理事会于2017年春决定，于当年秋季全国中小学语文学科统一使用教育部最新编写的语文教材之际，充分发挥各地名师卓越的教学智慧和丰富的实践经验，编写一套《小学语文名师文本教学解读及教学活动设计》，为广大小学语文教师提供一套既能反映语文教学改革最新理念和研究成果，又能切实有效地帮助教师备课时答疑解惑的实用的教学用书。

　　与以往同类的教师用书相比，这套丛书在编写指导思想上发生了明显的变化，具体表现在以下几个方面。

第一,强调语文核心素养的培养。

语文课到底"教什么",长期以来我们对这个语文教学最基本的原理问题在认识上一直存在着误区。经过这几年的深入研讨,越来越多的语文教师开始认同语文课不是教课文内容,课文只是例子,语文课应该是用课文教学生学语文。让学生学好祖国的语言文字,熟练掌握运用语言文字的能力,是语文学科的专职,也是语文核心素养的核心。语文课程当然也承担着思想、情感、审美教育方面的任务,但在教学过程中这些任务应该是渗透在语文知识教学和语文能力培养过程之中的,应该是结合在听说读写的实践过程中实现的,应该是一种"润物细无声"的教育。如果把思想、情感、审美教育从语文知识教学和语文能力培养中剥离出来,甚至无限放大或强化,就会异化语文课程的性质。在强调核心素养培养的背景下,我们必须认真反思近20年来语文课程改革对学生全面发展的有益经验和不足之处,按照小学生的心理特点和学习语文的规律,正确把握语文课程的性质和任务,探寻语文课程与教学改革的路径,使语文课程改革沿着正确的方向推进。

以往教学参考书在教材解读部分主要是帮助教师理解课文思想内容和写作方法,因此侧重在分析课文的段落层次、主要内容和中心思想,分析文章的语言特点和表达方法,等等,这样解读文本,更多的是按照文学解读的思路去解读文本。其实语文教师的文本解读是一种语文教学专业性质的解读,应该从学生学习语文的需求去解读文本,应该侧重于"语文教学内容的解读",而不是进行"文学解读"。因此这套丛书将以往的"教材分析"改名为"文本教学解读",强调的是教学解读,是以小学生为学习对象,从语文学习的角度去解读这个文本要教什么,提炼出符合小学生语文学习规律的教学内容,包括字词要学什么,朗读要学什么,积累要学什么,哪些语言形式要学会运用,文本解读的关键词是"教学内容"。

我们来看第一册《雪地里的小画家》的文本教学解读部分,一开始只用简短文字对课文思想内容和表达特点进行简明扼要的分析,然后重点解读这篇课文的教学内容:1. 识写生字;2. 朗读课文;3. 背诵积累;4. 迁移运用。这四个方面基本覆盖了这篇课文的教学内容,再围绕每一部分教学内容对其重点难点进行解读,并且有针对性地提出了教学方法。比如朗读部分,要"鼓励学生自己尝试朗读课文","句子指导重点落在'青蛙为什么没参加? 他在洞里睡着啦'这一句上。教师先范读,并提醒学生注意听,然后带着学生从分句到整句、从一句到几句,逐步提高所读句子的难度,读熟课文"。

编写这套丛书的目的之一就是要将每篇课文的教学内容通过文本教学解读呈现出来,在课堂活动的设计中呈现出来。这样可以帮助教师准确把握每篇课文的教学内容,努力消减语文教师备课时在选择教学内容方面的困难。

第二，强调学生的实践活动。

《语文课程标准》指出：语文是一门实践性课程，学生的语文能力是在实践中形成的，不是教师讲会的。以往的语文课主要采用讲读课文的方法，它的基本特征就是以教师讲解为主，这样一种教学方法其实并不符合学生语文学习规律。著名语文教育家于永正老师退休以后对自己的语文教育生涯进行深入总结。他指出：学生的"语文能力不是讲出来的，学习兴趣不是讲出来的，情感态度更不是讲出来的。讲，真的作用有限。如果再让我教小学语文，怎么教？多读书，读好书，好读书，读整本书，不但读，多读多背，多读多写"。这是于老师近六十年语文教学的切身体会。阅读能力是读出来的，作文能力、说话能力是在实践当中形成的，这是语文教学的基本规律。

当下语文教学改革必须从以教师讲解为主的误区中走出来，强调学生的语文实践活动。语文课主要不是研究教师怎么讲，而应该研究如何设计有效的活动组织学生去实践，在实践活动中提高学生的语文能力。这套丛书在设计教学活动时，努力将"以教师讲述为主"的设计，改变成"以学生学习活动为主"的教学活动设计，增加课堂中学生语文实践活动的机会。比如第一册入学教学《天地人》这一课教学"人"这个生字，教师设计的教学活动是给"人"字找朋友：

师：我说男人。

生：我对女人。

师：我说好人。

生：我对坏人。

还可对：大人、小人；白人、黑人；中国人、外国人……

用师生对答的方式来认读巩固生字的读音，同时通过生字组词，扩展学生词汇。

这一课教师还设计了两个运用"你我他"三个生字的活动：

活动设计一：借助"你我他"，介绍彼此姓名。

活动设计二：借助"你我他"，介绍彼此关系。教师和两名学生先一起示范，轮流介绍"我是某某某，你是我的老师，他是我的同学"，然后要求学生模拟角色介绍（准备爸爸妈妈的头饰），请小朋友用"我"的身份来介绍。

重视学生学习活动的设计，可以变以教师教为主的语文课堂为以学生学为主的语文课堂，最大程度引导学生参与学习，发挥学生学习主动性和积极性，让学生在亲身参与的活动中提高听、说、读、写能力，增加学生的获得感，从而激发他们学习语文的兴趣和动机。

第三，采用板块式教学设计模式。

所谓"板块式教学设计"，就是将一堂课的教学过程划分成若干个板块（模块），每一个板块聚焦一项目标展开教学,这项目标可以是检查学习生字,可以是学生预习情况交流,可以是指导朗读,可以是理解课文内容,也可以是研究课文的一种表达方式,或者结合课文设计的一次说话写话练习,等等。"板块教学"是相对于常态的"直线型"课堂教学设计而言,"直线型"教学设计就是围绕课文思想内容的理解,先是初步理解,然后逐段分析,最后总结提升。"直线型"教学设计目标指向课文思想内容的理解,而语文知识或方法教学往往呈碎片化状态,往往是随意插入,蜻蜓点水,浅尝辄止,很难按照语文知识或语文方法本身的学习规律展开教学。

板块式教学设计模式的最大优点就是教学目标明确集中,每一个板块教学都瞄准一个目标设计教学,教师教什么、学生学什么都非常清楚。我们看一年级上册第四单元《小小的船》一课板块设计。这篇课文教学划分为五个板块:板块一、认读字词,读通课文;板块二、读出节奏,感受形象;板块三、多种方式,背诵课文;板块四、积累叠字,拓展运用;板块五、认识笔画,学写汉字。根据一堂课的教学目标把教学过程分解成若干个板块,每个板块集中落实一项目标,可以极大提高教师的目标意识,避免了教师什么都想抓,什么都要教,结果什么都没教好的尴尬。

板块式教学设计还有一个好处是使复杂的语文教学设计变得相对简单。只要准确把握好一堂课的主要教学目标,然后围绕这些教学目标一项一项设计,一般来说一项目标设计一个或两个板块。比如一年级上册第六单元《比尾巴》一课的教学目标是:1. 认识"提手旁""八字头"两个偏旁,认识 11 个生字,会写 4 个生字。2. 学习朗读问句,正确流利地朗读课文,会背诵课文。3. 学习儿歌的问答方式迁移说话。设计者按照教学目标设计了五个板块:板块一、认读字词,认识事物;板块二、正确连贯地朗读课文;板块三、活动体验,快乐背诵;板块四、图文阅读,话题交流;板块五、认识竖提,学写汉字。第一个教学目标主要应该由板块一和板块五落实;第二个教学目标中的朗读和背诵分别通过第二板块和第三板块达成;第三个教学目标是迁移说话,主要由第四板块来达成。这样设计课堂教学,每一板块的教学内容教师一目了然,当然更加容易把握,能很大程度上简化语文教师教学设计和课堂教学的复杂程度。

根据不同课文的特点灵活设计出不同的板块组合,是薛法根老师独创的课堂教学模式,其有效性经受过长期的教学实践检验,并获得了广大语文教师的广泛认同。我们在这套丛书中提倡以板块教学模式设计教学过程,主要是希望以此替代并改变长期来教师习以为常的以理解课文思想内容为主要目标的讲读式语文教学模式。当然这并非说板块式教学尽善尽美,如果不能按照年段特点和学生学习规律灵活变通,有时也难免会显得机械、刻板。比如低年级阅读教学中,朗读是最经常最重要的教学方法,应该贯穿阅读教学全过程,通过一个板块训练学生朗读,对学习某种朗读技巧或许有效,但是对学生内化课文语言,形成熟练的朗读技能以及语感的培养等其实并不有利。板块式教学模式优点明显,但是还需广大教师结合自己的教学实践,不断探索,不断完善。

这套教学用书能够编写完成,首先要感谢名研会的各位名师工作室主持人。他们以极大的热忱和认真负责的态度,发动所在工作室成员在繁忙教学工作之余挤出时间,夜以继日地赶写书稿,并在工作室内部反复讨论,认真修改,有些文稿甚至修改了6次之多。正是由于他们的不懈努力和认真负责的态度,才能高质量地完成这套丛书的编写工作。这些名师都是各地小学语文教学改革的领军人物,在各地区都有很大的影响力。他们既有相当的理论造诣,又有丰富的教学实践经验,由这批名师担纲编写这套教学用书,是最理想编写人选,也是这套教学用书质量的保证。

我们还要感谢上海教育出版社社长缪宏才、副总编何勇等各位领导和《小学语文教师》杂志执行主编杨文华,编辑朱丹瑾、李航、王凯莉、饶晓敏、方晨和兰蕊,由于他们的鼎力支持和辛勤工作,这套书才能顺利出版。

"名研会"的几位领导,薛法根理事长,张祖庆秘书长,王冬精、杨文华两位副秘书长,他们为这套丛书的策划、编写、出版殚精竭虑,全方位地贡献自己智慧,付出了大量的劳动。这套丛书的顺利出版,体现了"名研会"强大的凝聚力、行动力和战斗力,并且显示了广大语文教师包括参与编写的名师对这套丛书价值的期望。

由于这套丛书编写是一项富有创造性的工作,因此存在某些不足在所难免。比如课文的文本教学解读,实质上是对每篇课文教学内容的选择与概括,学术含量高,技术难度大,对编写教师是很大的挑战。尽管我们在编写时要求分册主编组织编写组核心组成员将全册教材各篇课文的教学内容条分缕析地加以梳理,比如写字指导,比如朗读训练,比如表达说话,等等,各单元教学重点是什么,怎么循序渐进地安排教学内容,反复多次进行研究讨论。然而这项工作现在只可能一册一册进行,不能立足于全套教材加以研究梳理,因此在教学内容的选择和确定上会有很大的局限。还有这套丛书在教学设计中强调学生实践活动,这是语文改革的方向,但如何设计出有效、有趣并有创意的实践活动,对编写教师也是新的课题,需要在教学实践中不断探索研究,不断尝试实践,才能逐步成熟。因此这套丛书无论是在文本教学解读准确性、合理性方面,还是在教学活动设计的适切性、有效性方面,肯定还存在不少问题。好在这套丛书后续编写工作时间还很长,我们将与学会的各位名师在今后编写工作中不断学习,不断改进,保证丛书编写的高质量。

恳请各位语文专家和广大老师对本书提出宝贵意见和建议,以便我们编写后续教学用书时加以改进。

上海师范大学　吴忠豪

2020 年 1 月

目　录

第一单元

　　本单元的人文主题是"中华民风民俗"，共选编了四篇课文、习作《家乡的风俗》和《语文园地》。散文《北京的春天》描绘的是老北京节日风俗。老舍先生用朴素自然、流畅通达、京味十足的语言，再现了老北京老百姓过春节的习俗和氛围，内容丰富，气氛热闹，情感美好。课文《腊八粥》选自沈从文同名小说的前半部分，围绕"八儿"等吃腊八粥的心态、心情，展现了一幅淳朴、和睦、温馨的图景。《古诗三首》则选取了《寒食》《迢迢牵牛星》和《十五夜望月》，每首诗都写到了我们的传统节日。略读课文《藏戏》是一篇融知识性、人文性、趣味性于一体的散文，讲的是藏戏的形成和独具特色的艺术形式。这四篇文章从不同的地区、不同的民族等角度介绍了各具特色的民风民俗，向我们展现了一幅幅绚丽多姿的民俗风情画。教学这组课文旨在让学生感受到中华文化的丰厚博大。

　　本单元的语文要素是"分清内容的主次，体会作者是如何详写主要部分的"。所谓主次，是从内容材料与中心思想的关系上说的。与中心思想关系最密切、最能表现中心的内容就是主要的，就要下大力量详细写、重点写；与表现中心有关，只是起到陪衬、辅助作用的内容，就是次要的，就要简写、略写；只起说明或一般交代作用的内容，更应一带而过。分清课文的主次能帮助我们领会作者要表达的主要意思。《北京的春天》按时间先后顺序，重点写了腊八、腊月二十三（小年）、除夕、正月初一、正月十五元宵节这四个春节气氛浓厚的节点，其他日子一带而过。这样安排详略在于突出作者的写作目的，主要表现老北京春节的独特习俗，表现老北京的老百姓对生活的热爱，更表达了作者对老北京春节习俗的认同和赞美。从篇幅长短可以大致看清楚主次，篇幅用得多的一般就是文章的主要内容。《腊八粥》一文写了"八儿"等腊八粥和喝腊八粥两件事。其中，花笔墨最多的是记叙八儿"等腊八粥"的过程。由此可见，作者写作的目的是要通过等待腊八粥这一连串的场景描写，体现八儿一家温馨和睦的家庭气氛，体现普通百姓对生活和家的热爱，也表达了作者对这种具有地方风味生活的喜爱和赞美。如何把主要内容写详细？事情的"经过"部分要详写，如《腊八粥》详写"等腊八粥"的经过。对文中主要人物的行为表现要详写，如《腊八粥》重点写了八儿这个主要人物。描写主要人物行为表现时，主人公的言行神态要详写,如《腊八粥》通过对八儿语言、动作、神态等的各种刻画,写出了八儿的天真可爱,写出了妈妈对八儿的疼爱。事物的主要方面要详写,如自读课文《藏戏》中开山鼻祖唐东杰布开创藏戏的传奇故事、藏戏的重要特征——"面具"的特点及作用,这两部分是主要方面,重点详写;藏戏其他特色,即舞台简朴、开场、正戏、结尾固定的程式、演出时间长则简略介绍。

　　本单元教学规划:《北京的春节》适宜体会文章"有详有略"的表达方法,可以作为学习的例文,结合"交流平台"进行教学。对比"阅读链接"中的选段,同样写除夕,老舍写得简略,斯妤写得详细。通过对比阅读,体会作者用不同的笔墨表达不同意思的匠心。《腊八粥》作为小说,可以通过八儿的行为、心理等细节描写,体会人物形象,感受人物情感,同时对腊八粥细腻的语言描写进行赏读玩味。《古诗三首》作为古诗教学,重在引导学生积累感悟,感受传统习俗,可以不考虑渗透单元语文要素的教学。略读课文《藏戏》,可以让学生了解藏戏的主要特色,适宜开展了解有关民风民俗的语文实践活动。习作《家乡的风俗》可以借鉴本单元描写民风风俗的写作方法,练习抓住重点介绍家乡民风民俗,丰富语言表达的经验。《语文园地》中,"词句段运用"板块重点体会同一意思的多种表达方式,了解不同习俗的寓意,感受老百姓对美好生活的向往;"书写提示"板块主要训练学生书写的速度;"日积月累"板块引导学生积累古诗词,明白人生哲理。

(编写人:江苏省苏州市吴江区教育局教研室　徐国荣;

江苏省苏州市吴江区吴江实验小学　杨静莉)

1　北京的春节

　　《北京的春节》是现代作家老舍于1951年创作的一篇散文。课文以时间为经线,以人们的活动为纬线,描绘了一幅幅老北京春节的民风民俗画卷,表现了春节的隆重与热闹,展现了中国节日习俗的温馨美好,表达了老北京人追求美好生活的情感。

　　本单元的人文主题是"十里不同风,百里不同俗"。教学本课,可与相关民俗图片和生活实际相结合,让学生了解春节是我国民间最隆重的节日,感受春节里丰富多彩的民风民俗活动,激发热爱传统节日的情感。

　　本单元的语文要素是"分清内容的主次,体会作者是如何详写主要部分的"。课文按照时间顺序,从不同方面不同角度介绍了春节期间的民俗活动,可分为五个部分:①第1—7自然段(春节差不多在腊月初旬开始);②第8自然段(除夕);③第9—11自然段(正月初一);④第12—13自然段(正月十五元宵节);⑤第14自然段(正月十九结束)。通过找表示时间的词或短语进行梳理,发现课文详写了腊八的忙碌、除夕的热闹、正月初一的闲适、正月十五的红火与美好。

　　课文第1—7自然段先写北京春节的开始,比较简略地介绍了人们做了哪些过春节的准备。有的民俗习惯只一句话带过,如,"必须大扫除一次""铺户多数关五天门,到正月初六才开张",极尽简洁之能事。相对详细的是对腊八节的描述,侧重写在这天里人们要熬腊八粥、泡腊八蒜,通过这两个有代表性的民俗活动表达人们期待春节的情感。同时,在叙述中穿插对孩子们的描述,通过孩子们准备过年的活动,体现了春节前热闹的氛围。

　　第8自然段重点写了除夕夜的热闹场景:做年菜、穿新衣、贴对联、贴年画、灯火通宵、放鞭炮、吃团圆饭、守岁。围绕"除夕真热闹"这一中心,从味、色、声、情不同方面详细描述了除夕的隆重和热闹,洋溢着欢乐喜庆的气氛。

　　第9—11自然段以"初一的光景与除夕截然不同"为中心,从早上"全城都在休息""男人们午前外出拜年""女人们在家中接待客人""小孩子们逛庙会""铺中的伙计们还可以轮流去逛庙会、逛天桥和听戏"等人物活动,写出了正月初一与除夕迥然不同的氛围,体现了初一那天闲适的特点。

第 12—13 自然段围绕"元宵上市,春节的又一个高潮到了"这句话,从大街上"火炽而美丽"和家中"美好快乐"两方面展开叙述,分述了正月十五观花灯、放鞭炮、吃元宵等活动,体现了元宵节的红火与美好。这其中较为详尽地描述了观花灯,从花灯的数量多、种类多、款式多,从白天到晚上,从"任何人"到"小孩子们",写出了花灯这一事物对于元宵节的不同意义:红火、美好。放鞭炮和吃元宵虽一笔带过,但也体现了元宵节的热闹美好。

课文除了详略得当的安排值得学习外,朴素自然、清浅俗白的语言也是教学的一个重点。如第 6 自然段有一句:"腊月二十三过小年,差不多就是过春节的'彩排'。""彩排"一词非常形象,把过小年的感觉写得如此贴切。另外,文中还有很多"京味儿"语言,如"腊七腊八,冻死寒鸦""一擦黑儿""零七八碎儿""玩意儿""残灯末庙""闲在"等,读着这些词句,浓浓的北京味儿扑面而来,让人感觉亲切自然,鲜活有趣。

《北京的春节》在课后设置了四个练习:感受课文详略得当的写法,联系自身说春节,体会"京味儿"语言表达特点,对比阅读其他作家笔下的春节。在教学中我们要在理解课文的过程中渗透写法指导,让学生围绕"过春节"这个人文主题,落实好"如何详写"这个语文要素,并习得语言。

▶ 二、教学活动设计

教学目标:

1. 分类积累词语。

2. 按时间顺序,厘清脉络,分清详略,体会详略安排的好处。

3. 关注民俗活动,体会春节特点,感受传统文化的魅力。

4. 抓重点词句,体会老舍"京味儿"语言的特色,并能有感情朗读。

教学过程:

板 块 一　积 累 词 语

1. 出示词组 1:腊月的初旬　正月初六　除夕　元旦　元宵

（1）借助课文拼音读正确。

（2）发现：都是表示时间的词，都在春节前后。

（3）理解词语意思。

腊月的初旬，农历十二月的上旬。正月，农历一年的第一个月。元旦，旧时指农历正月初一。元宵，既指南方的"汤圆"，又可指"正月十五"那一天。

（4）按照时间顺序给词语排序：腊月的初旬、除夕、元旦、正月初六、元宵。

2. 出示词组2：饺子　栗子　风筝　亲戚　骆驼

读正确，注意轻声。

要点：后面的字要读得又轻又短。

3. 出示词组3：杂拌儿　玩意儿　零七八碎儿

读正确，注意儿化音。

要点：后面的"儿"只做卷舌的动作，音不要读出来就可以了。

4. 出示词组4：空竹　店铺　间断　分外　更新

读正确，注意多音字。

要点："空"是第一声；空竹：汉族民间传统玩具，也称"胡敲""地铃""风葫芦"；"铺"是第四声；"间"是第四声；"分"是第四声；"更"是第一声。

板块二　按时间顺序，厘清脉络，分清详略

1. 默读课文，思考：课文是按照什么顺序写的？标注出表示时间的词或短语。

要点：按时间顺序写的，有"腊月的初旬""腊八这天""腊月二十三""除夕""元旦""正月十五""正月十九"等。

2. 在对这些日子的描写当中，老舍先生把什么日子写得比较详细，又把什么日子写得比较简略呢？

要点："腊八这天""除夕""元旦""正月十五"写得比较详细，花费的笔墨多，其余写得比较简略。

3. 质疑激趣：作者为什么这样有详有略地来写呢？学完课文，你就会领略到详略得当写法的好处。

板块三　关注民俗活动，感受春节特点，体会详略描写的好处

1. 默读课文：在老舍详写的四个日子中，写到了哪些风俗？分别有什么特点？通过填表

进行梳理。

日子	风俗	特点
腊八	熬腊八粥、泡腊八蒜	香甜
除夕	做年菜、穿新衣、贴对联、贴年画、灯火通宵、放鞭炮、吃团圆饭、守岁	热闹
元旦	休息、拜年、接待客人、逛庙会、赛轿车赛马、赛骆驼、逛天桥、听戏	悠闲
正月十五	观花灯、放鞭炮、吃元宵	红火美好

2. 再深入地读一读、想一想：每个节日里哪个风俗老舍先生写得详细？哪些语句特别有味道？

3. 组织交流。

腊八

句1："在腊八那天,家家都熬腊八粥……农业产品展览会。"

要点：从"家家都"可以看出节前人们的忙碌,对春节的重视。"农业展览会"是说粥里的各种米、豆、干果非常多,多得好像聚在一起开展览会(课件演示,腊八粥的图片)。作者用形象生动的比喻,把腊八粥的丰富美好写得幽默风趣,蕴含了人们对丰收的渴望。

句2："到年底,蒜泡得色如翡翠,醋也有了些辣味,色味双美,使人忍不住要多吃几个饺子。"

要点：一个"翡翠"写出了蒜瓣的颜色；一个"辣"字写出了醋的味道。这样的色味双美当然让人忍不住流口水了,也让人感受到了老舍用词的简洁、巧妙。

小结：平实的语言,表现出北京人过春节事儿多,但是忙乱的背后透出北京人对过年的重视,对即将到来的新春佳节的向往与期待,还有对生活的热爱。这真是一个忙碌的春节。

除夕

你还从哪些地方感受到"除夕真热闹"呢？

词语："家家赶""到处""老少男女都""家家""日夜不绝""万不得已""必定""除了""都"等。

元旦

作者怎样详细描述元旦的悠闲的呢？

要点：围绕元旦的悠闲,分别描写了男人们、女人们、孩子们、铺户们、伙计们的活动,条理清楚,特点分明。

元宵节(正月十五)

(1) 这三个活动中,哪些地方突出了"红火美好"？

交流要点：观花灯。元宵节的灯数量多,处处张灯结彩,有名的老铺都要挂出几百盏灯,家中也有灯。灯种类多、款式多,店铺里各形各色,有的一律是玻璃的,有的清一色是牛角的,有的都是纱灯,有的通通彩绘《红楼梦》或《水浒传》故事。家里有走马灯、宫灯、各形各色的纸灯,还有纱灯。

（2）你觉得作者最喜欢哪个活动?为什么?

交流要点:观花灯,写得最详细,因为观花灯最能突出元宵节的特点。

4.从刚才的学习中,我们分明感受到了一个忙碌、热闹、闲适、红火又美丽的春节。现在老师要考考大家:为什么要把这四个日子写得很详细,把其余的日子写得很简略呢?

交流要点:选择这四个时间点进行细描,除了场面热闹、富有北京特色之外,还巧妙地突出了北京春节的民俗特点,忙碌、热闹、闲适、红火又美丽,在我们的心中留下了深刻的印象。这种详略得当的布局使得文章条理清楚、重点突出,值得我们学习。

5.读一读:选择一个时间节点,把老北京人过春节时热闹、忙碌、隆重的感觉读出来。

板块四　抓重点词句,体会语言特色,并感情朗读

1.启发:老舍是著名的语言大师,他的语言含有浓浓的"京味儿",请细细品读下面的语句体会体会。

2.出示句子:

句1:孩子们喜欢吃这些零七八碎儿,即使没有饺子吃,也必须买杂拌儿。他们的第二件事是买爆竹,特别是男孩子们。恐怕第三件事才是买玩意儿——风筝、空竹、口琴等,和年画。

句2:腊月和正月,在农村正是大家最闲在的时候。

（1）读正确,读流利。

（2）注意"京味儿"语言。零七八碎儿:指零碎又杂乱的食物;玩意儿:指孩子们喜欢的一些小物件;闲在:空闲、闲适。

要点:这些带有北京地方特色的方言被老舍用到作品里,给作品增加了鲜活有趣、亲切自然的韵味,平易而不粗俗,精致而不雕琢。这些方言让浓浓的北京味儿扑面而来,使传统文化的趣味跃然纸上。

（3）小结:像这样的词句就是"京味儿"的体现。

3.默读圈画:请你再找找文中其他"京味儿"的词句,说说你的理解。

4.学生继续找"京味儿"的句子,交流。

要点:"腊七腊八,冻死寒鸦""一擦黑儿""残灯末庙"等。让学生说说意思,体会体会即可。

5.感情朗读,读出"京味儿"。

板块五　阅读链接,联系实际,拓展延伸春节文化

1. 读斯妤的《除夕》,感受不同地区春节的习俗不同。

2. 联系自己家乡,学习老舍先生有详有略地讲述一下自己家过年的风俗。

(1) 先根据重要日子回忆有哪些习俗,填写表格。

日子	主要习俗	总的感受
小年夜		
除夕夜		
正月初一		
……		

(2) 再与同桌交流一下,对照一下,用五角星标注最具有家乡特色的习俗。

(3) 根据自己的表格选择一天讲述自己家乡的春节风俗。

要点:①先自己练习;②教师指名分享,全班按照要求评议。

三、教学资源链接

语文知识

老舍:1899—1966 年,原名舒庆春,字舍予。满族正红旗人。1899 年出生于北京西城小杨家胡同(原名"小羊圈")一个贫民家庭。父亲舒永寿是清朝保卫皇城的一名护军,1900 年在与八国联军作战时阵亡。母亲马氏出身农家,不识字,丈夫死后靠给人缝洗、做杂工,勉强维持一家生活。老舍 1913 年入北京市立三中,半年后因交不起学费,转入免费供给膳宿的北京师范学校,1918 年毕业。1922 年在南开学校任中学部国文教员。1924 年赴英国伦敦大学东方学院任华文讲师。1925 年完成处女作、长篇小说《老张的哲学》,连载于《小说月报》,署名老舍。接着在《小说月报》连载《赵子曰》《二马》,赢得声誉,奠定其文坛地位。他一生著作等身,主要代表作有《离婚》《骆驼祥子》《断魂枪》《月牙儿》《我这一辈子》《四世同堂》《正红旗下》《茶馆》

《龙须沟》《残雾》《方珍珠》《春华秋实》等。新中国成立后北京市政府授予他"人民艺术家"的称号。

（编写人：江苏省苏州市吴江区教育局教研室　徐国荣；
江苏省苏州市吴江实验小学　徐　莉）

2　腊　八　粥

➡ 一、文本教学解读

这篇课文节选于著名作家沈从文的小说《腊八粥》前半部分。作者用娴熟的笔法、细腻的笔调，叙述了腊八节浓郁的民俗风情，于家常话里让八儿一家的温馨生活跃然纸上。文章语言简单质朴，没有将"爱"挂在嘴上，却让我们感受到浓浓的亲情。

本单元的人文主题是"感受不同的风俗"。前一篇《北京的春节》向我们介绍了北京人过春节时的各种风俗，也提到了"腊八粥"，笔墨却不多。《腊八粥》一课则浓墨重彩地描写了腊八粥的熬煮过程，"把小米、饭豆、枣、栗、白糖、花生仁合拢来，糊糊涂涂煮成一锅，让它在锅中叹气似的沸腾着"……那丰富的食材，那沸腾的样子，还有那香味，足够让人垂涎三尺。一碗腊八粥，写出了腊八节浓郁的节日氛围。而在这风俗背后，是浓浓的情感，中国人之所以热衷于过节，一则源于对传统文化的传承，另一方面则是对生活的热爱。那"甜甜的腻腻的"不仅仅是腊八粥的美味，更表现了人们生活的甜蜜温馨。

本单元的语文要素是"分清内容的主次，体会作者是如何详写主要部分的"。围绕腊八粥写了八儿等粥、喝粥两件事，等粥的场景写得尤为详细。（1）八儿等粥，喜——喜得快要发疯了。"进进出出灶房"，"碗盏都已预备整齐"，"摆到灶边好久了"；（2）八儿等粥，急——"眼睛可急红了""妈，妈，要到什么时候才……""那我饿了""妈，妈，等一下我要吃三碗"……八儿的心情，八儿的动作，八儿的语言，把一个小人儿可爱的馋样写得栩栩如生；（3）八儿等着粥，看不到粥，就只能猜想：栗子已稀烂到认不清楚了吧，饭豆会煮得浑身肿胀了吧，花生仁儿吃来总该是面面的了！枣子必大了三四倍——要是真的干红枣也有那么大，那就妙极了！糖若放多了，它会起锅巴……（4）看到粥后，八儿惊异得喊起来了，一切都成了如他所猜的样子了！八儿所看到的印证了八儿所猜想的,不能不让他惊异。文章以对话贯穿全文,以八儿的心理活动为线索,表面写腊八粥,其实更侧重于人物形象的刻画,从人物的语言、心理活动中展现了八儿的天真可爱,描绘了一幅纯朴、和谐、温馨的图景。

根据单元的语文要素"分清主次,体会如何详写",结合作家沈从文的语言特点,本文的教学理应聚焦在"馋"和"粥"这两个点,在品读语言中感受作者是怎么把"等粥"这一主要内容写具体的,体会文中浓墨重彩写粥的片段,感受语言描写的细腻生动,学习从不同的角度描写事物的方法。

1. 品读语言,感受八儿的天真可爱和温馨的家庭画面。

八儿的形象活泼可爱、充满童趣,比较贴近学生的生活,能极大地引起学生的共鸣,读来兴趣盎然。八儿等粥时的动作、语言、心理活动描写,将一个天真烂漫的孩童形象栩栩如生地展现在学生面前。教学时,要在语言的品读中,注意抓住一些有特点的语言细细品味,让阅读充满情趣。

2. 分清主次,学习作者如何把主要部分写详细。

关于写腊八粥的美味,"喝粥"部分只有寥寥数语,而"等粥"部分却是写得特别详细。通过对八儿"盼粥——分粥——猜粥——看粥"这些场景的叙述中,不仅对煮粥的过程、粥中各食材的样子进行了浓墨重彩的描写,还详细描写了一个迫不及待想喝粥的八儿,那可爱的"馋"样儿更是刻画得入木三分。从不同的角度描写腊八粥,体现人们对腊八粥的喜爱,反映了浓郁的民俗风情。在阅读过程中,粥、人、情三者融合。教学时,引导学生既要感受语言的生动有趣,更要体会作者是如何把这个过程写具体写生动的。

3. 拓展延伸,从不同的作品中得到审美的熏陶。

同样的腊八粥,在不同的作者笔下有着不同的味道。腊八粥不仅是一个地方的时令风俗,也是寄予情感的载体。沈从文笔下的腊八粥香甜浓郁,勾勒了温馨的画面;冰心笔下的腊八粥则蕴含了对母亲的怀念;梁实秋笔下的腊八粥则是祈求团圆的心愿;王蒙笔下的腊八粥则是兼收并蓄的包容之心。阅读不同的文章,感受不同的腊八粥,在文质兼美的优秀作品中得到美的熏陶。

⇨ **二、教学活动设计**

教学目标:

1. 品读词句,了解文章的语言特点。

2. 聚焦"馋"和"粥",在角色朗读中领会作者生动具体的描写,感受人物形象,体会美好的节日氛围。

3. 拓展阅读不同作家作品中关于"腊八粥"的描写,从而得到美的熏陶。

教学过程:

板块一　词句积累　感受语言的生动有趣

1. 导入话题:农历十二月初八,即腊八节,俗称"腊八"。古人有祭祀祖先和神灵、祈求丰收吉祥的传统。一些地方就有喝腊八粥的习俗。老舍笔下《北京的春节》中就有对腊八粥的描写:"在腊八那天,家家都熬腊八粥。这种特制的粥是祭祖祭神的,可是细一想,它倒是农业社会一种自傲的表现——这种粥是用各种米,各种豆,与各种的干果(杏仁、核桃仁、瓜子、荔枝肉、莲子、桂圆肉、花生米、葡萄干、菱角米……)熬成的。这不是粥,而是小型的农业产品展览会。"沈从文笔下的腊八粥又是怎样的呢?

2. 词语积累,归类识记:

(1) 甜甜的　腻腻的　糊糊涂涂

　　　大碗大碗　大匙大匙

要点:发现这些词的特点,都是叠词,读起来富有节奏感。腊八粥味道"甜甜的、腻腻的";烧的时候"糊糊涂涂"煮成一锅,吃的时候"大碗大碗"地装,"大匙大匙"地朝嘴里塞灌,可以想象那种狼吞虎咽的吃相,感受腊八粥的无比美味。

(2) 初学喊爸爸的小孩子

　　　会出门叫洋车了的大孩子

　　　嘴巴上长了许多白胡子的老孩子

要点:小孩子、大孩子的叫法还是能理解的,长着白胡子的明明是老人了,我们一般称老爷爷、老头子,怎么称"老孩子"呢? 对于腊八粥的喜爱,已经超越了年龄的界限,就算是老爷爷也是像个孩子一样爱吃腊八粥。出示这一组排比句,读出人们对腊八粥的喜爱。

(3) 喜得快要发疯了　眼睛可急红了

　　　闻闻那种香味,就够咽三口以上的唾沫了

你能把每个短语变成一个词吗? 能浓缩成一个字吗?

要点:这三个短语变成词可以是:欣喜若狂、迫不及待、垂涎三尺(垂涎欲滴)

概括成一个字可以是:喜、急、馋。

喜,喜到怎样? 急,急到怎样? 馋,馋到怎样? 不光咽唾沫,还是"三口以上"的唾沫。写得特别具体生动。

再读这几个短语,由一个字到一句话,初步体会如何把语言写具体、写生动。

板块二　品"馋",体会如何把主要部分写详细

1. 俗语云:"小孩小孩你别馋,过了腊八就是年。"可是,单看腊八粥在锅中叹气的样儿,闻闻那种香味,就够咽三口以上的唾沫了。大人馋,老人也馋,更别说小孩了! 课文中的八儿更是"馋"。八儿的"馋"样,在沈从文的笔下是那么可爱。我们细细去品一品。细读课文,文章哪些地方让你感受到八儿的"馋",圈画出来,写上批注。

2. 交流要点:

(1) 动作:一个人进进出出灶房,碗盏都已预备整齐,摆到灶边好久了。

要点:"进进出出""都已预备整齐""好久",看出八儿早就盼着吃粥了,已经迫不及待了。我们仿佛看到一个小小的人儿在灶边跑来跑去忙碌的身影。

(2) 神态:听妈妈说要到夜里,八儿"眼睛可急红了"。当他说饿了时,一副"要哭的样子"。

(3) 最生动具体的是语言:"妈,妈,要到什么时候才……""那我饿了!"

要点:他把碗盏早早预备好,妈妈却总是说时候还早。八儿已馋得迫不及待。抓住"那"这一个字体会,当妈说要到夜里时,他马上就说自己饿了,看来小小的八儿为了早点吃粥不得不撒点谎。八儿为了早点吃上腊八粥还用上了苦肉计。多么天真可爱!

"妈,妈,等一下我要吃三碗!""妈,妈,你吃三碗我也吃三碗……"

要点:虽然腊八粥还在锅里叹气,八儿却已经充满了期待。他已经在心里为全家人分好了粥。大哥同爹都吃不得甜的,他正好借机可以多吃两碗,展现了孩子的天真童趣。我们仿佛已经看到了八儿那窃喜的表情。怕妈妈不答应,又为妈妈也安排了吃三碗,连续两句"吃三碗",小孩子的馋样儿跃然纸上。

"要不然我吃三碗半,你就吃两碗半……"

要点:读到这里我们不禁笑了,八儿的馋让他得寸进尺,跟妈妈讨价还价,答应了三碗还不够,哪怕只是多吃半碗。

"妈,妈,你抱我起来看看吧!"

要点:比灶矮了许多的八儿,看不到锅中的一切,只能猜想,充满了对锅中各种食材的想象。八儿可爱的"馋"样儿跃然纸上。

提示:对话中,妈妈的话不多,但是对于孩子是宠溺的。八儿说要吃三碗,妈妈说"是啊! 孥孥说得对。"八儿说要妈妈抱他起来看看,妈妈就如八儿所求的把他抱了起来。对话中,让我们感受到浓浓的亲情,呈现了一幅和谐温馨的生活画面。

3. 指导朗读,分角色读好对话。

4. 课文主要写了"等粥"和"喝粥"两件事。哪部分写得详细? 哪部分写得简单? 为什么这样安排详略?

提示:(1)"等粥"部分写得特别详细,围绕"等粥"又分为四个部分来写。圈画出重点字词,概括出小标题:盼粥——分粥——猜粥——看粥。"喝粥"部分写得特别简单。(2)至于喝粥时的美味已经从等粥时八儿的心情变化和八儿那馋样里表现出来了,所以作者将喝粥写得特别简单;再者,本文是小说,作者的写作目的在于反映八儿的天真可爱,展现他们一家人其乐融融的节日氛围。

板块三　品"粥",迁移练笔

1. 让八儿馋得想吃三碗半的腊八粥到底是什么样的呢? 沈从文从不同的角度进行了细腻的描写。请同学们仔细阅读课文,画出描写腊八粥的语句。

2. 从不同角度交流。

(1) 让大人小孩甚至老人都喜欢的腊八粥:

初学喊爸爸的小孩子,会出门叫洋车了的大孩子,嘴巴上长了许多白胡子的老孩子,提到腊八粥,谁不是嘴里就立时生一种甜甜的腻腻的感觉呢。把小米、饭豆、枣、栗、白糖、花生仁合拢来,糊糊涂涂煮成一锅,让它在锅中叹气似的沸腾着,单看它那叹气样儿,闻闻那种香味,就够咽三口以上的唾沫了,何况是,大碗大碗地装着,大匙大匙朝嘴里塞灌呢!

要点:那丰富的食材,那沸腾的样子,还有那香味,足够让人垂涎三尺。写腊八粥的熬煮,用"叹气"来写它在锅里沸腾的样子,拟人的手法形象生动地写出了腊八粥熬煮时的样态。写人们对腊八粥的喜爱,从"感觉""看""闻"几个侧面写出了腊八粥味道的香甜。

(2) 妈妈煮着的腊八粥:

他妈妈正拿起一把锅铲在粥里搅和。锅里的粥也像是益发浓稠了。

一进灶房,就听到那锅中叹气又像是正在嘟囔的声音。

"噗……"锅内又叹了声气。

要点:展开想象,想象腊八粥在锅中沸腾着的状态;"噗"这一个象声词,由声音联想到样子,联系生活中看到的煮粥的样子,产生画面感。

(3) 八儿猜想的腊八粥:

栗子已稀烂到认不清楚了吧,饭豆会煮得浑身肿胀了吧,花生仁儿吃来总已是面面的了!枣子必大了三四倍——要是真的干红枣也有那么大,那就妙极了! 糖若放多了,它会起锅巴……

　　要点:粥中各种食材在锅里煮得时间久了,样子都会有变化,这么多杂粮干果混合在一起煮成的甜甜的、腻腻的,浓稠的粥。抓住"……会……了吧""要是……那就……""……若……会……"这几个句式体会,如果把这些词拿去,就失去了猜想的趣味了。

　　(4)八儿看到的腊八粥:

　　栗子跌进锅里,不久就得粉碎,那是他知道的。……饭豆煮得肿胀,那也是往常熬粥时常见的事。花生仁脱了它的红外套,这是不消说的事。锅巴,正是围了锅边成一圈儿。总之,一切都成了如他所猜的样子了。

　　要点:对比前面八儿的猜想,感受那份惊喜。"他惊异得喊起来了","这不能不说是奇怪呀"。八儿期待中的腊八粥就是甜甜的、腻腻的、浓稠的,放很多的干果五谷,放很多的糖。而现在八儿眼中所看到的跟他脑中所猜想的完全一样,这惊喜远远超出了吃粥的喜悦。再注意这些句子:"那是他知道的""那也是……常见的事""这是不消说的事",发现这些语言的特点。

　　3.作者笔下的腊八粥让人垂涎欲滴。你肯定也有喜爱的美味食品吧? 向大家介绍一下吧。

　　　　　　　　　　▶ 三、教学资源链接

　　(一) 内容注解

　　腊八粥。我国喝腊八粥的历史,已有一千多年。最早开始于宋代。每逢腊八这一天,不论是朝廷、官府、寺院还是黎民百姓家都要做腊八粥。到了清朝,喝腊八粥的风俗更是盛行。在宫廷,皇帝、皇后、皇子等都要向文武大臣、侍从宫女赐腊八粥,并向各个寺院发放米、果等供僧侣食用。在民间,家家户户也要做腊八粥,祭祀祖先;同时,全家团聚在一起食用腊八粥,也馈赠给亲朋好友。

　　(二) 拓展阅读

　　品味名家笔下的腊八粥

　　冰心的腊八粥:蕴含对母亲最深的怀念。

　　冰心的散文《腊八粥》一文,以清丽优美的文字,把对母亲的怀念之情娓娓道来:"从我能记事的日子起，我就记得每年农历十二月初八，母亲给我们煮腊八粥。这腊八粥是用糯米、红糖和十八种干果掺在一起煮成的。干果里大的有红枣、桂圆、核桃、白果、杏仁、栗子、花生、葡萄干等，小的有各种豆子和芝麻之类，吃起来十分香甜可口。母亲每年都是煮一大锅，不但全家大小都吃到了，有多的还分送给邻居和亲友。母亲说：'这腊八粥本来是佛教寺煮来供佛的——十八种干果象征着十八罗汉。后来这风俗便在民间通行，因为借此机会，清理橱柜，把这些剩余杂果，煮给孩子吃，也是节约的好办法。'"

梁实秋的腊八粥：祈求团圆，家家熬粥送亲友。

腊八节的内涵，在梁实秋笔下是祈求团圆的心愿。他在《粥》中写道："小时候喝腊八粥是一件大事。午夜才过，我的二舅爹爹（我父亲的二舅父）就开始作业，搬出擦得锃光瓦亮的大小铜锅两个，大的高一尺开外，口径约一尺。然后把预先分别泡过的五谷杂粮如小米、红豆、老鸡头、薏仁米，以及粥果如白果、栗子、红枣、桂圆肉之类，开始熬煮，不住地用长柄大勺搅动，防黏锅底。两锅内容不太一样，大的粗糙些，小的细致些，以粥果多少为别。此外尚有额外精致粥果另装一盘，如瓜子仁、杏仁、葡萄干、红丝青丝、松子、蜜饯之类，准备临时放在粥面上的。等到腊八早晨，每人一大碗，尽量加红糖，稀里呼噜地喝个尽兴。家家熬粥，家家送粥给亲友，东一碗来，西一碗去，真是多此一举。剩下的粥，倒在大绿釉瓦盆里，自然凝冻，留到年底也不会坏。自从丧乱，年年过腊八，年年有粥喝，兴致未减，材料难求，因陋就简，虚应故事而已。"

王蒙的腊八粥：兼收并蓄来者不拒，是粥中之王。

王蒙在《我爱喝稀粥》中写道："每年农历腊月初八北方农村普遍熬制的'腊八粥'，窃以为那是粥中之王，是粥之集大成者。谚曰：'谁家的烟囱先冒烟，谁家的粮食堆成尖。'是故，到了腊八这一天，家家起五更熬腊八粥。腊八粥兼收并蓄，来者不拒，凡大米、小米、糯米、黑米、紫米、黍米（又称黄米，似小米而粒略大、性黏者也）鸡头米、薏仁米、高粱米、赤豆、芸豆、绿豆、江豆、花生豆、板栗、核桃仁、小枣、大枣、葡萄干、瓜果脯、杏仁、莲子以及其他等，均溶汇于一锅之中，熬制时已是满室的温暖芬芳，入口时则生天下粮食干果尽入吾粥，万物皆备于我之乐，喝下去舒舒服服、顺顺当当、饱饱满满，真能启发一点重农、爱农、思农之心。"

（编写人：江苏省苏州市吴江区教育局教研室　徐国荣；

江苏省苏州市吴江实验小学　徐　莉）

3　古　诗　三　首

《古诗三首》是在"节庆民俗"主题下的一组诗:《寒食》描写了寒食日洛阳城的美景和皇帝赏赐亲信蜡烛的故事,委婉表达了诗人劝诫皇帝要以史为鉴。《迢迢牵牛星》是以织女的口吻描写了一对在七夕之夜隔河相望却不能团聚的夫妻形象,抒发了夫妻分离的苦闷与痛楚。《十五夜望月》中,通过"月光、树上栖鸦、冷露、桂花、明月"等中秋特有的事物,塑造出了一个独自对月抒怀的诗人形象,抒发了游子浓浓的思乡之情。

本单元的人文主题是"节日民俗"。节日是中华民族传统文化的重要组成部分,节日的背后常常会有一种属于中国人独特的风俗文化,不一样的节日有着不一样的情感表达。节日咏怀,是我国传统诗歌的固有题材。本课中的三位诗人都抓取了当时节日最典型的事物入诗,让我们读到了不一样的节日味道。

本单元的语文要素是"能够分清内容的主次,体会作者是如何详写主要部分的"。诗歌文体有其特殊性,洗练的语言中往往包含有丰富的内容。因对诗歌创作背景、诗歌语言等理解的不深,学生在阅读时,会出现无法准确把握诗歌内容、无法准确区分诗歌内容的主次等问题。因此,本课的教学点确定如下:

1. 借助朗读,感知诗歌内容大意。

本课所选择的三首古诗都是节日咏怀类诗歌中的佳作,诗歌韵脚分明,朗朗上口。借助朗读,学生可以体会诗歌韵脚分明的特点,便于记忆。同时,借助朗读可以快速帮助学生进入诗歌所营造的意境。要想让学生与作者产生情感的共振,就需要借助诗歌特有的音韵节奏带动学生的情感体验,让学生与诗人产生情感的共鸣,进而更好地理解诗歌。因此,本课的朗读教学要注重以下几点:

(1) 可以让学生在听老师范读中发现诗歌的"韵脚"自然协调的特点;

(2) 可以让学生练习朗读中发现每行诗的重音与节奏,突出诗人的情感。

2. 借助注释等相关资料,分清诗歌内容的主次,了解作者如何抒发情感。

节日咏怀,不论是诗歌形式如何,目的都是为了抒发节日时诗人自身的感触和情思。眼中景即心中事。而要真正理解诗歌的意思,关注诗人创作诗歌时所处的背景,这对于我们分清诗歌内容的主次有着特殊意义。《寒食》中,诗人表面写寒食日洛阳城内的景色与事情,但写景的目的是为了引出后两句"御赐传烛"。诗人以"汉宫写唐事",以古讽今,看似歌颂实则讽刺,言情委婉却不失讽谏意味,不着议论而用意自现。在《迢迢牵牛星》中,全诗对织女形象不厌其烦地描述,都是为最后四句的抒情感慨做铺垫。在《十五夜望月》中,由"月光、树上栖鸦、冷露、桂花"等灰冷色调词语堆砌出的叠加画面,营造出一种清冷孤寂的氛围,也是为下文抒情作铺垫。

三首诗歌的共同特点:不论前面写景、叙事如何铺陈渲染,目的都是为了抒发诗人的内心情感,这点是需要我们引导学生关注的。

3. 品味诗歌凝练的语言,体会诗人独特的节日情思。

诗歌的语言,常常是简洁凝练却意蕴丰富。《寒食》一诗中,诗人写景时动词的妙用恰当而贴切。如"飞、斜、传、散"等字都是诗人匠心独运,用来表现典型事物特点的。同时,作者巧妙用典,以汉代"五侯"之事暗喻朝廷宠信权贵,以古喻今,讽谏意味甚浓。《迢迢牵牛星》中,大量叠词的使用非常精妙,全诗共十句,其中六句都用了叠音词,即"迢迢""皎皎""纤纤""札札""盈盈""脉脉"。这些叠音词的使用不仅使得诗歌音节和谐,情趣盎然,更是传神地让一个饱含离愁的少妇形象跃然纸上。《十五夜望月》中,灰冷色调词语的使用,一个个画面的叠加,把读者带进一个月明人远、孤寂清冷、情思绵长的意境之中。末尾处,"落"字与委婉的疑问相得益彰,将诗人的思乡之情写得格外浓郁沉重。这些语言的魅力,就需要学生品读时细细涵咏。

4. 了解传统文化知识,深化对节日主题的认识与理解。

这三首古诗所表达的内容都与传统的节日民俗有关。《寒食》引用了"介子推"的故事;《迢迢牵牛星》引用了民间传说"牛郎织女"的故事;《十五夜望月》更是典型的中秋节庆。在教学中,解读古诗中的传统文化内容,既可以引导学生借助自己已有的知识经验,也可以借助注释、诗歌创作的背景资料等,这可以更好地帮学生理解古诗、感受古诗,还能增加学生对传统文化知识的理解,深化对节日主题的认识。

教学目标:

1. 借助朗读,感知诗歌内容大意。

2. 借助相关资料,想象画面,分清诗歌内容的主次,体会诗人是如何抒发感情的。

3. 抓取诗歌的典型特点,品读诗歌凝练的语言。

4. 补充资料,了解与诗中相关的传统文化知识。

教学过程:

板块一　借助朗读,感知诗歌的韵律

1. 读课题。出示题目,自读古诗,借助拼音,读准字音,把古诗读通顺。

2. 指名朗读古诗,检查自读情况。

要点:读通读顺古诗;能读好停顿。

3. 指导朗读,体会诗歌的音韵美。

要点:找准韵脚,体会诗歌的音韵美。范读古诗《寒食》,引导学生发现押韵的规则。生练读,指读。齐读。

仿照《寒食》,让学生自己找出《迢迢牵牛星》和《十五夜望月》的韵脚。生练读,指读。

4. 读好停顿和重音,体会诗歌的节律美。

除了押韵,诗歌还可以通过停连来表示节奏。听老师读,你们发现了什么?

要点:

(1) 师范读,让学生听读发现七言诗歌的停顿一般是"前四后三",五言诗歌的停顿一般是"前二后三"。

学生依此找出停顿的地方,再次练读。指读,交流读,齐读。

(2) 我们还可以尝试读出诗句的重音来,这样更容易帮助我们理解诗歌所表达的内容。

重点读好:"不、斜、传、散";"冷、湿、尽、落"。

小结:不管诗歌的形式是七言古诗还是五言古诗,在朗读中关注到诗歌的重音和停连,能帮助我们更好地理解诗歌的内容;而找到诗歌的韵脚,能让我们将古诗诵读得更加朗朗上口。

5. 齐读。

板块二 借助相关资料,体会诗人是如何抒发感情的

(一) 学习《寒食》

1. 借助注释,理解诗意。

古代的诗词,由于历史久远,一些字词的意思发生了一些变化,因此,在读古诗词的时候,借助注释可以帮我们更好地理解诗歌内容。请大家读一读,结合注释,说一说诗歌的意思。

要点:借助注释交流时,不需要一字不差地机械翻译注释的意思,可以用自己的话来说。

2. 整体感知,想象画面,把握诗歌特点。

(1) 读完了这首诗歌,你的眼前出现了哪些画面呢?

要点:"春城飞花图、传蜡烛图、公侯家轻烟袅袅图"等,只要依据诗歌内容进行交流即可。

(2) 那这些画面中都出现了哪些景物呢? 指名交流。

要点:

春城飞花图:洛阳城满街的柳树、柳絮纷飞、皇宫的御柳、东风。

传蜡烛图:汉宫、蜡烛、轻烟、五侯之家等。

(3) 你觉得这些画面中,哪一个画面最美? 学生自主交流。

"春城飞花图"是作者精心为我们营造的画面,画面中的景物在诗人笔下被描绘得栩栩如生,诗人写景非常传神。

3. 借助背景资料,分清诗歌的主要内容。

(1) 补充背景资料和历史典故,帮助学生理解诗歌的主要内容。

出示诗歌的背景资料:

诗人韩翃是唐代"大历十才子"之一,诗歌有盛唐遗韵。据《西京杂记》记载,在汉代,寒食这天虽然禁火,但是皇帝却赏赐给侯门贵族蜡烛,特许照明,以示恩宠。唐承汉制,因袭旧制,也在寒食传烛示恩。唐大历年间,政治腐败,宦官当道。诗人韩翃在这里以古喻今,以诗讽谏。

(2) 读了上面的背景资料,你有了什么新的理解?

要点:本诗的重点是在借寒食传蜡烛表达诗人的讽谏之意。

4. 抓关键字"御",体会诗歌是如何抒发感情的。

(1) 既然诗人想表达的关键内容是表达对"御赐传烛"的看法,那为什么还要前两句的写景呢? 他是怎样把它们关联起来的呢?

要点:"寒食东风御柳斜"的"御"字,将洛阳城的柳絮与宫内的柳絮关联在一起,同时也很

自然地引出了下面要写的"御赐传烛"。

（2）再读一读诗歌，体会一下诗人是如何来表达他的情感的。

要点：借景抒情。前面所描绘的春日风光，是为了表达对寒食节时"御赐传烛"的看法的。写景是为了下面抒发感情做铺垫的。

5. 总结方法，迁移运用。

"一切景语皆情语"。这首诗歌的特点是写景非常传神。诗人写景的目的是为了引出下文所要抨击的事情，是为了表达自己的看法作铺垫，因此，我们在阅读诗歌时，不仅要阅读相关的注释，更要关注到诗歌创作的背景和相关用典的含义，做到知人论世，这样才能真正读懂诗歌的内容，分清诗歌表达的主要内容。

（二）自学《迢迢牵牛星》《十五夜望月》

1. 按照刚才我们学习《寒食》的方法，请同学们来自学后面两首诗。

出示自学要求：(1)借助注释，说说古诗的意思。(2)默读古诗，想象诗歌画面，用自己的话描述一下你看到的画面。(3)有感情地朗读，感受诗人的情感。

提示：设计相应的作业单，让学生借助作业单逐步完成自学任务。

2. 组织交流，理解诗歌大意，想象古诗的画面。

《迢迢牵牛星》：想象牛郎织女隔河相望却无法团聚的画面。

《十五夜望月》：想象中秋夜月下独立的诗人遥望月亮的画面。

3. 借助资料，了解相关传统文化知识。

（1）《迢迢牵牛星》中借用了神话传说中牛郎、织女的故事。相传两人被王母惩罚，天各一方，但在每年的"七夕"之夜会有喜鹊汇集银河，搭成桥，让两人在鹊桥相会。

（2）中秋节，是中国人的传统节日。每年八月十五月圆之夜，一家人在一起吃月饼、赏月、赏桂花，成了中国民间一种特有的风俗。中秋节也成了中华文化中象征团圆的特定符号。

4. 读了上面的小资料，让你对这两首诗又有了什么新的发现。

要点：

① 对诗歌有了更深入的认识，增加了我们中华传统文化的知识。

② 更能体现对诗歌内容的理解。

《迢迢牵牛星》前面对织女的大量描写，实际上是为了更好抒发"盈盈一水间，脉脉不得语"的感慨，表达夫妇天各一方无法团聚的痛惜。

《十五夜望月》诗人渲染出的中秋节清冷孤寂的意境，是为了抒发自己的思乡之情。

③ 前面写景的画面，都是为了后面抒发作者的情感的，后面抒情的内容才是诗人重点想要表达的。

（三）比较阅读，体会三首诗的共同之处

1. 这三首诗是由不同时代的诗人所写的，为什么要放在同一篇课文当中呢，它们有什么共同点吗？

要点：都是描写节日的，都是抓取了这个节日最典型的事物来写。

不管诗歌是以写景开头，还是以叙事开头，前面部分的描写都是为了后半部分抒发作者的情感做铺垫的。诗歌的主要内容都集中在后半部分的抒情上。

2. 读诗，不仅要读懂诗歌的内容，还要读到诗歌背后诗人的情感。三首古诗给我们呈现了不同的节日画面，诗人所表露的情思也是不同的。请你用一两个词语，分别形容一下诗歌给你的感受。

要点：《寒食》：冷静、理性；《迢迢牵牛星》：痛苦、哀伤；《十五夜望月》：伤感、难过。

3. 结合你的理解，再来有感情地朗读一下诗歌。

提示：指导有感情地朗读。

板块三　抓取诗歌的典型特点，品读诗歌凝练的语言

品读古诗，发现每首诗歌语言的特点。

1. 课文中所选的三首古诗都是脍炙人口的名篇，诗人的语言也是非常值得我们关注的。请同学们再读课文，看看每一首诗歌在语言上有什么特点？

要点：

（1）《寒食》动词很生动：如"飞、斜、传、散"等。

（2）《迢迢牵牛星》叠词的使用很传神：如"迢迢""皎皎""纤纤""札札""盈盈""脉脉"。

（3）《十五夜望月》中灰冷色调的词很有特色：地白、鸦、冷露、无声、湿桂花、月明。

（4）这些词语的使用让我们如见其景，如临其境，让整个诗歌都"活"了起来，因此，在读的时候，我们要仔细品读回味。

2. 借助典型事物，体味诗人用语的匠心。

（1）诗歌中诗人所选取的事物，都是这些节日时分最典型的事物，找找看你有什么发现并互相交流。

要点：春城柳絮飞花、寒食传蜡；七夕节有情人相聚；中秋月圆、桂香。

（2）典型事物的描述最能体现节日的氛围，但是在这三首诗的背后我们似乎读到了与节日氛围不同的味道，再读古诗，谈谈你的感受。

要点：关注到诗歌背后诗人的情感。

3. 感情朗读，熟读成诵。

拓展阅读

1. 可以采用借助注释、借助诗歌创作背景的方法,读读韩翃、王建及《古诗十九首》的其他作品。

2. 阅读《水调歌头·明月几时有》,体会诗人所表达的节日情感。

水调歌头·明月几时有

[宋]苏轼

丙辰中秋,欢饮达旦,大醉,作此篇,兼怀子由。

明月几时有?把酒问青天。不知天上宫阙,今夕是何年。我欲乘风归去,又恐琼楼玉宇,高处不胜寒。起舞弄清影,何似在人间?

转朱阁,低绮户,照无眠。不应有恨,何事长向别时圆?人有悲欢离合,月有阴晴圆缺,此事古难全。但愿人长久,千里共婵娟。

注释:

丙辰:指公元 1076 年(宋神宗熙宁九年)。这一年苏轼在密州(今山东省诸城市)任太守。

达旦:到天亮。

子由:苏轼的弟弟苏辙的字。

把酒:端起酒杯。把,执、持。

天上宫阙(què):指月中宫殿。阙,古代城墙后的石台。

归去:回去,这里指回到月宫里去。

琼(qióng)楼玉宇:美玉砌成的楼宇,指想象中的仙宫。

不胜(shèng,旧时读 shēng):经受不住。胜:承担、承受。

弄清影:意思是月光下的身影也跟着做出各种舞姿。弄:赏玩。

何似:何如,哪里比得上。

朱阁:朱红的华丽楼阁。绮户:雕饰华丽的门窗。

婵(chán)娟(juān):指月亮。

(编写人:江苏省苏州市吴江区教育局教研室　徐国荣;
江苏省苏州市吴江区盛泽实验小学　刘冬亚)

4* 藏　　戏

➡️ 一、文本教学解读

本单元以民风民俗为人文主题。《藏戏》是一篇融知识性、人文性、趣味性为一体的散文。藏戏是藏族戏剧的泛称，以唱为主，融唱、诵、舞、表、白和技等基本程式相结合的生活化的表演，是一个独具特色的剧种。演出一般分三个部分：第一部分为"顿"，主要是开场表演祭神歌舞；第二部分为"雄"，主要表演正戏传奇；第三部分称为"扎西"，意为祝福迎祥。藏戏的服装从头到尾只有一套，演员不化妆，主要是戴面具表演。藏戏起源于距今 600 多年前，被誉为藏文化的"活化石"，被列为国家级非物质文化遗产。

《藏戏》一文通过准确的说明，形象的描述，介绍了藏戏的形成和艺术特色。在表达顺序上，按照说明事物的不同方面为序；结构编排上，总分总的结构，条理清晰，脉络清楚，有主有次，有详有略；语言表达上，通过比喻、反问、排比、象征等修辞手法，生动、形象、传神地展现了藏戏的绚丽多彩。这篇文章文学色彩浓郁，让读者在字里行间感受到它不可抗拒的艺术魅力，表现了作者对藏戏的喜爱和对中国传统文化艺术油然而生的自豪感。

本单元的语文要素是"分清内容的主次，体会作者是如何详写主要部分的"。学生在学习了《北京的春节》《腊八粥》的基础上再学习课文《藏戏》，在知识和能力上已经有了一定的储备。《藏戏》融知识性、人文性、趣味性为一体，从藏戏的形成和艺术特色两方面出发，进行了有点有面、有详有略地描述。第 1—3 自然段，通过 3 个设问句，以排比的形式，概述藏戏的 3 个艺术特色：戴着面具演出、没有舞台、一部戏演三五天。第 4—17 自然段，通过生动的故事，详细讲述了藏戏的形成，具体介绍了藏戏的艺术特色。第 18 自然段，讲了藏戏师传身教，代代相传的特点。作为略读课文，重在突出自主阅读，分清内容的主次，体会作者是如何详写主要部分的。

教学本课时，教师要放手让学生探究、发现。任务一：默读发现藏戏的艺术特色，作者是从哪几个方面写的。任务二：依据文章的中心，区分主次材料，发现详写与略写部分。任务三：采用分小组学习，集体交流讨论，老师适时适度引导的方法，引领学生了解本文的表达方法及语言特点，体会这种独特戏种的艺术魅力和文化内涵。任务四：作为教师，要有意识地引导学生从课内走向课外，引导学生对藏戏、京剧、越剧等戏剧进行发现、探索，激发学生对中国传统文化的兴趣和民族自豪感。

→ 二、教学活动设计

教学目标：

1. 学习并理解"雅鲁藏布江""雪域高原""牛皮船"等与西藏地区相关的名词和"钹""唱腔""演绎""歌舞说唱""藏戏班子"等与藏戏有关的名词。

2. 通过默读，了解藏戏的形成，体会藏戏独具特色的艺术形式。

3. 小组合作探究，分清内容的主次，体会作者是如何详写"藏戏的形成"和"戴着面具表演"的艺术特点的。

4. 体会本文在写作上的语言特色：详略得当、多种修辞运用等。

教学过程：

板块一　词串导入，走近藏戏

（一）学习词串，学会归类

第一组：雪域高原　雅鲁藏布江　牛皮船　唐东杰布

1. 指名读：读正确，读流利，词语间注意适当停顿。

2. 理解词意：通过你的预习，查阅资料等，选择其中的词语，说说词语的意思。

第二组：鼓　钹　歌舞　说唱　戴着面具　没有舞台　三五天还没有结束

1. 指名读。

2. 归类：藏戏的表现形式。

第三组：歌声雄浑　演绎故事　形象突出　性格鲜明

1. 指名读。

2. 归类：藏戏的艺术特点。

（二）选用词语，介绍藏戏

1. 课前，大家已经搜集了一些关于藏戏的知识，你了解了哪些呢？

2. 你能选用第二组、第三组中的词语，向大家简单地介绍一下藏戏吗？（自由练说，指名说。）

板块二　整体阅读,初步感知

过渡:刚才,同学们从多方面介绍了藏戏。经过大家的介绍,我们知道了藏戏艺术,剧种流派众多,表现形式富有民族特色,是唱、诵、舞、表、白和技等基本程式相结合的生活化的表演。作为藏文化的"活化石",它历史悠久,深受藏族人民的喜爱。今天这节课,就让我们走进藏戏,进一步深入了解藏戏。

1. 课前导语,明确自读要求。

2. 默读课文,思考:藏戏有什么特色,作者是从哪几个方面写的。

要点:(1)圈画关键词和关键句。(2)根据关键词、关键句,紧扣主要段落的内容,进行概括。

3. 全班交流。(两个方面介绍:藏戏的形成;藏戏的艺术特色。)

4. 根据介绍内容,给本文分段:

第1—3自然段:概述了藏戏的艺术特色。(总)

第4—17自然段:详细讲述了藏戏的形成,具体讲述了藏戏的艺术特色。(分)

第18自然段:藏戏代代师传身授。(总)

板块三　自主研读,读中悟写,了解藏戏的形成和艺术特色

(一) 朗读品味,初步了解藏戏的特点

1. 自读第1—3自然段,思考:藏戏有哪些特点。全班交流。

要点:(1)圈画关键词:戴着面具、没有舞台、一部戏演出三五天;(2)用上关键词,用一句话概述藏戏的特点。

2. 思考:藏戏的三个突出的特点,为什么作者不用一句话表示,而要写三句话呢?

自由读,思考;指名读;全班交流。

要点:(1)用了三个排比式的反问句,引起读者的阅读兴趣,引发读者的思考。(2)更加突出了藏戏的这三个突出的特点,了解藏戏独特的艺术形式。

(二) 小组合作学习,了解藏戏的形成

1. 自由读第4—7自然段,边读边思考:藏戏是怎么形成的?

2. 四人一小组,讨论交流。全班交流。

要点:(1)一位同学说,其他同学认真聆听,听后提出补充的内容。(2)根据故事的起

因——经过——结果,进行简洁的概述。

　　3. 这个传奇的故事有哪些传奇的色彩? 默读,批注,交流。

　　要点:(1)以弱抗强的传奇:战胜凶险的自然。结合第 5 自然段中句子"没有一座桥,数不清的牛皮船,被掀翻在野马脱缰般的激流中,许多涉水过江的百姓,被咆哮的江水吞噬"进行交流。(2)创造奇迹的传奇:一无所有——七兄妹——58 座铁索桥。(3)艺术的传奇:"第一个藏戏班子,用歌舞说唱的形式,表演历史故事和传说,劝人行善积德,出钱出力,共同修桥""雄浑的歌声响彻雪山旷野""藏戏的种子也随之撒遍了雪域高原"。

　　4. 按照故事发展顺序,紧扣传奇故事的传奇色彩,进行生动、有序地讲述。

　　5. 小结:这个传奇的故事,深深扎根在藏民的心中,藏戏的种子也随之撒遍了雪域高原,唐东杰布不愧为藏戏的开山鼻祖。至今为止,每个藏戏剧团里,都供奉着他的画像。

　　(三) 读中悟写,具体了解藏戏的特点

　　1. 自主默读第 8—17 自然段,思考:第 8—17 自然段写了藏戏的哪些艺术特点?

　　2. 小组交流讨论。(戴着面具、没有舞台、一部戏演出三五天)

　　3. 思考:第 1—3 自然段,也是讲了藏戏的这三个主要特点:戴着面具、没有舞台、一部戏演出三五天。读到这里,你们有什么疑问?

　　4. 这三个特点在写法上又有什么不同呢?

　　5. 聚焦有详有略的写法:组内交流,全班交流。

　　要点:

　　(1) 发现有详有略的写法:

　　详写:藏戏"戴着面具"演出的特点;略写:藏戏演出"没有舞台"的特点和"一部戏演出三五天"的特点。

　　(2) 聚焦藏戏的面具:

　　① 藏戏的面具有什么特点,为什么能历经几百年仍保留到现在?

　　② 藏戏的面具是如何表现人物性格的呢? 从文中找出有关的句子,读一读。

　　③ 展示藏戏面具图片和京剧脸谱图,发现异同,进行交流。

　　(4) 思考:为何详写藏戏"戴着面具"演出的特点,略写藏戏演出"没有舞台"的特点和"一部戏演出三五天"的特点。

　　① 组内交流:复习回顾《北京的春节》《腊八粥》有详有略的写法。

　　《北京的春节》在描写上有详有略,第一部分重点写腊八、过小年和除夕,第二部分重点写元宵节。作者抓住重点,写出特点,描绘了一幅老北京春节的民风民俗画卷,表现春节的隆重与热闹,展示了中国节日习俗的温馨和美好。

《腊八粥》一文,为何等腊八粥详写,却把喝腊八粥略写?

② 交流、小结:根据作者的写作意图,最能直接地、具体生动地表现文章中心意思的地方要详写;同表现中心意思有些联系,不能不写但又不必详写的,就要略写。

③ 交流:为何详写藏戏"戴着面具"演出的特点,略写藏戏演出"没有舞台"的特点和"一部戏演出三五天"的特点。

要点:

A. 详写藏戏"戴着面具"演出的特点,是因为这是藏戏这个剧种最主要的艺术特点。

B. 教师引导、提示:我们也不能忽视略写的部分,略写虽是寥寥几笔,但能起到"绿叶衬红花"的作用。

C.《藏戏》一文略写"没有舞台"和"一部戏演出三五天",让我们更加全面地了解其独具特色的艺术特点,感受藏戏的艺术魅力;激发了读者对藏戏和中国传统文化的兴趣。

④ 小结:有详有略的写法,使文章繁简适当,重点突出,主次分明,给读者留下深刻的印象。

板块四 总结全文,走向课外

1. 学了课文,你有什么收获?

2. 总结全文:藏戏,一朵盛开在西藏高原上的雪莲花,深深地扎根在西藏人民的心灵深处。我国戏曲百花齐放、博大精深。六年级上学期,我们学过《京剧趣谈》,对京剧艺术有了一定的了解,这个学期,我们又学习了《藏戏》。课后,同学们还可以通过查找资料、观看欣赏等形式,对藏戏、京剧、越剧等戏剧进行了解,还可以学着唱一唱。

（编写人:江苏省苏州市吴江区教育局教研室　徐国荣;
江苏省苏州市吴江区芦墟实验小学　姜欢晓）

习作:家乡的风俗

➡ 一、文本教学解读

民风民俗源远流长,民俗文化斑斓多姿,在灿烂的人类文化中,民俗文化是不可忽视的重要组成部分。通过本组课文的学习,学生对"风俗"有了一定的了解。安排这次习作训练,一是让学生联系生活实际和调查访问,继续感受和吸收民俗文化的智慧和营养;二是提高学生的语言表达能力。

"家乡的风俗"这一主题作文,与学生平时的写事作文不同。写事作文,之前可以不做查资料的准备;介绍"家乡的风俗",学生写前需要查阅相关的资料或请教长辈,深入了解这种风俗,否则很难写好。这里有两方面的原因:一是很多学生早早随父母离开家乡,久居其他城市,对家乡的印象并不深;二是许多风俗随着时间的流逝渐渐在淡化,甚至有的风俗已处于"消失"状态。学生只有在深入了解风俗的基础上,才能继而思考这种风俗的主要特点是什么,可以分几个方面介绍,重点介绍什么。

查阅资料介绍"家乡的风俗",最大的难点是资料语言的转化。学生很容易直接"抄袭"网上资料。教师通过指导,让学生明白,同一个意思可以有不同的说法。用查阅资料的方式写作文,要学会把资料语言转化成自己的语言。可以根据情况,对资料进行概括或充实描写。

本次作文也可以写自己参观风俗活动的亲身经历。对于学生来说,这类写法比用旁观者身份介绍风俗的方式要容易。亲身经历的事,不愁没有内容写。上学期,学生已经学习过如何"写一次活动"。他们已经知道:写活动,要围绕中心剪裁,而介绍风俗活动,则要注意把风俗的特点和来历穿插在活动中交代清楚。

好文章是改出来的。教学过程中要重视学生修改能力的提升。作文初稿完成,教师及时进行点评,也可提倡自改、互改。根据同学、老师的意见进行修改、完善。有条件的话,可以将全班同学的习作集中在一起,编成一本民俗作品集。

> ▶ 二、教学活动设计

教学目标:

1. 查阅资料或请教长辈,深入了解家乡的一种风俗,抓住特点进行介绍。

2. 学会将查阅的资料转化成自己的语言。

3. 能根据同学、老师的意见进行修改、完善。

教学过程:

板块一　作前准备,填预习单

风俗往往和传统节日、节气相伴。在春节、元宵节、清明节、端午节、七夕节、中秋节、重阳节、除夕等传统节日里,各民族各地区都会有不同的风俗;除此之外,还有一些少数民族地区的特色节日,也有风俗习惯,如傣族的泼水节等。你的家乡有哪些特别的风俗习惯?请你介绍一种风俗,或写一写你参加过的一次风俗活动的经历。

如果你选择介绍一种风俗,请完成预习单(一)的填写;如果你选择写参加一次风俗活动的经历,请完成预习单(二)。

预习单(一):

传统节日	风俗	最感兴趣之处

预习单(二):

活动名称	活动过程(提纲)	活动感受	查找资料

板块二　交流分享,突出重点

1. 老师选择优秀的预习单,全班分享。

预习单(一)的填写,写清楚分几个方面介绍,重点介绍什么?

传统节日	风俗	最感兴趣之处
元宵节	吃元宵、闹花灯、猜谜语、舞龙舞狮、踩高跷、划旱船……	闹花灯—— (1) 元宵节又叫"灯节" (2) 元宵节闹花灯的由来 (3) 各形各色的花灯

预习单(二)的填写,写清楚活动过程,标出重点。

活动名称	活动过程(提纲)	活动感受	查找资料
闹元宵	(1) 全家人一起做元宵 (2) 奶奶包了个"幸运元宵" (3) 吃元宵 (4) 聊新年心愿 (5) 去古镇观花灯 (6) 猜谜语	团团圆圆,其乐融融	元宵节来历

2. 学生修改预习单,并在四人小组里交流。

3. 注意有详有略,突出重点

(1) 出示《北京的春节》一课的截图,回忆课文是按什么顺序写老北京人过春节的。

点评:课文从腊月的初旬写到正月十九,包括腊八节、过小年、除夕、元旦、元宵节等。同学们的习作,选择其中一个内容进行介绍即可。

(2) 出示预习单(一),元宵节的风俗,有吃元宵、闹花灯、猜灯谜、踩高跷、舞龙舞狮、划旱船等。介绍时不能面面俱到,选择最突出的或自己感兴趣的地方进行具体介绍。

(3) 出示预习单(二),风俗活动内容丰富,环节众多,要有所侧重。可以选择最感兴趣的内容具体写;可以以自己的活动感受为中心,选择相关内容具体写。

板块三　资料语言,转为自己的话

1. 例文分析。

第一组:

• 古时民间在重阳节有登高祈福、秋游赏菊、佩插茱萸、拜神祭祖及饮宴祈寿等习俗。传承至今,又添加了敬老等内涵,于重阳之日享宴高会,感恩敬老。登高赏秋与感恩敬老是当今重阳节日活动的两大重要主题。——摘自学生作文《重阳节风俗》

• 在去敬老院的路上,王老师告诉我们:"古时民间在重阳节有登高祈福、秋游赏菊、佩插茱萸、拜神祭祖及饮宴祈寿等习俗。传承至今,又添加了敬老等内涵,于重阳之日享宴高会,感恩敬老。"——摘自学生作文《节日的祝福》

点评:两篇文章,前一篇介绍重阳节风俗,后一篇写参加重阳节敬老活动。两篇文章所摘语言一模一样。因为小作者直接"抄袭"了网络上的资料语言。

第二组：

• 在贴春联的同时，一些人家要在屋门上、墙壁上、门楣上贴上大大小小的"福"字。春节贴"福"字，是我国民间由来已久的风俗。"福"字指福气、福运，寄托了人们对幸福生活的向往，对美好未来的祝愿。——摘自学生作文《除夕》

• 爷爷把我写的"福"字，贴在大门的中间，笑眯眯地对我说："春节贴福字，是我国民间由来已久的风俗。'福'字指福气、福运，寄托了人们对幸福生活的向往，对美好未来的祝愿。"——摘自学生作文《辞旧迎新》

点评：写除夕贴"福"字的风俗，两个小作者写了完全相同的话。

讲解：高考作文对抄袭的界定，原封不动或稍微改变了几个字地默写公开发表的文章，算抄袭。凡是抄袭的作文，只能在 20 分以下给分。因此搜集来的资料不能直接拿来用，要转化为自己的话。

2. 欣赏。

资料语言——据说，每年的腊月二十三，灶王爷都要上天向玉皇大帝禀报这家人的善恶，让玉皇大帝赏罚。因此送灶时，人们在灶王像前的桌案上供放灶糖，涂抹在灶王爷的嘴上，也有地方的风俗是用黏米制作年糕，寓意把灶王爷的嘴巴粘住，这样他就不能在玉帝那里讲坏话了。

作者语言——最具戏剧性的要算二十三祭灶了。老年间家家供奉着一位老神仙，他叫灶王爷，此公每年腊月二十三要升天，向老天爷汇报一年里人间的好坏。于是，家家都买些麦芽糖，用糖把老神仙的嘴糊上，极尽"贿赂"之能事，让他到天上只说好话，不说坏话，报喜不报忧。这种近乎玩笑的祭神仪式，家家却都以极严肃的态度去操作，更显得极富人情味儿，孩子们的嘴则是供桌上的糖瓜的真正归宿。——选自舒乙的《北京的春节》

点评：作者舒乙写《北京的春节》，语言风格和百度上的资料语言明显不同。这就叫作者自己的语言。相同的内容，可以用不同的语言表达出来。

3. 转化的方式。

方法一：在查阅资料深入了解风俗之后，要丢开资料，凭自己的记忆，用自己的语言描述出来。

方法二：在介绍风俗的过程中，加入自己的感受。例如上面文章中的"这种近乎玩笑的祭神仪式，家家却都以极为严肃的态度去操作，更显得极富人情味儿"就是作者的感受。

方法三：有时候，需对比较长的资料语言进行概括；有的时候，需对简短的资料语言进行加工，扩写。

4. 训练。

选择其中的一句资料语言,用自己的话写一写。

- 月饼象征着大团圆,中秋节这天人们都要吃月饼以示"团圆"。

- 元宵节这一天,每家每户在门前屋内悬挂五彩缤纷的花灯,寓意吉祥如意。

- 清明扫墓,即为"墓祭",谓之对祖先的"思时之敬",祭扫祖先是对先人的缅怀方式。

板块四　习作讲评

1. 自评。

根据评价标准,算一算,自己可以得几颗星。

① 使用自己的语言介绍风俗,得三颗星。

② 写出自己对这种风俗的实际体验或感受,得两颗星。

③ 重点突出,得三颗星。

④ 语言生动,得两颗星。

2. 选择讲评重点。

根据学生作文中的典型问题,选择作文训练点,进行重点讲评。如:

- 用套话开头

- 风俗介绍摘抄资料语言,没有融入自己的理解、感受

- 活动介绍注重自己的"游玩",没有体现风俗

- 剪裁不合理

  ......

3. 讲评方法。

主要采用对比的方式,欣赏在这一方面写得好的同学的片段,再出示存在问题的片段。什么是"好"的语言,什么是"坏"的语言,一比较就看出了差距,就知道怎么修改。用班里同学的作文树立典型,而不用作文选、名家的文章,是为了让学生有亲近感,有写好的自信心。

4. 修改。

根据讲评重点,修改自己的习作。修改达到老师要求,可加三颗星。

(编写人:江苏省苏州市吴江区教育局教研室　徐国荣;

江苏省苏州市吴江区长安实验小学　樊小园)

语 文 园 地

➡ 一、文本教学解读

《语文园地》包括"交流平台""词句段运用""书写提示""日积月累"四个板块。"交流平台"板块进一步巩固强化、迁移运用本单元的语文要素——"阅读时,分清内容的主次,体会作者是如何详写主要部分的"。"词句段运用"板块的第一部分是:感受同义反复的表达所带来的表达形式多样的效果;第二部分是了解寓意吉祥的习俗,并用简洁凝练的祝福语进行寓意概括。"书写提示"板块是通过观察书法作品,初步感受行书的书写特点,试着仿写,提高自己的书写速度。板块四"日积月累",是学习一首汉乐府的《长歌行》。

"交流平台"的教学,学生需在这一板块对"详略得当、突出中心"的写法进行复习、拓展、运用,进而巩固强化写法。因此在教学时,可依据"复习回顾,重温写法——交流分享,拓宽思路——迁移运用,尝试仿写"这样的教学思路进行教学,以求对"详略得当、突出中心"写法的真正掌握。

"词句段运用"中分为两部分。第一部分,"同义反复"这一修辞的认识,主要采用对比阅读的教学方式,让学生从差异中感受其表达丰富。第二部分,让学生了解寓意吉祥的习俗,并尝试仿写。

"书写提示",具体训练重点是一段文字的书写,即通过对书法作品的观察,对典型行楷笔画的示范书写,学生仿写评改等一系列的教学,初步模仿行楷的书写,有意识提高书写速度。

"日积月累",按照"朗读诗句,理解句意——扣住名句,明了主旨——拓展延伸,日积月累"三步走,理解积累汉乐府《长歌行》,并拓展积累相关的惜时劝学名篇。

➡ 二、教学活动设计

教学目标:

1. 通过交流典型习作案例,进一步巩固强化"详略得当,突出中心"的写法。

2. 通过朗读对比和仿写、改写,体会"同义反复"修辞手法的作用;了解寓意吉祥的习俗,并用简洁凝练的祝福语进行寓意概括。

3. 通过观察、示范、仿写,初步感受行楷书写的笔画技巧,尝试提高书写速度。

4. 通过查阅资料和朗读感悟,理解《长歌行》的意思,并熟读成诵。

板块一 "交流平台"的学习

1. 复习回顾,重温写法。

（1）我们读文章,常常发现有些内容写得很详细,有些内容写得很简略。以《北京的春天》为例,回忆一下,作者详写的是什么? 略写的是什么?

要点:详写的是腊八、腊月二十三、除夕、正月初一、正月十五这几天,其他的日子一笔带过。重点写腊八、初一最具有特色的一两个民俗活动,其他民俗活动不赘述。

（2）为什么要这样详写和略写?

要点:《北京的春节》讲的是北京地区过春节的独特习俗,而能表现北京独特习俗的,莫过于这几天了,所以要详写;其他的日子大体相似,就没有必要详写了。文章详写什么,略写什么,是由作者想要重点表达的意思决定的。

（3）以《腊八粥》为例,说说作者的详略安排及其原因。

要点:课文主要写了等粥和喝粥两件事,详写的是等粥,略写的是喝粥。作者怀念腊八粥的味道,以及一家人其乐融融的温情,而最能表现这一主旨的就是等粥这件事。

2. 交流分享,拓宽思路。

（1）在平时的阅读中,你是否也注意到这样的详略得当的写法?

要点:学生结合以前学过的课文或者课外阅读的文章分享经验。

（2）你能说一说作者是怎样根据自己想要表达的重点进行详略安排的吗?

要点:作者想要表达的主旨决定了内容的详略安排。

3. 迁移运用,尝试仿写。

（1）在自己的习作《家乡的风俗》中,你是怎样安排详略?

要点:结合本单元的习作分享,明确要将有特点的习俗展开详写,而与其他地方相似的习俗只要略写即可。

（2）今后习作中,如何做到详略得当?

要点:注意抓住想要表达的重点,有选择地安排详略。

板块二 "词句段运用"的学习

（一）"同义反复"妙修辞

1. 发现"同义反复"的修辞手法。

① 有名的老铺都要挂出几百盏灯来：有的一律是玻璃的，有的清一色是牛角的，有的都是纱灯。

② 全校运动会上，大山在短跑比赛中勇夺第一，志杰在跳高比赛中喜获金牌，思雨在跳远比赛中摘得桂冠，宁宁在游泳比赛中拔得头筹。

朗读这两句话，关注加点的部分，你有什么发现？

要点：第一句中"一律""清一色""都是"都是一个意思，它们是同义词；第二句中的"勇夺第一""喜获金牌""摘得桂冠""拔得头筹"也都是一个意思，是同义词。像这样，字面不同而语义相同的词语或是句子重复使用的修辞手法，就是"同义反复"。

2. 对比阅读，感受妙处。

（1）出示第一组对比阅读：

① 有名的老铺都要挂出几百盏灯来：有的一律是玻璃的，有的清一色是牛角的，有的都是纱灯。

② 有名的老铺都要挂出几百盏灯来：有的都是玻璃的，有的都是牛角的，有的都是纱灯。

朗读感受这两句话，有什么区别？

要点："同义反复"使句子表达形式更加多样，富有变化，而反复使用同一个词"都是"，句子显乏味啰唆。

（2）出示第二组对比阅读：

① 全校运动会上，大山在短跑比赛中勇夺第一，志杰在跳高比赛中喜获金牌，思雨在跳远比赛中摘得桂冠，宁宁在游泳比赛中拔得头筹。

② 全校运动会上，大山在短跑比赛中勇夺第一，志杰在跳高比赛中勇夺第一，思雨在跳远比赛中勇夺第一，宁宁在游泳比赛中勇夺第一。

朗读感受这两句话，有什么区别？

要点："同义反复"使句子表达形式更加多样，富有变化，而反复使用同一个词"勇夺第一"，句子显乏味啰唆。

3. 迁移运用，尝试仿写。

（1）在自己的习作草稿中，试着用一用同义反复的修辞。

要点：在习作草稿中，将个别句子运用同义反复修辞，对比朗读感受区别。

（2）指名交流，对比句子前后变化。

要点："同义反复"的恰当运用，能使句子表达更丰富生动。

（二）"吉祥寓意"藏习俗

1. 知习俗，明谐音。

你知道下面这些习俗的吉祥寓意吗？

① 过年的时候吃年糕

② 过年的时候吃鱼

③ 建筑上雕刻蝙蝠

要点：年糕、鱼、蝙蝠分别与"年糕""余""福"谐音：年糕的寓意是"年年高"，吃鱼的寓意是"年年有余"，蝙蝠的寓意是"福气、遍福"。

2. 看范例，仿写。

（1）看范例。

过年的时候吃年糕：寓意"万事如意年年高"。

要点：寓意"万事如意年年高"，读来朗朗上口，寓意美好。

（2）仿写。

过年的时候吃鱼：寓意"生活幸福年年有余"。

建筑上雕刻蝙蝠：寓意"事事如意福来到"。

3. 思习俗，悟寓意。

想一想，你还知道哪些"寓意吉祥"的习俗？

元宵节吃汤圆：寓意"阖家欢乐人团圆"。

新婚床上撒红枣、花生、桂圆、莲子：寓意"喜结连理，早生贵子"。

板块三 "书写提示"的学习

1. 欣赏作品，了解行楷。

（1）出示行楷书法作品的图片，学生欣赏观察。猜一猜，这是什么字体？

要点：依次出示"甲骨文→金文→小篆→隶书→楷书→行书"的书法作品图片。

（2）行楷字体介于楷书和行书之间，楷书的成分多，略有行书的笔意，是在楷书的点画基础上,略加变动而适于连笔书写的一种实用性很强的书体,是楷书的直接快写体,因此叫"行楷"。

2. 指导观察,归纳写法。

(1) 怎样才能写好硬笔行楷字?

要点:认真地观察范字,首先把笔顺搞清楚,注意行楷字的笔顺往往与楷书的笔顺不同,然后考虑:笔画的位置、长短、倾斜度、直线还是曲线、弯曲的程度、笔画与笔画间是连笔还是笔断意连,转折处是方是尖还是圆等。

(2) 你认为哪个字最难写?

要点:根据学生的交流情况,教师重点指导并范写难写的字。

如:如"生""活""熟""沈"中的连笔。

3. 仿写练习,规范写字姿势。

(1) 现在我们准备练习写这段文字。请大家拿出带有范文的作业纸,拿起笔。

要点:一般不要看一笔写一笔。一旦下笔,就果断地、一气呵成地写完,不要求快而要力求准确,待熟练后再逐渐加快速度。如果临摹得不太准确,也不要修改。

(2) 背诵《写字歌》和《执笔歌》,并边背诵边按要求摆好写字姿势。

(3) 学生仿写。教师巡视指导,纠正写字姿势。

4. 自评互改,示范指导。

(1) 这是一位同学的书写作品,我们来帮他看看,有没有待改进的地方。

要点:笔画的合并、替代和减省要自然。

(2) 同桌两人根据刚才的要点进行互评。

(3) 学生再修改书法作品。

要点:将自己写的字与范字进行对照。每次临摹完后,都必须反复将所写的字与范字进行比较,认真找出不准确的地方及原因,发现不同的地方后再重新摹写,力求形神兼备。

5. 佳作欣赏,归纳提升。

(1) 展示优秀的作品,欣赏点评。

要点:采访同学,总结书写要点。

(2) 今天第一次写行楷,谈谈收获。

要点:写好行楷,正楷能写好是个前提。在此基础上,进行连笔、替代等。

(3) 课后找一些名家的行楷进行临写。

板块四 "日积月累"的学习

1. 朗读诗句，理解句意。

（1）请同学们自由朗读诗句。

指名朗读诗句，并相机正音。

要点："葵、晞、焜、衰"的读音。

（2）课前同学们已自主预习了，结合相关资料，说说对这首汉乐府《长歌行》的理解。

"青青园中葵，朝露待日晞。"意指园中的葵菜都郁郁葱葱，晶莹的朝露阳光下飞升。

"阳春布德泽，万物生光辉。"意指春天把恩惠洒满了大地，万物都呈现出一派繁荣。

"常恐秋节至，焜黄华叶衰。"意指常恐那肃杀的秋天来到，树叶儿黄落百草也凋零。

"百川东到海，何时复西归？"意指百川奔腾着东流到大海，何时才能重新返回西境？

"少壮不努力，老大徒伤悲！"意指少年人如果不及时努力，到老来只能是悔恨一生。

要点：

葵：冬葵，我国古代重要蔬菜之一，可入药。晞：天亮，引申为阳光照耀。

阳春：温暖的春天。布：布施，给予。德泽：恩惠。

秋节：秋季。焜黄：形容草木凋落枯黄的样子。华：同"花"。

百川：那么多河流。

徒：白白的。

2. 扣住名句，明了主旨。

① 这首汉乐府诗中，我们最熟悉的，也广为流传的是哪一句？

要点：少壮不努力，老大徒伤悲！

② 从这一句中，我们能明了这首汉乐府诗的主旨是？

要点：劝人要珍惜青年时代，发奋努力，使自己有所作为。

③ 为了说明这个道理，联系了哪些自然现象？

要点：朝露易晞、花叶秋落、流水东去不归来。

3. 拓展延伸，日积月累。

（1）你还知道哪些劝人惜时奋进的古诗？

要点：指名交流，相机引导。

例：

	金缕衣		劝学
	［唐］杜秋娘		［唐］颜真卿

金缕衣

［唐］杜秋娘

劝君莫惜金缕衣，

劝君须惜少年时。

有花堪折直须折，

莫待无花空折枝。

劝学

［唐］颜真卿

三更灯火五更鸡，

正是男儿读书时。

黑发不知勤学早，

白首方悔读书迟。

（2）课后不断积累，将这些劝人惜时奋进的名篇熟读成诵。

（编写人：江苏省苏州市吴江区教育局教研室　徐国荣；

江苏省苏州市吴江区梅堰实验小学　申玲燕）

第二单元

本单元的人文主题为"跟随外国文学名著的脚步,去发现更广阔的世界"。编排的课文皆是名著节选:《鲁滨逊漂流记(节选)》《骑鹅旅行记(节选)》《汤姆·索亚历险记(节选)》,其共同点在于同属历险类故事。随着历险的进程,"新"的世界会被发现,会被打开,同时又会发现一个"新"的自己,发现更为广阔的心灵世界。阅读《鲁滨逊漂流记(节选)》,看见的是孤岛生活的新情境,接触的是鲁滨逊越发顽强而自信的心灵;阅读《骑鹅旅行记(节选)》,看见的是瑞典的风土人情,打开的是顽皮孩子走向小英雄的心路历程;阅读《汤姆·索亚历险记(节选)》,看见的是美国小镇的奇人异事,感受的是自由活泼的童年心灵。迈出脚步,方能看见不曾遇见过的缤纷的世界;打开心门,方能发现熟悉生活里别样的精彩。

本单元的语文要素是"借助作品梗概,了解名著的主要内容""就印象深刻的人物和情节交流感受"。此要素包括两个层次:一是领会主要内容,即读懂名著;二是交流感受,即表达自己的认识、观点。两个层次有其内在的逻辑,在领会主要内容的基础上才有可能生发个性的认识,表达观点的过程也是对内容的进一步整理和体悟。本单元是整本书阅读单元,其阅读方法和策略,既有与单篇阅读共通之处,也有整本书阅读独具的。如何"借助作品梗概,了解名著的主要内容"?既可以用到以往教材语文要素中涉及的方法,如四年级上册第四单元的借用起因、经过、结果,把握主要内容,四年级下册第六单元的把握长文章主要内容的策略等,又可以借用序言、目录、小标题串并等整本书阅读中常用的方法。如何"就印象深刻的人物和情节交流感受"?关键在于有理有据,即能引用原著中的语段、事件、观点,清晰表达自己的感受。引用时,既要关注某一人物或某一情节中的细节,运用精读的相关策略展开阅读,也需要将人物、情节置于整本书之中,前后关联、对比着阅读。

三篇选文在落实本单元语文要素时,有其独担之任。《鲁滨逊漂流记(节选)》由梗概和节选两部分文本组成,宜作为本单元教学的例文。借用课文"梗概"部分,认识名著梗概的一般形式。运用起因、经过、结果三要素,为"梗概"部分分层,发现名著梗概的完整结构。运用小标题提炼事件,梳理"梗概"部分中介绍的事件,并与原著比较,发现写名著梗概时事件是有选择的,重点叙述引起人物性格或命运转变的关键事件。化用"选段"部分中的列表,对鲁滨逊遇到的困难的好处与坏处进行梳理,从宏观和细节两个层面把握人物形象,并交流自己的看法。《骑鹅旅行记(节选)》是一篇略读课文,旨在综合运用策略解决问题。在阅读提示中有两个问题,"读读下面这个片段,说说小男孩尼尔斯变成小狐仙之后,他的世界发生了怎样的变化。作品中还有许多有趣的故事……猜猜他们又将讲述怎样的神奇"。围绕"他的世界发生了怎样的变化",可以提炼要点、列表、整理、串并,尝试提炼该节选的故事梗概。"猜猜他们又将讲述怎样的神奇",可以运用猜测、创编故事的形式,表达自己对尼尔斯、对故事结构的认识。《汤姆·索亚历险记(节选)》也是一篇略读课文,导语中提出了三个问题"说说哪些情节特别吸引你。你觉得汤姆是个怎样的孩子? 在他身上,你能找到自己或身边伙伴的影子吗?"三个问题其实都是指向交流自己的感受。但是三次交流,运用的策略不同。"说说哪些情节特别吸引你",首先需要把握和概括情节,运用的是"了解梗概"中的部分策略;"你觉得汤姆是个怎样的孩子",需学习借用语段中的事件进行有理有据地表达;"在他身上,你能找到自己或身边伙伴的影子吗"则要关联自己的生活经历,分享交流需带有读者个性的体悟。

三篇选文,除落实"借助作品梗概,了解名著的主要内容""就印象深刻的人物和情节交流感受"的语文要素之外,还起到以阅读节选带动整本书阅读,激发学生阅读整本书的兴趣的价值。《鲁滨逊漂流记(节选)》一文中,"梗概"部分使读者能够概览整书,"节选"部分则细致表现了鲁滨逊的经历和内心的变化。《骑鹅旅行记(节选)》一文是从故事的开头部分节选的,导语中运用猜读的方式,激发学生的阅读期待。《汤姆·索亚历险记(节选)》一文要求,阅读时边读边关联自己的生活,让读者在阅读中发现自己,使阅读具有现实意义。

本单元还设置了《口语交际》《习作:写作品梗概》《语文园地》《快乐读书吧》四部分内容。《口语交际》侧重于围绕一个话题,有理有据地交流读书心得,此部分内容不宜单独教,宜融合在讲读课文的学习过程中。《习作:写作品梗概》,宜从写《骑鹅旅行记(节选)》《汤姆·索亚历险记(节选)》的节选梗概开始,逐步训练。《语文园地》中"交流平台"是对本单元语文要素的梳理,宜在讲读时相机提炼。《快乐读书吧》则是综合运用本单元所学,进行好书推荐,包括抓梗概,介绍图书主要内容;交流心得,表达自己的看法;借用名人的评价等。

(编写人:江苏省苏州市吴江区盛泽实验小学　沈玉芬)

5 鲁滨逊漂流记(节选)

《鲁滨逊漂流记》是英国作家丹尼尔·笛福的一部长篇小说。该作品主要讲述了主人公鲁滨逊在一次去非洲航海的途中遇到风暴,只身漂流到一个无人的荒岛上,开始了一段与世隔绝的生活。他凭着强韧的意志与不懈的努力,在荒岛上顽强地生存下来,最终返回了故乡。本文节选的部分出自整本书的开头部分,记录的是鲁滨逊逐渐接受现实,并开始努力改变现状的经过,充分展现了他坚强的内心。除节选外,本文还提供了整本书的梗概,有利于学生整体把握故事的来龙去脉。

本单元的语文要素是"借助作品梗概,了解名著主要内容""就印象深刻的人物和情节交流感受"。本文是本单元的第一篇课文,也是唯一的一篇精读课文。因此本文承载着三个主要功用。

品悟言语的材料。本文节选的片段细致地刻画了鲁滨逊内心复杂的情绪变化,从一开始的忧伤无奈,逐步转变为适应接受,再到后来的自我控制和安慰。事件叙述与内心独白交替描写,鲁滨逊的形象得以丰满、立体、伟岸。此功用类似于单篇阅读,重在体会人物形象和发现刻画人物形象的方式。

认识梗概的例文。本文梗概部分是对《鲁滨逊漂流记》一书的整体介绍,是认识"梗概"的范例,需解决三个主要问题:完整的梗概包括哪些方面? 起因:船只触礁,流落荒岛;经过:独自谋生;结果:重返英国。梗概中的事件如何选择? 书本中的故事千千万万,哪些写入梗概中应有选择,要选择能引起人物性格或命运转变的关键事件。如流落荒岛,鲁滨逊的命运发生了改变;畜牧种植,鲁滨逊得以生存下去;营救"星期五",鲁滨逊有了伙伴陪同。如何写故事梗概? 关键步骤在于给事件列小标题。

阅读整本书的引文。本课节选的段落和梗概部分应相互参阅着读:比一比,选文与梗概的差别,想象梗概中所提及事件的具体情节,激发学生阅读整本书的兴趣。猜一猜,选文的片段应该节选自小说的哪个部分,选文、梗概映照,说一说理由,再读一读整本书进行验证。辩一辩,鲁滨逊的自我安慰是否值得提倡? 联系整本书的故事背景、情节变化等因素,不断丰富能佐证自己观点的理由。核心目标在于激发学生阅读整本书的兴趣,达到教"一节"读"一本"的效果。

以上三个功用并不是相互独立的,在实际教学中内容会有一定的穿插,顺序会有一定的调整。以顺着文本编排顺序为宜,先将其作为认识梗概的例文来教,再将其作为品悟言语的材料来教,最后将其作为阅读整本书的引文来教。

➡ 二、教学活动设计

教学目标:

1. 分类学习词句,了解故事背景。

2. 认识梗概,学习罗列小标题的方法。

3. 抓住鲁滨逊的心理变化,体会人物形象。

4. 梗概和选文对照,比一比、猜一猜,激发学生阅读整本书的兴趣。

教学过程:

板块一　分类学习词句,了解故事背景

1. 出示词组1:荒无人烟的岛　简陋的帐篷　野兽的侵袭　满地的人骨

(1) 读一读,注意字音。"陋"为生字,"侵"为前鼻音。

(2) 这组词都是形容环境的,你可以用哪些词概括一下这样的环境。

要点:环境很恶劣、荒凉、可怕等。

(3) 想象:生活在这样的环境里,可能会遇到哪些困难?

要点:没有舒适的居所,安全得不到保障,会感到十分孤独等。

(4) 读出这组短语中描述的情境感。

要点:修饰语适当重读。

2. 出示词组2:凄凉　寂寞　恐惧　不安　忧伤　沮丧

(1) 读一读,读准字音。

(2) 这组词都是形容谁的? 有什么共同之处?

要点:都是形容鲁滨逊的,都是形容鲁滨逊心情糟糕的。

（3）找一找,这些词分别出现在课文哪些位置?你有什么发现?

要点:这些词语在故事的开头、中间、结尾都有分布。一个人在孤岛生活,这种负面情绪始终伴随着鲁滨逊。

（4）找一找,课文中还有哪些也能表现鲁滨逊心情的词语,画下来。

要点:"感到一丝安慰""愉快""心平气和"等。

板块二　罗列小标题,梳理故事梗概

1.自读梗概部分,圈画表示时间的词语,给梗概分层。

要点:表示时间的关键词有"有一次""在岛上定居下来""很多年过去了""有一天清晨""在荒岛上度过了二十八年后"等。

2.围绕主角做的事情,尝试概括小标题。

提示:可先教后放。以第2、第3自然段为例子,借关键句式"谁做了什么事情"进行概括,再去掉主语,成为该事件的小标题。

要点:流落荒岛—定居荒岛—发现野人—搭救"星期五"—返回英国。

3.删去第一个或最后一个事件再对比阅读,"流落荒岛""返回英国"能不能不写?借此发现梗概应有完整的结构。

要点:

完整的梗概应包括故事的起因:流落荒岛,经过:定居荒岛—发现野人—搭救"星期五",结果:返回英国。

4.出示原著目录,与课文梗概所列的事件进行对比阅读。想想为什么要选这几个事件写进梗概里?它们有什么共通之处?

提示:每个学生选择一个未写进梗概的事件,并快速浏览文本,说理由。例如"海上历险""巴西种植园""制造工具"等章节。

要点:写进梗概中的事件应在故事中起着关键作用,即引起人物性格或命运转变的关键事件。例如:流落荒岛",鲁滨逊的命运发生了改变;"定居荒岛",鲁滨逊能够存活下来了;"发现野人",鲁滨逊平静的生活出现了危机;"搭救'星期五'",鲁滨逊有了伙伴的陪同;"返回英国",鲁滨逊重新回归文明世界。

5.借助小标题,连起来简要说一说故事梗概。

6.练一练。读一读节选部分,给节选部分中各事件列个小标题。

要点:先分层,再列出小标题(划痕记日子—布置住所—记录事情)。

板块三 梳理心情变化,体会人物形象

1.读一读。默读节选段落,想一想鲁滨逊流落荒岛后遇到了哪些困难?

2.圈画关键词,填一填。

遇到的困难	他的心情
无法估算日子	
没人聊天	
无法制造墨水	
缺少内衣	
没有工具	

3.面对困难,他前后的心情发生了什么变化?

(1) 出示关键语句,对比读。

语句1:我不稀罕它可以给我弄来什么东西,也不稀罕它可以同我做伴,我只需要它同我聊聊天,但是它却办不到。

语句2:只要我还有墨水,就能把事情记得非常准确。但是墨水用完以后,我就办不到了,因为我想尽办法还是制造不出墨水来。

语句3:至于内衣之类,虽然缺乏,但我很快就习惯了。

语句4:但是,我既然不得不干这活儿,又有的是时间……那我也没有其他的事可干了。

(2)"但(是)"代表转折,梳理"但是"前后不同的情绪。

要点:语句1,期盼——失望。

语句2,积极——无奈。

语句3,无所谓——能接受。

语句4,劳累——能自我安慰。

(3) 前后联系,说说自己的发现。

要点:鲁滨逊逐渐接受了自己流落荒岛的命运,并慢慢开始积极改造自己的生活环境。

4.出示鲁滨逊自己记录的"幸与不幸"的图表。

(1) 男女生对读。男生读坏处,女生读好处。

(2) 事情仍然是这件事情,为什么会有两种截然不同的理解?

要点:看待事情的角度不同,看待这件事情的人的心情不同。

(3)讨论:这样的自我安慰方式,你认不认同,说说理由。

提示:要联系故事的背景——鲁滨逊是流落到了荒岛,独自一个人生活。

要点:鲁滨逊这种自我安慰是在独自生活在孤岛上的情况下,对自己的积极暗示,他并未消沉、气馁,而是更加坚韧、乐观,积极地面对困难。

5. 续写。读一读梗概部分,你发现鲁滨逊还会遇到哪些不幸,他又会是怎么想的呢?

要点:例如

坏处	好处
船上搬下来的食物吃光了	至少给了我缓冲的时间
只有几粒麦子	这是粮食的种子,几年后就能有很多粮食了
发现野人的踪迹	有人登陆,就有返回去的希望

板块四 "一节"带"一市",激发学生阅读兴趣

1. 猜一猜。节选的片段在小说的哪个部分? 说一说理由。

提示 1:理由要从文本中找到关键的语句。

提示 2:要联系梗概,整体把握《鲁滨逊漂流记》,才能判断节选片段的具体位置。

要点:在小说的开头部分。理由有:

(1) 时间上判断。第 2 自然段"在岛上待了十一二天后",说明刚上岛不久。

(2) 所做的事情:到船里运货物、修筑住所,都是流落荒岛之初做的事情。

(3) 鲁滨逊自己的记录:未记录以后的事情,都是上岛之初的事情。

2. 梗概与节选对照。节选的片段主要对应梗概的哪些段落?

要点:主要对应梗概第 3、第 4 两个自然段。

3. 比较两者的异同。如果我们把这本书作为我们的课外阅读书籍,你喜欢看梗概,还是喜欢阅读原著? 如果图书馆要介绍一下这本书,你推荐他们用哪一种办法?

提示:学生做出选择,并能说出理由。

要点:梗概有利于从整体上把握小说的内容,适合整本书推荐等活动;阅读原著则能更好地了解情节的发展,感受人物的形象等,适合细细地慢读。

4. 出示名人对《鲁滨逊漂流记》的评价,鼓励学生阅读原著。

《鲁滨逊漂流记》体现了人类的普遍性。——柯尔律治

每个正在成长的男孩都应该先读读这本书。——卢梭

(编写人:江苏省苏州市吴江区盛泽实验小学 范建健)

6* 骑鹅旅行记(节选)

本文是瑞典女作家塞尔玛·拉格洛芙的童话《骑鹅旅行记》中的节选,是一篇略读课文。这本童话故事是作者在民间故事、各地风俗传说和多年实地考察的基础上完成的,通过描写乡村顽童尼尔斯在家鹅背上的奇幻旅行经历,塑造了一个由不爱学习、生性调皮捣蛋、专爱恶作剧、爱欺负小动物的人逐渐转变为一个真诚善良、智慧勇敢、具有正义感、热爱学习的少年的形象。尼尔斯在旅行的过程中凭借着自己的智慧和勇敢不断成长,收获了友情和爱,而学生在阅读的过程中也会开启属于他们的成长之旅。

本单元的人文主题是"跟随外国名著的脚步,去发现更广阔的世界"。通过阅读《骑鹅旅行记》,学生会发现,在尼尔斯骑鹅旅行的过程中,他所看到的山川、河流、城市都是有生命的,都成了拟人化的形象。除了引人入胜的故事情节,在阅读时,学生还将会看到充满瑞典风土人情、包含大量当地历史知识和瑞典地理地貌的一幅幅画卷。随着阅读的不断推进,学生将会收获很多科学性的、历史性的、富有教育意义的知识。同时,在尼尔斯的成长历程中,学生能在其中找到自己的影子,能在阅读的过程中丰富自己的人生体验,获取成长的力量,看到更多不一样的世界。

本篇课文节选的是整个《骑鹅旅行记》故事的开始,也是主人公尼尔斯形象发生转折的开始。在本章节中,充满新奇的语言、令人意想不到的故事,这些时刻刺激着学生的好奇心:连小动物们都讨厌的尼尔斯去旅行后会发生什么故事呢? 会让人忍不住想要去阅读下面的章节,可以说,本章节为学生阅读整本书提供了一个很好的引子。因此,本文的教学点定为如下几点:

1. 概括主要事件,把握主要内容。

本章节主要描述的是尼尔斯在变成小狐仙之后在自己家中所经历的一系列事件,课文中的故事非常长,但我们可以通过梳理出故事中的一个个事件来,感受故事的发展脉络。

2. 关联前面章节,认识人物形象。

本课中尼尔斯的形象是通过一系列的事件、小动物们对待尼尔斯的态度、尼尔斯自己的讲述以及心理活动描述等,共同塑造出来的。因此,关注事件的同时,关注人物语言及心理活动的描写可以帮助我们更好地认识人物形象。

3. 借助情节波折,梳理故事结构。

故事要充满变化才会吸引人不断地去阅读。不仅故事中的情节在不断的波折中,故事中人物的心情也处在波折之中。如果尼尔斯经历的事情一次比一次可怕,可他还是一成不变地被人讨厌,那很容易让人失去阅读的兴趣。在课文中,尼尔斯在家中和动物们之间发生的故事充满了波折,同时,他的心情也是充满了波折。因此,借助波折,整个故事情节就能不断地发展下去。

4. 借助猜读激趣,拓展整本书阅读。

这样一个连家里的小动物们都嫌弃的尼尔斯,暴躁、易怒却又在意识到自己的恶作剧后满心后悔,那他会一直这样下去吗? 骑上了家鹅和雁群一起飞往远方的他,在旅行中又会遇到什么? 他的形象后面会发生什么变化吗? 以本章节为契机,借助拓展阅读"地狱谷的羊群"相关片段,引导学生对未来发生的故事进行猜读,以此来激发学生的阅读兴趣,进而完成整本书阅读。

➡ 二、教学活动设计

教学目标:

1. 借助概括,把握节选的主要内容。
2. 关联前后故事,体会尼尔斯的人物形象。
3. 梳理故事波折,体会故事结构。
4. 借助猜读,完成整本书阅读。

教学过程:

板块一 概括事件,感受人物形象

(一) 梳理事件,感受尼尔斯形象。

1. 课题导入。

出示课题《骑鹅旅行记》。读了课题,你有什么问题想要问吗?

要点:谁去旅行? 去哪里旅行? 为什么要骑着鹅去旅行? 同学们的疑问,都可以在课文中找到答案。通过预习,我们发现课文中尼尔斯还没开始去真正历险,但却已经有了历险的过程。

2. 尼尔斯在变成小狐仙之后遭遇了三种麻烦,请你自读课文,找找看是哪三种动物给尼尔斯带来的麻烦。

要点:麻烦来自于院子里的禽兽们(麻雀、鸡、鹅),猫以及牛群。

3. 从这些小动物们的口中,你读到了尼尔斯以前曾经做过哪些事情? 把读到的内容填在下方的图表中。

从谁口中读到	我发现尼尔斯以前……
从院子里的禽兽那里	
从猫那里	
从牛群那里	

交流阅读发现。

要点:从鹅和鸡那里,我发现尼尔斯以前曾扯过他们的鸡冠;

从猫那里,我发现尼尔斯以前经常欺负猫,揪猫的尾巴;

从牛群那里,我发现尼尔斯以前曾在牛的角上跳舞,经常用木鞋打牛,把马蜂放进牛的耳朵里,趁他母亲挤奶时撤走母亲的小凳,伸出脚把提着奶桶的母亲绊倒,多次气得母亲流眼泪等。

4. 这些事情有什么共同点? 让你看到了一个什么样的尼尔斯?

要点:这些都是尼尔斯干的坏事;他是一个非常调皮、爱捣蛋、喜欢恶作剧的小男孩。

(二) 从小动物们的态度上,感受尼尔斯形象。

1. 调皮捣蛋是很多孩子的天性,生活中调皮捣蛋的孩子也有让人非常喜欢的,但是文中的尼尔斯却是很明显的不让人喜欢。你觉得文章当中的小动物们喜不喜欢尼尔斯?(不喜欢)。你是从哪里读出来的?

要点:从小动物们说的话中感受出来的。

2. 尼尔斯变成小狐仙之后,他遇到的第一个动物是门廊外的麻雀,我们一起来读一读麻雀的话,看看你有什么发现?

出示:"叽叽,叽叽,快看放鹅娃尼尔斯! 快看拇指大的小人儿! 快看拇指大的小人儿尼尔斯·豪尔耶松!"

这句话的意思非常简单,是反反复复地在说"快看放鹅娃尼尔斯! 快看拇指大的小人儿!

快看拇指大的小人儿尼尔斯·豪尔耶松!"从麻雀的话中,我们感受到麻雀对尼尔斯的嘲讽,麻雀对尼尔斯的态度是很不喜欢的。

3. 除了麻雀的话,请你再去读读其他小动物们对尼尔斯说的话,看看你又有什么发现?

分别出示公鸡、猫咪、牛群对尼尔斯说的话。

要点:体会小动物们的态度——很不喜欢。

4. 指导朗读。

要点:

(1) 读出公鸡幸灾乐祸的口气;读出猫咪不屑、故意的语气;读出牛群愤怒的语气。

(2) 从刚才小动物们所说的话以及语气中,我们发现他们对尼尔斯的态度是很不喜欢,说明尼尔斯以前所做的事情是多么令人讨厌啊!

板块二　关联前后故事,体会人物形象

1. 文中所有的经历都源于尼尔斯意外变成小狐仙,但是关于尼尔斯和小狐仙的故事课文中说的并不多,请你猜一猜他们之间可能会发生什么事情呢?

要点:猜测要有依据。我们可以借助文中的内容或者是尼尔斯的性格特点来猜。

2. 同学们的猜测都很有意思,现在我们来看看他们之间到底发生了什么事情。出示尼尔斯和小狐仙之前的故事梗概。

梗概:正在睡觉的尼尔斯突然被一阵响声惊醒了,他发现一个小狐仙正在动妈妈最宝贝的大衣箱,于是就拿了一个捕虫网将小狐仙给抓住了。他答应小狐仙以一个金币的价格放了他,正当小狐仙要爬出网的时候尼尔斯反悔了,于是他使劲地晃动网子,想让小狐仙再跌进去。就在这时,他被一记响亮的耳光给打得晕了过去……

3. 读了刚才的故事梗概,说说尼尔斯又给你留下了什么样的印象。

要点:爱恶作剧、出尔反尔、贪心等。

4. 这样的尼尔斯真的不那么讨人喜欢,请同学们再猜一猜,这中间可能还发生了什么事情?

要点:让学生结合已有的故事梗概进行合理想象,注意猜测要有依据。

5. 其实原著中的故事要比同学们的猜测更有意思。要想知道详细内容的话就请同学们课后去阅读原著。

板块三 借助情节波折,梳理故事结构

1. 这个故事很长但是很有趣,因为这个故事中充满了波折。我们发现尼尔斯在变成小狐仙之后在自家院子里就经历了一轮又一轮的历险风波。我们一起来找找看。

要点:

(1) 寻求帮助时,却遇到不喜欢尼尔斯的麻雀、鸡和鹅,被嘲讽、被欺负。

(2) 猫本是以"救星"的形象出场的,却也是对尼尔斯大加嘲讽。

(3) 牛棚本是尼尔斯躲进去当避难所的,但是却被牛吼得羞愧而出。

2. 尼尔斯所经历的事情一件比一件糟糕,一件比一件可怕,如果故事一直这么发展下去,还好玩吗?不好玩了,所以后面的故事肯定是有变化的。既然有坏的变化,应该也会有好的变化。尼尔斯变成小狐仙之后在家里发生的事就是故事出现的第一个波折。

3. 课文中,不仅随着人物的出场故事情节有波折,而且人物的心情也是有波折的。我们来梳理一下尼尔斯心情的变化。

要点:

变成小狐仙后(难以置信);

顺利到门外寻求帮助(开心);

遇到院子里的禽畜(愤怒、难过);

看到猫(欣喜),与猫大战(难过);

在牛棚里(羞愧、垂头丧气);

坐在厚石头围墙上(心情低落);

骑到鹅背上(忐忑、害怕)。

4. 尼尔斯的心情随着故事的波折也在不断地变化着,这就是故事的第二个波折。所以,正是由于故事有了波折,才让我们读起来更有兴趣。

板块四 借助猜读,完成整本书阅读

1. 本文的课题是《骑鹅旅行记》,那么,接下来所有的波折可能都是源于那只"想飞的雄鹅",鹅会带着他走向新的世界,他的命运肯定会发生新的变化。请你来猜猜看,后面尼尔斯是变好了还是变坏了?

2. 你们的猜测听起来很不错,尼尔斯的确变好了,但是猜测要有依据。请你再读读课文,找找看文中藏着哪些依据,让你觉得尼尔斯会变得好起来。

要点:

(1)尼尔斯很聪明,在面对问题时马上能想到解决的办法。

(2)尼尔斯在意识到自己的错误后,感到很后悔。

(3)害怕雄鹅飞走后,父母会伤心。

3. 其实,尼尔斯虽然调皮捣蛋,但是他的身上也是有着孩童们特有的闪光点的,相信他肯定会在后面的历险过程中有所改变。不信,我们可以试着来看看后面的章节。

4. 出示"鹤之舞表演大会",看了这个题目,猜猜看后面可能发生什么事情? 指名交流,进行猜读。出示"鹤之舞表演大会"片段。

在庭院中央站立着一个小人儿,他在吹一只形状像烟斗的小口哨。在他的四周,已经围满了灰老鼠,正如痴似呆地竖耳听着他吹,而且更多的灰老鼠还在络绎不绝地赶来。有那么一会儿,他把那只小口哨从嘴边拿开对他们做个鬼脸。这时候,灰老鼠便按捺不住,好像要扑上去把他咬死。可是他一吹起那只小口哨,他们便又服服帖帖地受制于他了。

为了保护黑老鼠的领地,在面对大量灰老鼠的围攻,随时都有被咬死的危险时,猜猜看以前淘气捣蛋的尼尔斯接下来会怎么做呢? 指名交流。出示后面片段梗概,继续交流。

那个小人儿一直吹奏到所有的灰老鼠都从格里敏大楼里撤出来后,便掉转身来,迈步走出庭院,朝通往田野的大路上走去。小人儿走在前面,所有的灰老鼠都尾随在后面,一路上,他存心引领着他们绕各样的圈子,并且专拣难走的地方走。他七绕八拐,爬过许多道篱笆,还穿过了好几条地沟。可是无论他朝哪边走,那些灰老鼠都不得不紧紧跟着。小口哨的确魔力无穷,灰老鼠们根本无力抗拒。男孩子走在他们前面吹奏着。从星光洒满大地时分吹奏起,灰老鼠们便恋恋不舍地跟着他转悠,一直吹奏到晨光微熹,吹奏到旭日冉冉升起,大群大群的灰老鼠仍旧浩浩荡荡地跟随在他身后,被他引领得离格里敏大楼的大谷仓愈来愈远。

5. 这时,我们发现原来淘气捣蛋、爱恶作剧的尼尔斯变得非常勇敢,在热心地帮助小动物们渡过难关。哪怕是整夜不睡地吹哨子,只要能帮助那些可怜的黑老鼠,再苦再累他也愿意。尼尔斯在帮助弱者的同时,也收获了信任和友谊。

6. 出示整本书目录。瞧,尼尔斯在后面的旅行中还有很多有趣的故事。课后请你继续仔细阅读"鹤之舞表演大会"的后面部分,从小动物们对待尼尔斯的态度上,说说主人公尼尔斯形象的转变。有兴趣的同学,可以课后把整本书找来好好地读一读。

拓展阅读

1."鹤之舞表演大会"节选

在尼尔斯·豪格尔森跟着大雁们到处遨游的这一年所举行的联欢大会上,阿卡率领的雁群姗姗来迟了。这没有什么可奇怪的,因为阿卡必须飞越整个斯康耐才能抵达库拉山。再说,她清早一醒过来首先要做的事情是赶紧出去寻找大拇指,雄猫头鹰已经带回消息说,黑老鼠将会在日出之前及时赶回家来。也就是说到了天亮以后,不再吹小口哨,任凭灰老鼠随便行动也不会有什么危险了。

但是,发现男孩子和跟在他身后的那支浩浩荡荡的队伍的倒不是阿卡,而是当初瞧不起小人儿的白鹳埃尔曼里奇先生。白鹳发现了男孩子的踪影后,便凌空一个急遽俯冲,扑下来用喙把他叼起来带到了空中。原来白鹳也是大清早就出去寻找他了。当他把男孩子驮回自己的鹳鸟窝以后,他还为自己头一天晚上瞧不起人的失礼行为向男孩连连道歉。

这使得男孩子十分开心,他同白鹳结成了好朋友。阿卡也对他十分亲昵。这只老灰雁好几次用脑袋在他胳膊上擦来擦去,并且称赞他见义勇为的行动。

但尼尔斯不愿接受阿卡的称赞。"不,阿卡大婶,"他赶忙说道,"你们千万不要以为我是在见义勇为。我只不过是想向埃尔曼里奇先生显示一下我不是那么不中用。"

他的话音刚落,阿卡就转过头来询问白鹳把大拇指带到库拉山去是否合适。"我的意思是说,我们可以像相信自己那样地相信他。"她又补了一句。白鹳马上就说可以让大拇指跟着一起去。"您当然应该带上大拇指一起上库拉山啦,"他说道,"他昨天晚上为了我们那么劳累受苦,我们应该报答他。知恩图报是使我们大吉大利的好事情。我为昨晚有失礼仪的举止深感内疚,因此务必要由我亲自把他一直驮到库拉山。"

世界上再也没有比受到聪明非凡、本事超群的能人的夸奖更为美好的事情了。男孩子觉得自己从来不曾像听到大雁和白鹳夸奖他的时候那样高兴过。

2."大海中的白银"节选

"发生了什么事情?发生了什么事情?"大雁们问道。他们终于从一只长尾鸭那里得到了回答。"马斯海岸来了鲱鱼鱼汛!马斯海岸来了鲱鱼鱼汛!"

……

没有花多大工夫,大雁们就赶到了马斯海岸。这股鲱鱼鱼汛是从西面过来,经过哈姆耐礁石岛的航标灯朝向海岸而来。在马斯海岸和帕德努斯特尔岛之间的开阔海湾里,渔船分成三只船一组、三只船一组地并驱齐进。只消看到水面发黑而且泛起细波密浪，渔民们就知道，那里准有鲱鱼群。他们就把渔船驶向那里，小心翼翼地朝水面上撒开网，他们把网撒得非常圆，然后从底部将拖网的拽线用力拽紧，这样鲱鱼好像被装进了一个大口袋里。然后，他们把拖网用力拽紧，网里的空间愈来愈小，活蹦乱跳的鱼紧紧挤在一起。他们这才把渔网拖出水面拉起来，把白花花的鲱鱼倒入船舱。

有几个船队已经收获不小，船上装满了鱼，从舱底一直到船舷都是鱼；渔民们的双膝都没在鱼里，连雨布帽子和黄颜色的油布外衣上都沾满了闪闪发亮的鱼鳞。

拖网渔船还在不断地闻讯赶来。有的东闯西转像觅宝似的寻找着鱼群。有的费尽周折终于把网撒了出去，拉起来一看却空空如也，一条鱼都没有。当渔船装得舱满舷溢的时候，渔民们便把船划到停泊在海湾里的大汽船那里把鱼卖掉。也有些渔船驶到马斯海岸，把鱼卸在码头上。那里清洗鲱鱼的女工们早已在长条木桌边上忙碌着清洗收拾。清洗干净的鲱鱼被装进木箱和木桶里。整条街上都洒满了一层鱼鳞。

这真是热火朝天的繁忙景象。从大海里寻觅到宝藏，从波涛里倒出这么多白花花的银子，人们被这一喜悦弄得目眩心迷。大雁们绕着马斯海岸盘旋了好几圈，为的是让男孩子好好看看这一切，分享这种收获的喜悦。

过了不多久之后，男孩子就央求大雁们继续往前飞。他没有明说究竟为什么想赶快离开那里，但是他的心事倒也不难猜透。要知道在渔民当中，英姿勃勃、非常出色的人物比比皆是。他们多半是身材魁梧的彪形大汉，风雨帽底下的脸是刚毅沉着的，他们的模样看起来都是英勇威猛、不屈不挠的。每个小男孩都憧憬着自己长大起来，能够成为他们那样的人。而如今男孩子自己还没有一条鲱鱼大，那叫他看着他们，心里怎么会好受呢？

（编写人：江苏省苏州市吴江区盛泽实验小学　刘冬亚）

7* 汤姆·索亚历险记（节选）

▶ 一、文本教学解读

本文是美国作家马克·吐温的小说《汤姆·索亚历险记》的节选，是一篇略读课文。小说中的故事发生在南北战争前美国密西西比河畔的一个普通小镇上。小说通过叙述主人公汤姆·索亚的冒险经历，塑造了一位天真活泼、机智勇敢、敢于探险、追求自由的少年形象。本课节选的内容为汤姆和贝琪历险回归的情节,有阅读的提示,但无课后的练习要求。

本单元的人文主题是"跟随外国文学名著的角度,去发现更广阔的世界"。通过阅读《汤姆·索亚历险记》,学生能发现怎样的世界呢?认识一个叫汤姆的男孩,认识一个独特的、具有丰富性格的少年形象;认识一个叫圣彼得斯堡的小镇,认识这个小镇在南北战争前表现出来的社会习俗的庸俗、宗教仪式的伪善、学校教育的刻板陈腐;认识社会存在的问题与一个男孩内心成长产生的冲突;认识一个男孩所创造的新奇的探险世界。

本单元的语文要素是"借助作品梗概,了解名著的主要内容""就印象深刻的人物和情节交流感受"。换一个角度理解,阅读本单元选文的主要目的,是为学生阅读整本书提供一个阅读的引子,为学生打开阅读的窗户。如何达到阅读引子的作用呢?一是充分阅读节选部分,认识节选的意义。(1)阅读节选,认识人物。汤姆平安回归后,大力渲染了自己的探险经历。从他的自我叙述中,学生能感受到一位善良、勇敢、智慧,又带有一点臭美的男孩形象。由此,以点带面,以一个节选呈现了一个丰富立体的少年形象。(2)阅读节选,发现疑问。节选的部分脱离整本书,就成为前后缺乏联系的独立体。因此,学生在阅读节选过程中产生的疑问,将成为点燃其阅读整本书热情的燃点。(3)补充阅读,认识选文的意义。从整本书来看,有意思的、好玩的章节有很多,例如:汤姆诱骗其他孩子为他刷墙的情节,读来让人忍俊不禁;汤姆揭发杀人真相的情节,又不禁让人对汤姆肃然起敬。为什么编者不选用其他章节,而选择了汤姆平安回归后的情节呢?一是因为这样可以设置很多悬念,激发阅读的兴趣。二是比较故事梗概,认识梗概的意义。虽然本课没有选编梗概,但是对作品梗概的了解应贯穿整个单元的课文学习。如何发挥梗概作为阅读引子的作用?我们可以呈现不同类型的梗概,让学生进行辨析:哪一个梗概更具有让人想要阅读整本书的魅力?在比较中,关于人物的形象,关于整本书的写作主题,能得到清晰的呈现,也能让学生把握梗概写作的要点。

作为整个单元的最后一课,教学时需有单元的整体视角。因此,在教学本课时,可以把三篇课文做一整体比较,发现三篇课文的相同点与不同点。同时,基于比较,引导学生由尼尔斯和汤姆,关联到自己的生活中对人物的认识。因为阅读整本书最核心的策略,是从书中读到自己,即通过阅读,认识自己,认识生活,认识世界。

二、教学活动设计

教学目标:

1. 概括选文,把握主要内容。

2. 认识人物,了解选文意义。

3. 比较梗概,了解梗概意义。

4. 关联自己,选择阅读书目。

教学过程:

板块一 概括选文,把握主要内容

1. 自读课文,这篇文章写了哪些内容?请你列一列。

要点:

(1)两个失踪的孩子还没有找到,全村陷入悲伤和绝望。

(2)汤姆和贝琪平安回家,全村人激动的心情无法抑制。

(3)汤姆大肆渲染了这次稀奇的历险经过。

(4)汤姆身体恢复后去看望了好朋友哈克。

(5)法官把洞口封死,可汤姆说洞里还有乔埃。

2. 这是节选于《汤姆·索亚历险记》中"得而复失"这一章节中的内容。如果请你为这部分内容单独拟定一个标题,你会拟什么标题?

要点:

(1)失而复得、平安回归。

(2)不同的内容围绕一个主要的人物:汤姆;不同的内容围绕一个主要的情节:两个失踪的孩子平安回家。

板块二 认识人物,了解选文意义

1. 选文中没有对人物进行细致的外貌描写、动作描写、语言描写或者心理描写,全文几乎都是以概述性语言记录了汤姆和贝琪平安回归的事件,但通过历险经过的叙述,塑造出了汤姆的形象。请你读读这一部分,从中了解到汤姆是一个怎样的男孩?

要点:

(1)聪明。为了防止迷路,他用风筝线作为探索各个通道的标志。

(2)勇敢。离开贝琪,独自去进行探险;带着身体虚弱的贝琪钻出小洞;招呼路过的船只,说服对方解救他们。

(3)爱护同伴。返回洞里,尽力说服贝琪愿意努力走出山洞。

2. 阅读选文后,我们能对汤姆的形象产生一定的认识。但是,人物的形象还不够鲜明,还不够具有吸引力。因为一本书是一个整体,节选的部分缺乏前因后果的联系,就显得孤立,或者让人看不明白。读了这篇,你看不明白的是什么?你产生的疑问有哪些?

要点:

（1）疑问:汤姆和贝琪为什么会失踪?为什么会迷失在洞里?在洞里,他们经历了哪些折磨?哈克是谁?为什么会害病?卡迪夫山的事件是怎么一回事?那个"衣衫褴褛的人"又是怎么一回事?这个事件和汤姆有关系吗?印江·乔埃是谁?为什么听到山洞被封的消息,汤姆脸色煞白?乔埃最后的结局是什么?……

（2）节选的内容一定要放入整本书中才能看懂。要真正读懂这篇文章,就要带着问题去读整本书。

3. 补充阅读资料《领导才能初露》《三个"小海盗"》《勇敢的小证人》《风头出尽》,如果让你节选一篇收入教材,你会选择哪一篇内容?

要点:

每一篇都可以作为节选,因为每一篇都从不同的角度刻画了汤姆的人物形象。《领导才能初露》表现了汤姆活泼、淘气中带着智慧;《三个"小海盗"》表现了汤姆对自由生活的追求;《勇敢的小证人》则表现出了汤姆的勇敢与正义;《风头出尽》表现了桀骜不驯的汤姆内心对获得大人认可,社会认可的期盼。

4. 如果把这些章节和教材中的节选相比较,你会发现这四篇的情节更有趣,汤姆的形象更生动。那为什么教材不选择这些章节作为整本书的节选,而选择了汤姆和贝琪平安回归的章节?

要点:节选的内容是作为引子,激发我们产生去阅读整本书的欲望,不同章节作为引子的作用有所不同。《领导才能初露》等,能让我们对汤姆这一人物产生期待:这么有趣的男孩,一定还有很多有意思的故事;汤姆和贝琪平安回归的故事情节,则能引发疑问,勾起我们的好奇:简短的片段中隐含了这么多我们所不知道的故事,从而想了解这章节前面的故事,也想了解故事的结局。

板块三 比较梗概,了解梗概意义

1. 做阅读的引子,可以借用不同的形式,可以是整本书内容的节选,还可以是整本书的梗概。出示《汤姆·索亚历险记》的不同梗概(见"教学资源链接"),请认真阅读两遍。

梗概一:侧重汤姆的五次历险经历;

梗概二:侧重整本书基本内容的罗列。

2. 比较两篇梗概,哪一篇更能起到阅读引子的作用?

要点:

(1) 两篇梗概都概述了整本书的主要内容;

(2) 第一篇梗概更具有阅读引子的作用:

第一,更能体现书名中的关键词"历险记"。梗概以历险为线索,选择了汤姆五次历险的经历,使整本书充满探险的魅力。与历险无关的内容,省略不提或者一笔带过。

第二,借助关键事件,初步勾勒出一个男孩丰富的人物形象:爱捣蛋,好幻想与探险,追求自由自在的生活,正义,善良,勇敢。这是一个令人可敬可爱的少年形象。

3. 一篇好的梗概,能让人在最短的时间内把握主要人物的形象,把握整本书的关键事件,由此产生阅读的期待;在阅读的过程中,不断地把梗概与整本书相对照,可以更好地读懂整本书内容。

板块四 关联自己,选择阅读书目

1. 我们读过很多小说。这一单元通过梗概与节选的方式,为我们推荐了三本小说:《鲁滨逊漂流记》《骑鹅旅行记》《汤姆·索亚历险记》。请你找一找,这三本小说有哪些不同点和相同点?

小说	不同点	相同点
《鲁滨逊漂流记》		
《骑鹅旅行记》		
《汤姆·索亚历险记》		

要点:

不同点:《鲁滨逊漂流记》的主人公是一位成人,而另两篇的主人公是孩童;《骑鹅旅行记》是一部童话,另外两部都是现实题材的作品;《鲁滨逊漂流记》讲述的是主人公因一次意外而遭遇的生存故事,《骑鹅历险记》讲述的是一个孩童因受到惩罚变成小人后的经历,《汤姆·索亚历险记》则记述的是主人公主动去探险的故事。

相同点:都是外国小说,为我们呈现了一个个不一样的世界,包括自然世界和社会世界;所记述的故事也与中国的小说有所不同,都具有历险的因素,让人充满期待。

2. 三部作品中塑造了两位少年的形象,你能从你的生活中找到和小说中人物相似的小伙伴吗?

要点:侧重于人物的形象特点与生活中人物之间的关联;小说中的人物各式各样,但都能从生活中找到人物的影子,因为创造来源于生活。

3. 如果让你选择一本书作为课后阅读的书,你最想选择哪一本?

要点:

(1) 可以选择童话阅读,通过阅读,了解尼尔斯骑鹅旅行中所看到的地理概况、风土人情以及历史知识等。

(2) 可以选择《鲁滨逊漂流记》阅读,学习如何生存,学习如何勇敢。

(3) 可以选择《汤姆·索亚历险记》阅读,认识丰富的人物形象,感受人物历险的经历。

(4) 可以选择其他历险类小说阅读,例如和《鲁滨逊漂流记》《汤姆·索亚历险记》并称为"四大历险小说"的《海底两万里》和《金银岛》。

4. 选定阅读的书目后,认真阅读,并在班级举行读书交流会,比一比,谁写的故事梗概、谁选择的"节选"最具有阅读引子的作用。

➡ 三、教学资源链接

拓展阅读

1.《汤姆·索亚历险记》梗概一

汤姆·索亚是美国圣彼得斯堡小镇上一个淘气的机灵鬼。他父母早亡,随姨妈生活,而姨妈却管不住他。他不是那种听话本分的乖宝宝,他是镇上的孩子头儿,带他们玩"打仗",搞恶作剧。他喜欢马戏,会拿大顶,好幻想,想当牛仔,在小伙伴眼中无所不能。最近,他又萌生了当海盗的念头。

汤姆有几个好朋友:乔奇、班恩、吉姆,但最和他"臭味相投"的是镇上那个脏兮兮的流浪儿哈克。哈克的父亲是个酒鬼,从不管他,他就成了无依无靠、游手好闲的"野孩子"。在镇民眼中,他是个无赖,而孩子们都觉得他是个有趣的伙伴。汤姆把当海盗的想法告诉了哈克。哈克说海盗都是些胆大的人,他们就约定半夜到墓地去试试胆量。

汤姆假睡骗过姨妈,同哈克一同来到墓地。阴风吹拂下,他们目睹了一场斗杀:乔埃杀死了一个医生,又嫁祸给醉鬼彼得。两个孩子都害怕凶悍的乔埃,相互发誓决不开口。

胆量得到了检验,汤姆和乔奇带着从家中"偷"来的食物,叫上哈克来到密西西比河边,找到一个小木筏,划到下游的杰克逊岛。这里荒无人烟,成了三个"小海盗"的快乐大本营。晴朗的夜,明亮的星,灌木林丛,篝火野餐;没有了大人的训斥、牧师的教诲、法官的威严、老师的惩罚,有的是沙滩、草地、树林、鸟儿、松鼠、蝴蝶……他们无忧无虑、无拘无束,这里简直是一片乐土、净土!

镇上的人们找了他们好几天,急坏了,怎么也不见孩子们的踪影,渐渐地绝望了。星期日,镇民们在教堂为他们三人开追悼会。当人们悲情难抑之际,牧师发现三个调皮鬼若无其事地走进教堂,来到亲人的面前。

镇上要开庭审理彼得杀人案了,汤姆和哈克出庭为彼得作证,混在旁边席中乔埃大惊,落荒而逃。汤姆和哈克成了小镇的英雄。

汤姆的冒险之心一刻也没有消失过,他知道传说中海盗都会把金银财宝埋藏在干枯的老歪树下,他和哈克要去寻宝。有一天,他们来到鬼屋翻寻时,真的遇上了鬼——乔埃和一个陌生人来到这里,准备把抢来的金币藏起来。两个强盗商量着要把这些金币一同藏到"二号十字架下面",这些话被藏在楼上的汤姆和哈克听得一清二楚。

汤姆的同桌贝琪是镇上大法官撒切尔先生的女儿。她央求父亲约请同学们到山上野营,孩子们乘渡轮来到镇外的山上。

大家来到有趣的魔克托尔山洞。鱼贯而入的孩子们对这阴森而神秘的山洞心生好奇又有点儿紧张,就连好冒险的汤姆也是第一次来。洞内岔路横生,如同迷宫一样。孩子们在洞中玩着,闹着,陆续从不同方向汇集到了山洞出口。

但汤姆和贝琪却在洞中迷路了。一心想当探险家的汤姆带着贝琪在洞中东窜西走,总也走不出去。贝琪害怕了。男孩子的勇气和智慧让汤姆没有丧失信心,他一边安慰贝琪,一边耐心地寻找山洞的出口。

在洞中,汤姆意外遇到乔埃!那乔埃已是惊弓之鸟,听到汤姆的动静,撒腿就跑。汤姆带着贝琪终于找到了出口,与亲人们会合了。虚惊一场的两个孩子休息了五六天,汤姆到大法官家看望贝琪。撒切尔先生告诉他:为了防止再有人迷路,魔克托尔山洞的出口被封死了。汤姆说洞中还有逃犯乔埃呢!

镇上的人们再次拥向魔克托尔山洞,见到乔埃已在洞内倒毙多日了。

汤姆和哈克再次来到洞中寻宝,终于在一块有十字记号的大岩石下,挖出了乔埃埋藏的那些金币。

汤姆和哈克划着小船回镇上去了,他的历险该对镇上的人们产生怎样的震动啊!

2.《汤姆·索亚历险记》梗概二

故事发生在19世纪上半叶密西西比河畔的一个普通小镇上。汤姆·索亚是一个调皮的孩子,他和同父异母的弟弟希德一起接受姨妈波莉的监护。他总是能想出各种各样的恶作剧让波莉姨妈无可奈何,而他也总能想尽办法来躲避惩罚。

一天,汤姆见到了可爱的姑娘贝琪·撒切尔,她是撒切尔法官的女儿。汤姆一见到她就对她展开了攻势,而他的爱似乎也得到了回应。镇上有一个孩子叫哈克贝利·费恩。他的父亲总是酗酒,父母一直打架,因此他跑出来自己生活。他看起来和文明社会格格不入,大人们都不喜欢他,可汤姆和他却是好朋友。有一天他们约好晚上一起去墓地,却看到了意想不到的一幕。他们看到了鲁滨逊医生、恶棍印江·乔埃和喝得醉醺醺的彼得。在他们混乱的厮打中,印江·乔埃把医生杀死了,然后又嫁祸于被打昏的彼得。汤姆和哈克被吓坏了,立了血誓决不泄密。彼得被捕以后,汤姆十分内疚,经常去看望他。

此时的汤姆事事不顺,贝琪生了他的气,不再理睬他,波莉姨妈也总是呵斥他,他觉得没有人关心他。于是,汤姆、哈克和村上的另一个孩子一起乘小船去了一个海岛。可没过多久,他们便发现村里的人们以为他们淹死了,正在搜寻他们的尸体。汤姆晚上悄悄回到了姨妈家,发现波莉姨妈正在为他的"死"悲痛欲绝。汤姆觉得十分惭愧。最终,他们三个人在村民们为他们举行葬礼的时候回来了。

夏天来临时,汤姆感到更加不安,因为法官将对彼得的罪行作出判决。汤姆终于战胜了恐惧与自私,指出印江·乔埃才是杀人凶手。可凶手还是逃走了。后来,汤姆又想出了一个主意:寻找宝藏。汤姆和哈克偶然发现了印江·乔埃和他的一大笔不义之财。

在贝琪和同学们外出野餐时,哈克得知印江·乔埃要去加害道格拉斯寡妇,因为她的丈夫曾经送他进过监狱。辛亏哈克及时报信才避免了一场悲剧的发生,可印江·乔埃再一次逃之天天了。此时,汤姆和贝琪在野餐时走进了一个山洞,因为洞太深而找不到回来的路,被困在了里面。他们在山洞里再一次遇见了印江·乔埃。山洞被封死,汤姆告知大家印江·乔埃还在里面。当他们找到他时,乔埃已经死在山洞里了。恶人得到了应有的报应。汤姆和哈克再次回到山洞里,找到了那笔宝藏。

(编写人:江苏省苏州市吴江区盛泽实验小学　沈玉芬)

口语交际:同读一本书

一、文本教学解读

本单元的口语交际是围绕学生同读一本书后进行的读书交流活动。通过交流读书心得,分享阅读收获,提高学生的口语交际能力。

教材结合本单元的语文要素"借助作品梗概,了解名著主要内容""就印象深刻的人物和情节交流感受"提出了较为适切的读书交流话题:这本书讲了一个什么样的故事? 你怎样评价主人公? 你对哪个人物印象深刻,为什么? 有没有完全出乎意料、令人感到不可思议的情节? ……

班级读书会适宜选择一两个全班都感兴趣的话题,进行深入的交流。根据交流前、交流时、交流后的具体情况可以使用不同的教学策略。交流前,思考围绕话题可以谈哪些内容,在准备时可以借助批注梳理思路,深入地表达自己的想法或观点。交流时,表达观点要以内容为依据,要从书中找出例子来证明自己的观点;勇于表达自己的真实想法,不惧怕独树一帜;倾听者要认真倾听,准确理解别人的想法,对不同于自己的想法要思考其背后的原因。交流后,谈谈自己是否对这本书有了新的认识。

本次读书交流活动的侧重点在于引导学生:引用原文说明观点,使观点更具说服力;分辨别人的观点是否有道理,讲的理由是否充分。

以往的班级读书会一般较为随意,学生仅就自己有感触的地方谈谈自己的感受,缺少统一的话题,缺少深度的思考。因此,本次口语交际的重点是:确定话题,选定内容;借助批注,梳理思路;引用原文,勇于表达;认真倾听,辨别观点;彼此碰撞,产生新知。

结合以上认识,我们可以引导学生通过任务式的学习达成目标。

任务一:确定话题,选定内容,书写批注。

六年级的学生已经阅读过许多类型的书籍,但很少开展有效的班级读书会。在班级读书会开始前,先请学生通过分组交流、全班交流,确定话题。话题确定之后,商讨可以交流的内容。在随后的准备中可以利用书写批注的方式梳理思路。

任务二:围绕话题,引用原文,交流观点。

结合自己的阅读体会,围绕确定的话题,形成自己的观点。在交流观点时,引用原文加以佐证。

任务三:认真倾听,准确理解,辨别观点。

在开展读书交流活动时,每个学生都应该认真倾听,明确哪些观点自己理解,哪些不理解,哪些认同,哪些不认同。

任务四:思维碰撞,从心出发,交流新知。

当围绕一个或两个话题进行深入交流后,一些学生会对这本书产生一些新的认识,应引导学生及时交流。

教学目标:

1. 通过讨论,确定交流话题,选定交流内容。

2. 借助原文,交流话题观点,增强说服力。

3. 认真倾听,理解他人观点,辨别他人观点。

4. 结合交流,产生思维碰撞,促成新的认识。

教学过程:

板块一　确定话题,选定内容,书写批注

1. 全班用一个星期同读一本书——《鲁滨逊漂流记》。

2. 读书交流会上,确定交流话题。

(1) 四人一组,商量可以选择的话题。

(2) 组员代表发言,全班确定一两个话题。如:鲁滨逊为何能在荒岛上生存？鲁滨逊的人物形象有怎样的特点？

3. 首先引导学生聚焦整本书最精彩的"荒岛生存"部分,请学生圈画出鲁滨逊能在荒岛上存活下来的原因,并把自己的感受简单地批注在边上。

板块二　交流观点,引用原文,加以佐证

1. 出示"生存单",梳理鲁滨逊能在荒岛上生存下来的原因。

鲁滨逊荒岛生存单	
存活原因 1	
存活原因 2	
存活原因 3	
存活原因 4	
……	

2. 指名学生交流,边交流边完成"生存单"。

预设:

鲁滨逊荒岛生存单	
存活原因1	发现淡水
存活原因2	拿到物资
存活原因3	种植粮食
存活原因4	驯养家禽
存活原因5	制造器具
……	……

3. 这些原因分别是根据书中哪些内容概括出来的?

4. 指名学生交流,引导关注原文,朗读原文,继续填写"生存单"。此时可以简略地填写。

鲁滨逊荒岛生存单		
存活原因1	发现淡水	原文依据:P34"于是我就往里走了一会儿,想找点淡水,没想到竟然找到了。"
存活原因2	拿到物资	原文依据:
存活原因3	种植粮食	原文依据:
存活原因4	驯养家禽	原文依据:
存活原因5	制造器具	原文依据:
……	……	

5. 总结:通过刚才的读书交流活动,可以发现:若想证明自己观点的准确性,可以引用原文加以佐证。读书交流,应重视"原文"的价值。

板块三　认真倾听,理解观点,辨别观点

1. 如果其他人也意外地来到了这座荒岛,他们能像鲁滨逊一样独自存活下来吗?

2. 鲁滨逊之所以能在荒岛上存活下来,是因为他的性格上有怎样的特点呢?

(预设:顽强奋斗的意志力、实干精神……)

3. 能找出文中的相关依据吗?

4. 对待别人的观点,首先要试着去理解,接着要理性地辨别。就刚才的讨论,有不同意见吗?若有不同意见,依据是什么?

5. 鲁滨逊出身于中农家庭,父亲希望他过安逸的生活,可是他的一生真如父亲所期望的那般吗?

6. 鲁滨逊的一生如此曲折、如此精彩,又源于他怎样的性格特征?

(预设:冒险精神、对自由自在的生活的追求……)

7. 从文中能找到哪些依据?

8. 鲁滨逊这个人物的性格极其丰满,在读书交流的时候,一定要多多借助原文;既要认真倾听,努力理解他人观点,又要结合自己的独特感受,准确辨别观点。

板块四　整体回顾,思维碰撞,产生新知

1. 静思三分钟。

提示:回顾整个读书会,让自己的思维与他人的思维在心中碰撞。

2. 交流新认识。

通过读书交流活动,分享自己对于刚才讨论的话题有了哪些新的认识,对整本书又有了哪些新的体悟。

3. 拓展延伸。

读书交流活动,首先要确定好一两个话题,再围绕话题选择合适的交流内容,交流时要将原文适当整合后进行引用,佐证自己的观点。在倾听时要辨别他人观点的准确性。

-------------- 🔜 三、教学资源链接 --------------

拓展阅读

《小王子》读书交流会课堂实录(节选)

执教者:著名特级教师　张学青

理解驯养:狐狸说的驯养,"我"的驯养。

师:幸好,小王子没有在地球上遇到这么多奇奇怪怪的大人,而是遇到了一只狐狸。狐狸告诉他什么是驯养。按照狐狸的说法,什么是驯养?

生：驯养就是建立友谊。

师：书上说的不是友谊，而是——

生：（齐）建立感情联系。

师：那么在狐狸看来，怎样才能驯养呢？驯养需要哪些条件呢？请你打开讲"驯养"的这一章。（生翻书到第二十一章）（师出示句段，指名朗读）

师：在这段话里，狐狸说驯养的首要条件是什么？

生：彼此需要。

师：对。如果你不需要我，我不需要你，那就根本谈不上感情联系了，对不对？在这段话里，讲到了驯养之后，彼此对于对方来说是"独一无二"的。怎样理解这个"独一无二"呢？

生：你如果没有驯养对方，你不去了解，你看起来的东西好像都是一样的。驯养之后呢，因为你了解了对方，懂得了对方，所以，对方就是独一无二的了。世界上没有比这更重要的了。

师：说得很好。在狐狸接下来的一段话中，对"独一无二"又做出了解释。（出示句段，指名朗读）狐狸说，驯养之后会变得怎样的"独一无二"呢？

生：别人的脚步声会让狐狸往地底下钻，而小王子的脚步声是独一无二的，会像音乐一样把狐狸召唤出洞。

生：还有，小王子的头发是金黄色的，驯养之后狐狸会喜欢看金黄色的麦子，因为金黄的麦子会让狐狸想起小王子。

师：这实在是美妙的"独一无二"。张老师有一个外地的好朋友曾经跟我说，有一天，她看到了有一辆大巴车上写着"吴江旅游"，她觉得莫名的亲切，因为吴江城里住着张老师呀。张老师听了，觉得特别的温暖。中国成语中有一个词叫"爱屋——"

生：（齐）及乌。

师：对，"爱屋及乌"说的就是中国版本的"驯养"啦。张老师前两天批随笔的时候，看到了这样的一段文字，跟大家分享一下。（投影出示）

师：这份作业是钱同学的，我想请她来读给大家听一听。

（生朗读后，全体鼓掌）

师：这段话张老师一个字都没有改。看到这段话，我想起了小王子的驯养。关于对同学的称呼，我们班很多同学有绰号吧，我们有的同学也不计较同学叫他绰号。路同学，是不是这样啊？

（学生齐笑）

师：路同学我们都叫他"69"，6月9日那天，不少同学在"每日一记"里写，今天是69节，是

路同学的节日。路同学,你为什么会不计较啊?(路同学说习惯了。生又笑)

师:你说习惯了,但要是一个陌生人来喊你69,你恐怕会有点不舒服吧?(路同学点头)

师:你不计较,是因为你和班级里的这帮家伙天天厮守在一起,你们之间有感情联系。所以说,孩子们,张老师不是说不能叫绰号,关键是对谁叫绰号,在什么时候叫绰号。注意哦,当你们的感情联系还没有建立的时候,千万不要随便乱叫。

师:刚才我们交流了驯养的条件——(生:彼此需要)驯养还需要什么条件呢?

生:要有耐心。

(师出示句段,指名朗读)

师:这个"很有耐心"意味着什么?

生:驯养是需要很长时间的。

师:对,是需要耗费你的时间的,是需要一个长长的过程的。一点一点地靠近,这是一个过程。这段话里,还有一句话特别有意思,你们把它读出来,好吧。

生:(齐)语言是误解的根源。

师:这话是什么意思啊? 你懂不懂?

生:我觉得如果一个人不认识路同学就冲过去叫他69,他一定会很生气。但是如果他们慢慢熟悉了,他可能就会很高兴,我的朋友都这么叫我。

师:哦,你还在拿路同学说事啊。"语言是误解的根源",实际上是说人与人的靠近,不是靠嘴巴,而是靠什么? 靠心灵感受,一点一点用心灵去靠近。有一个成语,说的就是这种级别的"驯养",这个成语叫做"心有——"

生:(齐)灵犀。

师:对,心有灵犀,这是很高级别的驯养啦。我记得有一天,我说,我好喜欢我讲一件事情的时候,有人在下面用目光接应,而且还在点头。谢同学就像鸡啄米一样不停地点头,你们想起来了吗?(生笑)此外,狐狸还讲到了驯养要注意什么啊?

生:需要仪式。

师:仪式是什么呢? 关于仪式这件事,狐狸说,很多人已经忘记了。什么是仪式呢?(出示句段,指名朗读)怎样理解"仪式"呢? 比如说,你想想,你很小的时候,家里有这样的睡前仪式,每当你要睡觉了,妈妈的床前故事就开始了。有吗?(生摇头)一个都没有? 哦,我想你们妈妈的床前故事是讲的,但是还没有成为"仪式",是不是? 要成为"仪式",比如说你每天七点三十分上床,妈妈每天必讲故事。然后呢,当七点来临,你就想要洗洗啦,要上床啦,今天妈妈会讲什么故事呢。这就是驯养。孩子们,你们将来做爸爸妈妈的时候,可以用这样的"仪式"去"驯养"你的宝宝哦。

（小结驯养的条件：彼此需要、很有耐心、有个仪式）

师：这就是狐狸说的驯养。

（编写人：江苏省苏州市吴江区盛泽实验小学　沈静怡）

习作：写作品梗概

➡ 一、文本教学解读

　　本单元的习作内容是：学习写作品梗概。梗概作为一种应用性文本，是一篇文章、一本书或是一部电影的主要内容。首先，学写梗概是一种阅读与写作相结合的训练，学生在提笔前需要有一定的阅读，并伴随着高级认知过程，即厘清作品中的故事情节发展，明确中心思想，把握主要观点，随后才能进行相应的习作。其次，学写作品梗概也是一项理解与表达相结合的复合型学习，在经历阅读的认知过程后，学生需要通过自己的语言再现文本内容和作者观点，这就需要学生对观点和材料进行理解、筛选与再加工。

　　一篇好的梗概就是一篇好文章。作为文章，梗概的内容是有一定的内在关联和逻辑的，句段之间并非素材的堆积，不同的内容通过组织和整合，形成一个明确的中心，能够帮助读者清晰地了解作品大意。与此同时，梗概的内容需要生动鲜活，有一定的感染力，能够激发读者的阅读兴趣，从而对作品充满期待，由读一段话到读一篇文，由读一篇文到读一本书。

　　关于作品梗概，学生平时接触并不多，在这一方面的训练也相对较少，所以，在本次习作教学中应遵照循序渐进原则。

　　学的过程循序渐进，呈现梯度式教学。一是通过阅读，概括中心大意和思想。想清楚作品主要讲述了一件什么事？确定关键人物、时间、事件（起因、经过、结果），再想一想，作者通过故事想表达什么，心中要有一个明确的答案。二是围绕中心，提取重要信息和关键内容。把与中心相关的事件一一罗列，整理清楚哪些事重要，哪些事无关紧要，进行筛选后将内容串联成文，使之通顺流畅。三是关注语言的生动趣味性。作为一篇可以交流的文章，语言不宜生涩，可以通过打磨语言，采用不同的方式将内容呈现得更为精彩。

习得的过程循序渐进,呈现逐步提升的训练。学生的练习也需要一把梯子,可以从写熟悉的《骑鹅旅行记(节选)》《汤姆·索亚历险记(节选)》的节选梗概开始,逐步训练,从片段推及至一本书或一部影视作品。

本次习作教学既要体现学习应用性文本的特点,训练学生提取信息和关键内容的能力,也要体现学习文学性文本的特点,训练学生理解能力和语言文字的表达能力。

二、教学活动设计

教学目标:

1. 明确中心,选择恰当内容有序表达。

2. 对比阅读,增强语言表达的生动性。

3. 借助思维导图,迁移练写。

教学过程:

板块一　围绕中心,有序表达

1. 回忆课文《鲁滨逊漂流记(节选)》中的梗概部分。课文主要写了五件事,请你找一找。

要点:鲁滨逊在一次乘船中遇到大风,幸存后流落到荒岛。

鲁滨逊在岛上定居,过着寂寞的生活。

鲁滨逊在岛上发现野人踪迹,并考虑应对可能出现的野人。

鲁滨逊救下野人——"星期五",并培养成自己的助手。

鲁滨逊和"星期五"发现船只,救出船长后,成功回到英国。

2. 想一想,这五件事之间有什么关联? 能否交换顺序描述?

要点:有序讲述。按照事情的发展有序讲述,有起因、经过和结果,构成一个完整的故事。

3. 这是一部历险小说,小说中许多情节都十分惊险刺激,为了使梗概内容更丰富,我想加入一些情节:"海上历险""父亲的警告""叛乱者"等,可以吗?

要点:要围绕中心展开。情节要有取有舍,选择的内容应紧紧围绕鲁滨逊经历展开。讲述内容要完整,但是并非面面俱到,课文中的五件事是鲁滨逊命运的转折点,是作品的基本框架和要点。

4. 通过这些内容的复习,你能说一说,写一篇梗概需要有哪些内容吗?

第一步:围绕中心选择典型事件。

第二步:有序地讲述。

板块二 对比阅读,增强语言的生动性

1. 对比阅读:同学们,杨红樱老师曾写过一篇文章《一本男孩子必读的书》,其中有一部分也是在讲述《鲁滨逊漂流记》的内容。请你读一读,比一比,她的描写与课文中的梗概部分有什么不同?

出示:

小说的主人公鲁滨逊是一个聪明机智而又具有坚强毅力的人。在一次航海中,船在南美洲海岸一个荒岛附近触礁,船身破裂,水手和乘客都淹死了,只有鲁滨逊活了下来。海浪把他卷上了岸。这座小岛荒无人烟,鲁滨逊长达 28 年的历险生活开始了。

他做了一只木筏,把沉船上的食物、制帆篷的布、枪支、弹药、淡水、酒、衣服、工具等一一送到岛上。他用帆布搭起帐篷,作为栖身之处,并将船上运来的东西藏在这里,靠船上剩下的食物生活。

后来,鲁滨逊开始在岛上种植大麦和水稻。他学会了制作粗糙的面包。他捕捉并驯养山羊作为肉食的来源,又养了一只鹦鹉作伴。他还做了家具,摆在他所住的山洞里。

若干年后,鲁滨逊救下了一个俘虏。那天是星期五,他就给这个俘虏起名叫"星期五"。从那以后,"星期五"成了他忠实的仆人和朋友。

又过了好几年,鲁滨逊在孤岛附近发现了一艘英国船。他和"星期五"终于得到了离开孤岛的机会。

要点:

侧重点不同:课文中的梗概是讲述了鲁滨逊漂流的不同时间段的经历,是整个故事的框架;这一篇侧重于讲述鲁滨逊在荒岛的求生生活。

2. 如果你向同学推荐这本书,你会选择哪一篇进行讲述呢? 为什么?

要点:

(1) 对比搭救"星期五"这一部分,区别概括与梗概。概括与梗概并不相同。概括可以用简短的一两句话总结归纳;但是梗概中对于精彩的内容讲述更为生动详细,从而可以激起读者的阅读兴趣。

（2）根据被推荐人特点选择不同的内容。当读者想要了解故事整体内容,可以选择课文中的梗概;当读者想要了解人物形象和性格特点时,则可以选择杨红樱写的这部分。

板块三 借鉴写法,迁移训练

1. 片段练习。小王同学为《汤姆·索亚历险记(节选)》写了一篇简短的梗概。请你读一读,想一想,是否有不合适的地方,帮助小王改一改,便于他回家讲述给家人听。

原文:

两个失踪的孩子还没有找到,全村陷入悲伤和绝望。就在这时,汤姆和贝琪平安回家,全村人激动的心情无法抑制。汤姆大肆宣扬了这次稀奇的历险经过。几天后,汤姆身体恢复后去看望了好朋友哈克。后来又得知法官把洞口封死了,可汤姆说洞里还有乔埃。

修改意见:1.讲述要有一定的逻辑性。2.选择关键内容讲述。3.精彩部分语言要生动。

修改文:

镇上的人们找了汤姆和贝琪好几天,大伙儿都急坏了,但是怎么也不见孩子们的踪影,渐渐地绝望了。

然而就在夜里,两个孩子坐着一辆敞篷车,平安地回来了。村里的人都来到他们家中,搂着亲吻孩子,激动得泪流满面。汤姆向来看望他的人们大肆宣扬着他那惊险奇特的经历。

过了几天,汤姆身体恢复了,他听说好朋友哈克病了,便去看他,谁知却被挡在门外。直到两天后,他才见到哈克,但被告诫不能透露自己的探险经过。

大约过了两个星期,汤姆又去看哈克。顺道去看贝琪的时候,他听说为了防止他人再在洞里迷路,法官已经找人用锅炉钢板把山洞的洞口封死了。汤姆听后脸色煞白,他告诉法官,印江·乔埃还在洞里。

2. 整本书梗概练习。请你选择一本自己喜爱的书,完成一篇作品梗概,在班级的"好书推荐"活动中推荐给大家。

任务一:找到故事中心,搭起框架。

任务二:选择典型情节,有序表达。

我选择的情节有 {

任务三:抓关键内容,生动讲述。

3. 完成习作。

板块四　分享交流,修改习作

1. 学生交流。指名朗读自己的习作,同学边听边思考:你是否已经听明白了作品的大意?

要点:(1)在你听的过程中,是否明白了作品讲述的大致内容。

(2)这样的梗概是否有吸引力,让你想要去读一读整部作品。

2. 学生反馈,并根据同学的反馈进行修改。

要点:(1)中心是否明确。(2)条理是否清晰。(3)语言是否生动,吸引读者。

（编写人:江苏省苏州市吴江区盛泽实验小学　　张　　贤）

语 文 园 地

一、文本教学解读

本单元的《语文园地》一共安排了三个板块的内容:"交流平台""词句段运用"和"日积月累"。

"交流平台"旨在具体解读本单元语文要素"借助作品梗概,了解名著的主要内容""就印象深刻的人物和情节交流感受",侧重于交流印象深刻的人物。"交流平台"以汤姆·索亚、桑娜、尼尔斯三个人物为例,引导学生回顾自我的阅读经验,探究人物的评价方法:一是从作品情节评价人物,二是从人物描写评价人物,三是从多方位、多角度评价人物。这样的阅读,不仅可以深化对人物形象的理解,而且可以活跃思想,提升阅读力。

"词句段运用"旨在从例句中学习表达方法并加以运用,形成表达技能。"词句段运用"由"体会句子的特点"和"品味语言的表达"两部分组成。设计活动时,可以先充分朗读,让学生用形象的动作或语言解释相关词语的意思。在学习"品味语言的表达"部分时,要引导学生从语言的连贯、清晰、精练等多方面思考、学习。

"日积月累"旨在丰富语言积累,安排的是《增广贤文》中的五句警世名言,意在引导学生积累经典语句,同时学习古人的读书之法及处世之道。教学时应以朗读指导为主,通过多样的朗读,引导学生在理解的基础上熟练成诵,积淀文化。

二、教学活动设计

教学目标:

1. 感知名著人物形象,找到人物精神的闪光点,学会从多方位、多角度来评价人物。

2. 锤炼语言,品味语言的夸张性,理解重要词语的深刻含义和表达作用,并发挥想象,学习仿写夸张性句子。

3. 对比不同译者笔下的文学名著语言,学会琢磨语言,体会各自语言的巧妙之处,交流自己的喜好感受。

4. 理解并积累《增广贤文》中的五句名言警句。

教学过程:

板 块 一　交 流 平 台

1. 回忆人物形象。

世界上没有完全相同的两片树叶,同样也没有完全相同的两个人。本组课文让我们接触了一些外国文学作品,那些血肉丰满、性格鲜明的人物形象给我们留下了深刻的印象。这些短篇和长篇小说中的人物形象,都在世界文学史上占有重要地位,成为某一类人物的典范代表。让我们大家一起来回忆一下。

要点:鲁滨逊、汤姆·索亚、尼尔斯。

2. 从作品情节评价人物。

(1) 请同学们观察一段由课文中摘录的话,仔细品味一下课文中描写了一个怎样性格的汤姆·索亚?

出示段落:"汤姆躺在一张沙发上……直到风筝线不够用了为止。"

（2）学生归纳反馈。

（3）你还能从课文的哪些情节中找出不一样的汤姆?

学生从课本内容中找出具体内容,说出自己的感受。

（4）师总结归纳:学会从具体的情节中,对书里的人物作出自己的评价。（板书:作品情节）

3. 从人物描写评价人物。

（1）请同学们观察一段由课文中摘录的话,仔细品味一下课文中描写了一个怎样的桑娜?

出示段落:"桑娜用头巾裹住睡着的孩子,把他们抱回家里……让他们同自己的孩子睡在一起,又连忙把帐子拉好。"

（2）学生归纳反馈。

（3）你还能从我们学过的课文中找出类似的人物描写吗?

学生从课本内容中找出具体内容,说出自己的看法。

（4）总结归纳:留意作品中描写人物语言、动作、神态的句子,并从中感知人物形象,找到人物精神的闪光点。（板书:人物描写）

4. 从多方位、多角度评价人物。

（1）请同学们观察一段由课文中摘录的话,仔细品味一下课文中描写了一个怎样的尼尔斯?

出示段落:"尼尔斯心里想:父母从教堂回来时,发现雄鹅不见了,他们会伤心的。"

你从中看到了一个怎么样的尼尔斯? 跟我们平时认识的尼尔斯一样吗?

（2）学生归纳反馈。

（3）你还能举出其他类似的人物吗?

（4）总结归纳:学会从多方位、多角度地评价人物。每个人、每件事都有多面性,我们不能以偏概全。（板书:多方位、多角度）

5. 练一练,学运用。

出示《骑鹅旅行记》片段:

那些鸡没完没了地叫着:"他活该! 他活该……"他实在无法忍受,捡起一块石头朝他们扔了过去,并骂道:"住嘴,你们这群乌合之众!"

……

猫稍稍睁了睁眼睛,里面射出了一道寒光。他先得意洋洋地念了一阵经,然后才说:"要我帮你的忙？是不是因为你经常揪我的尾巴？"

这时男孩恼怒了。他已经完全忘了他现在是多么弱小无力。"怎么着？我还要揪你的尾巴！"他说着便向猫扑了过去。

转眼间，猫摇身一变，男孩几乎不敢相信他还是刚才那个动物。他全身的毛都竖了起来，拱起腰，伸直了腿，四脚抓地，尾巴变得粗而短，两耳朝后，嘴里嘶叫着，瞪大的眼睛冒着火星。

男孩对猫并不示弱，反而向前逼近了一步。这时猫突然一跃，径直朝他扑了过去，把他摔倒在地，跳到他身上，前爪按住他的胸口，对着他的咽喉张开了大嘴。

男孩感觉到猫的爪子穿过他的背心和衬衣，刺进了他的皮肤，锋利的犬牙触到了他的咽喉上。他拼命地喊着救命。

读读上面的段落，说说你对人物有什么评价？

6. 小结阅读方法。

通过学习，你们知道了有哪些好的阅读方法可以更好地评价人物，感知人物形象？

要点：从作品情节评价人物，从人物描写评价人物，从多方位、多角度评价人物。

7. 除了上述的方法，评价人物的阅读方法还有很多，我们来看：

（1）《桥》："黎明的时候，雨突然变大了。像泼。像倒。山洪咆哮着，像一群受惊的野马，从山谷里疯狂地奔出来，势不可当。"这样的环境下，老汉镇定地指挥村民们有秩序地排队过桥。从中你看到的老汉是怎样的形象？（沉着镇定、临危不乱）

要点：我们还可以从环境描写去评价人物形象。

（2）《少年闰土》，这是我们上学期的一篇课文，作者是鲁迅，从课文中你看到的鲁迅是怎样的形象？（可爱、单纯、天真）

要点：这篇课文是小说《故乡》的节选，只阅读一部分内容，并不能全面地评价鲁迅这个人物的形象，我们要完整地阅读整部作品后再进行评价；评价鲁迅这样的人物形象，还需要了解他的生活背景、创作经历等内容。

板块二　词句段运用

1. 学习使用夸张手法。

（1）自读自悟。

读一读例句，重点读读加点的词语，谈谈发现了什么，加点的部分有什么共同的特点。

要点：加点的词语都运用了夸张的修辞手法。

（2）领悟表达效果。

A. 师介绍"夸张"：夸张是为达到某种表达需要，对事物的形象、特征、作用、程度等方面着意扩大或缩小的修辞方式。夸张可分为两类、三种形式，即"普通"类和"超前"类，"普通"类又可分为两类，即"扩大夸张""缩小夸张"。（见"教学资源链接"）

B. 读书上的例句，感受三句话表达的意思，说说自己读懂了什么，三句话又有什么不同的地方。可以提出疑问。

要点：第一句和第三句分别使用扩大夸张，第二句使用了缩小夸张。

（3）生再读例句，说说夸张有什么作用。

要点：①揭示本质给人以启示；②加强情感，增强感染力；③烘托气氛，引发联想。

需要注意：①夸张不是浮夸，而是故意的、合理的夸大，所以不能失去生活的基础和根据；②夸张不能和事实距离过近；③夸张要注意文体特征，如科技说明文、说理性文章就很少用甚至不用夸张，以免歪曲事实。

（4）练习运用。

出示一组词语，请你选择一两个，发挥想象，运用夸张的修辞手法，仿写句子。

盼望　饿　安静　喜欢　厚

班级交流，看是否正确运用了夸张的修辞手法。

2. 品味语言表达。

（1）请学生自由读一读三组例句，它们是不同译者笔下的《汤姆·索亚历险记》中表达意思一致的句子。想一想，你更喜欢哪一个，为什么？

（2）谈一谈自己发现了什么，课文中采用的是哪一种译法，与你喜欢的有什么不同？

要点：

第一组译文：第一句侧重写这个夜晚的辉煌、前所未有；第二句运用比喻，使用短句写出了眼泪多，语句读起来生动明快、活泼有力。

第二组译文：第一句也是用长句侧重写场面的伟大，伟大到从未见过；第二句同样运用比喻写出了眼泪多，但更侧重写眼泪如何涌出；长句的使用让文章表意更严密、细致，气势磅礴。

第三组译文：第一句同样侧重写夜晚，但只写出了夜晚的激动人心，不如前两组译文的句子；第二句运用比喻写眼泪多，但只侧重强调到处都是眼泪，不如前两组的句子丰富、立体。

（3）小结：比较不同的语句，我们可以从表达手法、语言特点以及阅读感受等多个角度去分析。

（4）练一练，学运用。

他站在镜子前面闭上眼睛，过了好几分钟才睁开。

他闭上眼睛站在镜子前面，等了一会儿才睁开眼睛。

读读这两句句子,说说你喜欢哪一句,为什么?

(5) 在外国名著中,有许多经典的句子,读一读,可以积累下来。

幸福的家庭是相同的,不幸的家庭各有各的不同。——《安娜·卡列尼娜》

一个人并不是生来要被打败的,你尽可以把他消灭掉,可就是打不败他。——《老人与海》

如果冬天来了,春天还会远吗?——《雪莱诗选》

板块三 日 积 月 累

1. 我国古人在读书和处世方面都有着自己的智慧。一本叫《增广贤文》的书中就收录了很多这样的智慧之句,请同学们自读书上的这些名言警句。给学生充分时间朗读,把句子读正确、读流利。

2. 课前布置了大家查资料了解《增广贤文》中的这五句句子,现在我们来交流一下吧。

3. 全班交流。

要点:

(1) 读书须用意,一字值千金:想文采出众,一字千金,就得在读书时下一番苦功夫。这是告诫世人读书不可囫囵吞枣,要用心去领悟其中的意思,珍惜来之不易的读书机会,当机会到来时,我们就能准备得相对充分一些,以此来实现自己的人生目标。

(2) 莫道君行早,更有早行人:别说你出发得早,还有比你更早的人。这是告诉世人勤奋进取的道理,做任何事情,早一步,离实现目标也更近一步。

(3) 听君一席话,胜读十年书:与对方交谈的时间虽然很短,但是受益很大。这是说学习知识并不仅限于埋头苦读,还要学会与人沟通,听取他人的建议。

(4) 路遥知马力,日久见人心:路途遥远,才可以知道马的力气的大小;经历的事情多了,时间长了,才可识别人心的善恶好歹。比喻经过长时间的考验才能看出人心的好坏、友情的真假。

(5) 近水知鱼性,近山识鸟音:临近水边,时间长了,就会懂得水中鱼的习性;靠近山林,时间长了,就会知道林中鸟儿的习性。说明要了解一个人或一种东西,一定要接近这个人或这种东西近距离观察。

4. 总结:这里的五句话主要让我们了解了一些古人的读书之法和处世之道,其实《增广贤文》中还蕴含了很多其他方面的人生哲理,同学们课后可以自己去阅读了解。

5. 积累记忆。

(1) 开展《增广贤文》中名句的快问快答活动:以组为团队,队员轮流背诵指定主题的名句,答对得 1 分。

(2) 教师引导学生利用网络、书籍等渠道,增加对《增广贤文》等启蒙读物的了解,学习古人教给我们的人生哲理。

→ 三、教学资源链接

(一) 语文知识

夸 张

夸张是为达到某种表达需要,对事物的形象、特征、作用、程度等方面着意扩大或缩小的修辞方式。夸张可分为两类、三种形式,即"普通"类和"超前"类,"普通"类又可分为两类,即"扩大夸张""缩小夸张"。

1. 扩大夸张:故意把客观事物说得"大、多、高、强、深……"的夸张形式。例如:蜀道之难,难于上青天。

2. 缩小夸张:故意把客观事物说得"小、少、低、弱、浅……"的夸张形式。例如:一个浑身黑色的人,站在老栓面前,眼光正像两把刀,刺得老栓缩小了一半。成语"寸土必争""滴水不漏""寸步难行"等也有同样的表达效果。

3. 超前夸张:在时间上把后出现的事物提前一步的夸张形式。例如:农民们都说:"看见这样鲜绿的麦苗,就嗅出白面包子的香味来了。"又如范仲淹《御街行》中的"愁肠已断无由醉,酒未到,先成泪"也运用了这种表达方式。

作用:用言过其实的方法,突出事物的本质,或加强作者的某种感情,烘托气氛,引起读者的联想。

(二) 拓展阅读

1. 鲁迅《故乡》

2. 海明威《老人与海》

3.《增广贤文》,又名《昔时贤文》《古今贤文》,是明代时期编写的儿童启蒙书。它集结了中国从古到今的各种格言、谚语,后来,经过明、清两代文人的不断增补,才改成现在的样子。

古今贤文(读书篇)

欲知天下事,须读古今书。学了就用处处行,光学不用等于零。不能则学,不知则问;读书全在自用心,老师不过引路人。

好曲不厌百回唱，好书不厌百回读。读书贵能疑，疑能得教益。默读便于思索，朗读便于记忆。初读好书，如获良友；重读好书，如逢故知。处处留心皆学问，三人同行有我师。

古今贤文（真理篇）

不入虎穴，焉得虎子。近水识鱼性，近山识鸟音。欲知山中事，须问打柴人。兼听则明，偏听则暗。多看事实，少听虚言。

满招损，谦受益。知过必改，闻过则喜。户枢不蠹，流水不腐。从善如流，疾恶如仇。钟不敲不响，话不说不明。良药苦口利于病，忠言逆耳利于行。

（编写人：江苏省苏州市吴江区盛泽实验小学　孔怡菲）

快乐读书吧

一、文本教学解读

《快乐读书吧》作为本单元的结束篇，旨在让学生综合运用本单元所学，进行好书推荐。可以抓梗概，介绍书本内容；交流心得，表达自己的看法；借用名人评价等。

本次《快乐读书吧》主题为"漫步世界名著花园"，由"你读过吗"和"相信你可以读更多"两部分组成，包括一段引言、《鲁滨逊漂流记》的故事内容简介及学者评论、做读书笔记的窍门和名著背后复杂内涵的挖掘。

1. 引言——激发阅读兴趣，开启名著阅读之路。

每一本名著都是独一无二的花朵，你触摸到它的那一刻，便是奇遇的开始。

泰戈尔说："当我们漫步在阳光下，若能不期而遇，我想我会无限惊讶地停下步履。"当我们的孩子与世界名著不期而遇，就是他们停下步履徜徉其中的最好时机。让学生漫步在世界名著这座花园中，尽情感受名著带来的芬芳。

2. 故事介绍及书评——了解《鲁滨逊漂流记》。

本单元第一篇课文就是《鲁滨逊漂流记（节选）》，通过课文的学习，相信孩子们心中已种下阅读整本书的种子。此处，对本书的介绍无疑为种子的萌芽浇灌了必要的水分。这是一本令人"无限惊讶"的书，"无限惊讶"一词足以把学生的好奇心调动起来；从"落难的水手"变成"自己的国王",前后的反差,足以让学生急着去探寻真相;"荒芜之地"变成"文明社会",这堪称奇迹的出现,足以让学生叹为观止;"英雄传奇"唤醒了每个孩子心中藏着的那个"英雄梦"。

卢梭和卡尔维诺对鲁滨逊的评价更是让这一人物在学生的心中高大起来,也是在提醒孩子,他们在阅读之后也可尝试写一写自己对书中人物的评价。

3. 做读书笔记——打开学生"深度"阅读之门。

阅读有深浅之分,浅阅读是指浏览式的、泛泛的阅读,不用对所阅读的内容做深入的思考;深阅读是指进入内容情境,加进许多深刻思考的阅读。

世界名著作为在世界范围内得到广泛认可和关注的著作,其价值已经超越了时代本身而得以流传。这样的作品自然需要六年级的孩子进行"深度"阅读。

如何进行深度阅读?第一,在空白处随时写下自己的感悟;第二,摘录下喜欢的段落;第三,绘制人物图谱,厘清作品中复杂的人物关系;第四,写下全书结构以及作者在书中想要表达的一些想法。

4. 挖掘内涵——让阅读不止于"情节"。

名著不仅情节引人入胜,更有着复杂的内涵,而这些藏在作品背后的内涵需要学生慢慢去发现,去品味。六年级的孩子,需要有一种阅读的"眼光",或去发现作品鲜明的时代烙印,或去发现字里行间隐藏的情感。

《爱丽丝漫游奇境记》就是这样一本适合六年级孩子带着"眼光"去阅读的书。它的情节如梦如幻,背后却藏着严密的逻辑,在幽默的语言中有着对现实的些许嘲弄。

二、教学活动设计

教学目标:

1. 抓梗概,了解《爱丽丝漫游奇境》。

2. 抓人物,抓事件,体会漫游之"奇"。

3. 借助语言,体会其中蕴含的"智慧"。

4. 撰写书评,表达自己对这本书的看法。

教学过程:

板块一　抓故事梗概，了解《爱丽丝漫游奇境》

1. 猜测中认识《爱丽丝漫游奇境》。

（1）出示书中关键人物及其图片，猜一猜它们来自哪本书。

（2）出示书本封面，结合图画和书名，猜一猜这本书描写了什么。

要点：爱丽丝是书中主角的名字；"漫游"指随意地不受拘束地游览；"奇境"指神奇而又奇妙的地方。

2. 抓梗概，了解《爱丽丝漫游奇境》。

（1）故事梗概可以让我们较快地了解整本书的样貌，下面是《爱丽丝漫游奇境》的故事梗概，请认真读一读。（见"教学资源链接"）

（2）读完阅读梗概，你对这本书又有了哪些新的了解呢？

要点：爱丽丝一会儿变大，一会儿变小，十分有趣；整个故事其实就是爱丽丝的一场梦；故事里面有许多神奇的人物；这是一本充满想象力的书。

板块二　围绕人物、事件，感受故事之"奇"

《爱丽丝漫游奇境》描述了爱丽丝的一次奇幻之旅，在这次旅途中，她遇见了许许多多奇特的人和动物，经历了许许多多"奇事"。

1. 故事中的"奇人"。

（1）根据小说中对人物的描写，体会他们的"奇"。

例：

对兔子的描写：就在这时，一只红眼睛的白兔从她身边跑过。这本身没什么稀罕的，而且，接下来爱丽丝听见兔子说话也没觉得有多离奇。她听见兔子自言自语地说："哦，天哪！哦，天哪！我要迟到了！"不料兔子竟然从马甲口袋里掏出一只怀表。

"奇人"一：兔子。

"奇"在：会说话、穿马甲、有怀表。

（2）按照人物出场的顺序排列，绘制思维导图。

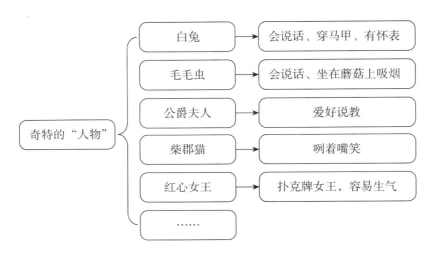

2. 故事中的"奇事"。

（1）选择自己喜欢的章节进行阅读，寻找其中的神奇事件。

（2）尝试用简洁的话语，把神奇事件罗列出来。

（3）在书上相应地方写好批注：为什么觉得这件事很神奇。

要点：爱丽丝掉落兔子洞仍安然无恙；爱丽丝一会儿变大一会儿变小；公爵夫人的孩子变成了一头猪；疯子茶会的时间定格在六点钟；用火烈鸟打槌球；跳龙虾舞……

板块三　借助语言，玩一场"智力游戏"

有人说，《爱丽丝漫游奇境》看似荒诞无稽，可读着他写出的那些看似疯狂的话，就像在做一场高难度的智力游戏。

1. 关注对话，感悟其中的道理。

例：

第六章《猪娃和胡椒粉》节选：

爱丽丝说道："请告诉我，我从这里该往哪边走呢？"

"这很大程度上取决于你想去哪儿。"柴郡猫说。

"其实我并不在乎去哪儿——"爱丽丝说。

"那就无所谓往哪边走了。"柴郡猫说。

"——只要能到达某个地方就行。"爱丽丝又加了一句解释。

"哦，只要你走的时间够长，"柴郡猫说，"就肯定能到达某个地方。"

道理：我们心中的目标决定了我们所走的路；朝着一个目标不断前进，终会实现愿望。

2.请选择一个你最喜欢的章节读一读,找一找蕴含深刻道理的话语。

要点:

第一章节选:

"嘿!"爱丽丝对自己说,"落到这么深的地方,以后我再从楼梯上滚下去就不算什么事了!家里人都会认为我多勇敢啊!哎呀,即使我从房顶上掉下来也不会说什么的!"

道理:落到这么深的地方都不怕,以后从楼梯上滚下去也就更不怕了,经历带来了勇敢。

3.认识作者。

(1)这样一本充满奇幻色彩的名著,是谁写的呢?

(2)出示作者资料:

刘易斯·卡罗尔,原名查尔斯·路特维奇·道奇森,英国数学家、逻辑学家、童话作家、牧师、摄影师。毕业于牛津大学,长期在牛津大学任基督堂学院数学讲师,发表有关于行列式与平行原理的若干数学著作。其间还著有不少散文与打油诗,著名的诗集有《蛇鲨之猎》。所作童话《爱丽丝漫游奇境记》与《爱丽丝镜中奇游记》为其代表作品。

(3)读了这段资料,你对卡罗尔有了哪些新的认识?

要点:他是一名数学家,所以书中很多地方都提到了数学;他是一名逻辑学家……

4.关注语言,挖掘情节背后严密的逻辑。

(1)卡罗尔是一名数学家同时也是一名逻辑学家,所以这本书奇异的情节背后隐藏着严密的逻辑。

例:

第八章《王后的槌球场》节选:

等她回到柴郡猫那儿,却吃惊地发现他周围聚集了一大堆人。刽子手、国王和王后正在争执,三张嘴同时说话,其他人都默不作声,看上去非常不安。

刽子手的道理是,如果没有身体,就没法把头从身体上砍掉。他以前没做过这样的事,而且这辈子也不打算开始做。

国王的道理是,只要有头,就能被砍,休得废话。

王后的道理是,如果不立即采取行动,她就把在场的每个人都处死。

要点:国王和刽子手争吵的这个问题,其实就是逻辑问题,两个人各讲各的道理。刽子手的逻辑是什么呢?他认为砍头一定要从身子上往下砍,从身子上砍下来,这才叫砍头。国王的逻辑是砍头砍的就是头,左砍右砍,只要你砍在头上,那不就是砍头了吗?所以两个人说的都有理,也都能自圆其说。

(2)在自己喜欢的章节中去寻找"逻辑"的痕迹。

板块四 撰写书评,推荐好书

1. 欣赏书评。

萧乾说:"书评家应是一个聪明的怀疑者。好的书评要用极简练的文字表现出最多的智慧。"

书评写什么?

(1)"评价"可以是总括全书作鸟瞰式的评述。如毛喻原评《爱丽丝漫游奇境》:"这本书描述的不仅是一段奇幻之旅,更是一段充满哲学意味的探索之途。"再如书评《展现"另一个"爱因斯坦》是这样评价《爱因斯坦晚年文集》的:"每篇文章都体现了作者的睿智和科学预见性。全书蕴含着科学家与知识分子的良知,浸透着他对整个 20 世纪全人类的极大的人文关怀。"

(2)"评价"也可聚焦于作品的细部作画龙点睛式的点评。

书评,要注意什么?

(1)要注意见解的独创性。

(2)要注意语言的生动性。

(3)要注意评价的科学性。

要点:表达对书评的理解。

2. 撰写书评。

看完《爱丽丝漫游奇境》,你印象最深的是什么呢?是里面富有想象里的情节,是里面神奇的人物,还是充满智慧的语言?把你独特的想法记录下来吧!

(1)学生自主撰写书评。

(2)全班交流。

要点:撰写自己对《爱丽丝漫游奇境》的独特理解。

▷ **三、教学资源链接**

- - - - - - - - - -

拓展阅读

《爱丽丝漫游奇境》梗概

女孩儿爱丽丝坐在树荫下看书,看了一会儿,她的两个眼皮就打起架来。这时,她看见一只穿着白色西服的兔子,爱丽丝的好奇心顿时被勾了起来,她立刻向兔子追去。

　　追着追着,小白兔不见了。爱丽丝发现自己正站在一个大厅里。大厅中有一张小桌,桌上放着一个小瓶,上面写着:"喝掉我"。爱丽丝正口渴呢,看见饮料立刻就喝了下去。爱丽丝喝完后,发觉自己一下子缩小了。

　　爱丽丝急坏了。猛然间,她发现有盒蛋糕。于是,她吃了一块,觉得立刻长高了一截。她高兴起来,一口气把盒子里的蛋糕全吃了。啊,这一下爱丽丝竟然长到天花板那么高了。爱丽丝吓得大哭起来,她的眼泪最后在大厅的中央形成了一个咸水湖。

　　这时,那只小白兔出现了。爱丽丝对小白兔大喊道:"白兔先生,请帮帮我!"小白兔听见喊声,吓得丢下手中的扇子就跑。爱丽丝弯下腰捡起扇子扇了扇,呀,爱丽丝变得像拇指那么小了。

　　爱丽丝高兴地跳起来,哪知脚下一滑,竟掉进了一个咸水湖中。原来这就是刚才爱丽丝的泪水汇成的那个湖。爱丽丝发现湖中还有不少动物,老鼠、鸭子、渡渡鸟都在水里扑腾着。大家上岸后,都冷得直哆嗦。过了一会儿,爱丽丝听见了一阵喧哗声,她循声来到了一座花园里。

　　花园里盛开着许多白色的玫瑰,一群人正在花园里争论着什么。爱丽丝走上前一看,原来他们正在打纸牌。爱丽丝觉得这群人的玩儿法很古怪:他们的4竟然比5大,王后竟然能管住国王。爱丽丝忍不住地嚷起来:"不对,不对,你们这样出牌不对!"那群人听到爱丽丝这样指责他们,也不甘示弱地和她吵了起来。她叫着,叫着,一下子惊醒了。

　　醒来后,她发现自己正躺在树荫下。她这才恍然大悟,原来刚才发生的一切只不过是一场梦而已。

(编写人:江苏省苏州市吴江区盛泽实验小学　水小叶)

第三单元

　　本单元为习作单元,围绕"抒发真情"编排了两篇课文:《匆匆》是一篇散文,抒发了作者对时间流逝的无奈与惋惜,以及对前途的迷茫与惶惑。《那个星期天》是一篇散文体小说,作者以孩子口吻,叙述了等待妈妈带自己出去玩时的兴奋与焦急,以及最终未能如愿的无奈与失望。两篇课文分别从成人和儿童两种视角,描述了对时间流逝的不同感受,可引导学生多角度体会怎样表达真情实感。

　　本单元的语文要素是"体会文章是怎样表达情感的"和"选择合适的内容写出真情实感"。包含三层目标:"能理解文章的中心与情感;能理解文章是如何表达情感的;能运用合适的素材来表达真情实感",体现了从理解语言形式到运用语言表达的认知发展过程,是六年级上册习作"围绕中心意思写"能力的延展与提升。

　　为落实目标,《匆匆》课后习题先引导学生有感情朗读,理解文章所表达的情感,再体会文中两处问句是怎样表达作者感受的,并以第3自然段为例,深入思考与仿写如何选择内容表达对时间流逝的具体感触。《那个星期天》先引导学生梳理文中"我"的心情变化,再围绕重点段落体会文章是如何具体细致地表达人物内心的"盼"与"委屈"。两篇文章在内容上有共性,都表达了作者对时间流逝的细腻感受,但表达方式上又有所不同:前一篇侧重自问自省,以疑问起,又以设问收,直抒情感,同时辅以形象的比喻和一日生活的描述,以实写虚,以小见大,表达出抽象的时间流逝之快,富有理性的哲思;后一篇则以孩子"挨时光"过程中的所见、所说、所做、所感描写为主线,以母亲的忙碌为暗线,间接地表达出孩子敏感细腻的情绪变化,语言富有童趣,又藏着淡淡的伤感。教材在选文上丰富了学生对生活细致的观察与感受,为习作选材打下基础。

　　"交流平台"对两篇文章进行了归纳梳理:《那个星期天》侧重于选取具体的人、事或景物,自然流露情感,而《匆匆》则直接把心里想说的话写出来,以此抒发情感。"初试身手"安排了一个实践练习,先理解心情不同从而对身边环境感受也不同;再根据教材提供的环境,就两种心情状态来练习自然地表达情感。

"习作例文"提供了两篇写童年往事的范例。《别了,语文课》借助旁批和文后练习,启发学生学习作者精选事例表达心情变化和穿插心情独白的写法。《阳光的两种用法》借旁批提示学生通过关键词句串联不同事例中的情感脉络。习作"让真情自然流露"强调了"真情表达要自然",分两部分:第一部分创设写作情境,提供了表示积极和消极两种情绪的各 7 个词语,帮助学生打开生活的记忆闸门;第二部分从"印象深刻""自然表达真情实感""可写出情感变化""同伴交流"四个方面明确了写作和修改要求。

　　本单元教学规划:《匆匆》重在感受如何直接抒发心中之情,《那个星期天》重在感受以人物具体的所见、所做与所感流露真情。前一篇课文应注重语言和语感的积累,丰富学生对语言的感受,初步练习情感的直接表达。后一篇课文应注重对人物动作、语言和心理描写的体会,抓住语言表达的特点,与前一篇课文比较阅读,在言语实践中让学生联系自身经验,自主理解感情自然流露的方法,不宜孤立地分析情感。"交流平台"可安排在《那个星期天》第二课时中进行比较阅读,也可以跟"初试身手"整合在一课时中完成。"习作例文"文章较长,不宜精讲,要避免挤占学生课堂习作实践的空间,应发挥"例子"价值,与习作指导整合,以学生自读为主,引导自主体悟。

(编写人:江苏省苏州工业园区教师发展中心　　陈　飞)

8　匆　匆

　　《匆匆》是现代著名作家朱自清先生写的一篇优美的散文诗,进入教材略有改动。课文围绕着"匆匆"二字,细腻地刻画了时间流逝的踪迹,表达了作者对时光流逝感到无奈和惋惜。文章开篇即借燕子、杨柳、桃花起兴,引发对匆匆逝去、无迹无痕的时间的思考,用一连串的疑问,表露出诗人怅然若失的情绪。接着开始以"我"的生活为叙写内容,通过对"洗手""吃饭""睡觉"等多个生活情景的描写,表达了作者对时光逝去而又无法挽留的无奈和对已逝日子的深深留念之情。文章虽篇幅短小,但文笔细腻,构思新巧,匠心独运地以发问句式为纽带联结全篇,一步紧似一步地展露内心的思绪,情感真挚。

　　本文是习作单元第一篇精读课文。根据单元"语文要素",这篇课文的教学内容聚焦在两个方面:一是体会文章是怎样表达情感的。二是要学会选择合适的内容写出真情实感。教学时要重点引导学生感受作者对时光流逝的无奈和惋惜,还要体会作者是怎样来表达这种情感的。而对于文章里流露出来的对前途迷茫而感到伤感、抑郁的低沉情绪,对于六年级的学生没有必要联系背景过度讲解。

　　1. 读懂文中作者的情感。

　　燕子来而复去,杨柳枯了又青,桃花谢了再开,这本是人所常见的自然现象,但诗人触景生情。"我们的日子为什么一去不复返呢?""那是谁?又藏在何处呢?"作者在不断地设问、反问、追问、责问中,表达了对时光流逝的无奈和惋惜。教学时,可以抓住文中的这些问句,引导学生整体把握课文内容,感受作者的思想情感。不过,这也是一篇充满哲理思考的散文,因此在理解作者这种情感的基础上,还可以引发学生深入思考:当时,朱自清20多岁,正值青春有为的年龄,为什么会感觉时间匆匆? 对于这一问题的深入讨论,可以更准确地把握作者伤时实为惜时的情感。

　　2. 体悟作者是怎样表达情感的。

　　文中,作者在抒发对时日匆匆这一瞬息间的感受时,并不作枯燥无味的大道理讲述,也不发空洞的呼喊,而是充分发挥自己艺术想象力,去捕捉那"匆匆"的影子,让原本看不见、摸不着的时间,变得具体可感。"八千多日子"就"像针尖上一滴水滴在大海里",消失得无影无踪,这是作者从整体上去感知自己24年的时光在毫无察觉中已匆匆流逝。接着作者选取了起床、吃饭、睡觉等这些生活中我们都习以为常的小事,形象化地描述了一日的时光究竟是怎样地在匆匆流逝,诗一般的语言传达的却是对时光一去不返的痛苦和无奈的情绪。在这里,作者说的虽是自己生活的一日,但何尝不是我们每个人日常生活的场景。读着这样的文字,不觉也会"头涔涔而泪潸潸了"。

在文中作者常常直抒胸臆。最明显的是开头和结尾,两处使用了一连串的自我追问。"我们的日子为什么一去不复返呢?""为什么偏要白白走这一遭啊?"等。追问的语气是急迫的,情感是焦灼而无奈的,生发出直抵人心的震撼力量。

➜ 二、教学活动设计

教学目标:

1. 正确读写"藏、徘、徊、蒸"等生字;积累词语,感受作者伤时、惜时的情感。

2. 有感情地朗读课文,把握课文的主要内容;抓住重点句段,发现作者独特地表达内心情感的方式。

3. 通过迁移运用,选择合适的内容写出真情实感。

教学过程:

板块一 谜语导入,初步感知课文的内容

1. 出示谜语,聚焦"时间"。

① 看不见,摸不着;没有脚,却能跑;永远往前走,从来不回头。

② 何物无声,何物无色,何物无情,何物无价?

③ 最长又最短,最快又最慢,最贵又最贱。

要点:三个谜语说的都是时间。围绕"时间"说说自己的感觉。

2. 引出课题,品味"匆匆"。板书"匆匆",指名说意思。"匆匆"就是非常匆忙的意思,比较"匆忙"读读,感觉有什么不一样?

3. 找一找课文里的叠词,从这些词语里也能感受到时间的匆匆吗?

（1）出示叠词，正确认读：

匆匆　　默默　　斜斜　　白白

头涔涔　　泪潸潸　　赤裸裸

茫茫然

轻轻悄悄　　伶伶俐俐

提示："赤裸裸"的"裸"注意变音；"涔涔"是前鼻音，"伶伶"是后鼻音。发现叠词中读音的变化，指导学生读准确。

（2）放入课文的相关句子里，读出叠词里体现的作者的微妙情感。

提示：

① 比较"头涔涔、泪潸潸"和"满头都是汗、流了很多泪"，有什么不同的感受？

② 出示句子进行对比：

为什么偏要白走这一遭啊？

为什么偏要白白走这一遭啊？

通过比较让学生感受到有了叠词，感情变得更加强烈，叠词之美，还美在它的情感。

4. 检查读课文，了解课文围绕"匆匆"写了什么？

提示：

在读课文时可以关注课文里每部分的问句，如：

"但是，聪明的，你告诉我，我们的日子为什么一去不复返呢？"

"去的尽管去了，来的尽管来着，去来的中间，又怎样地匆匆呢？"

"在逃去如飞的日子里，在千门万户的世界里的我能做什么呢？"

"但不能平的，为什么偏要白白走这一遭啊？"

……

要点：这些问句直抒胸臆，直接表达出了作者对时间匆匆的感受。可以将这些问句连起来思考，梳理课文的主要内容，初步感受作者的情感。

板块二　品读语言，揣摩形象背后的情意

时间是抽象的，但在朱自清的笔下，时间又是可感的，甚至是看得见、摸得着的。作者是如何把抽象的时间写形象的？他又把时间写成了哪几个形象？请你默读课文，把你读到的时间的形象圈出来。

引导学生重点品读：

1. 已经过去的"八千多日子"。

（1）在默默里算着,八千多日子已经从我手中溜去,像针尖上一滴水滴在大海里,我的日子滴在时间的流里,没有声音,也没有影子。我不禁头涔涔而泪潸潸了。

这段话中,作者把"八千多日子"比作"一滴水",联系上下文,作者的用意是什么?

要点:感受句子里比喻的精妙。时间本来是看不见摸不着的,作者用具体的事物来表现时间,像这样的写作手法,我们把它称为"具体化"。

这部分可以进行适当的拓展练习,如:八千多日子已经从我手中溜走,还像_____。

（2）在八千多日的匆匆里,除徘徊外,又剩些什么呢? 过去的日子如轻烟,被微风吹散了,如薄雾,被初阳蒸融了……

作者为什么又把"八千多日子"比作了"轻烟""薄雾",联系上下文,作者的用意又是什么?

（3）不同的比喻,蕴含着作者没有直接表达出来的情意。读这篇散文,读这段话,我们就要从这"一滴水""轻烟""薄雾"中看到作者整个情感世界。

2. 正在过去的"一个日子"。

（1）读一读:作者又是怎样来写"一个日子"是如何度过的呢?

要点:作者抓住了"洗手、吃饭、睡觉"等这些事情来写"一个日子",通过"过去、跨过、飞走、溜走、闪过"等词体现时间的匆匆。

（2）议一议:"洗手、吃饭、睡觉"这些都是生活中司空见惯的事情,作者为什么会选这些生活中极其平常的小事情来表现时间的匆匆而逝呢?

① 可以引导学生借用文本的语言形式,说话练习:

读书时,时间从——

唱歌时,时间从——

跳舞时,时间从——

② 集体交流仿写片段。引导反思,追问:比照课文里的"洗手、吃饭、睡觉"等,思考作者为什么不写这些"更有意义"的事情?

要点:作者之所以借助生活中的这些不起眼的小事,就是要写出时间的不知不觉、悄无声息以及逝去的习以为常,给人一种无声的震撼。

（3）比一比:作者写时间溜走时用的是"他",这是用了拟人的手法,另外还运用了排比的手法来写时间的匆匆,有什么不一样的效果?

要点:作者使用了排比句,赋予时间以生命——"跨、飞、溜、闪",生动具体地描写出了时间是怎样一点一滴在不知不觉中从我们身边流逝的。此处要通过对比体会时间的无法停留、无情,作者的无奈、惆怅和淡淡的哀愁。

3. 时间匆匆里的"人"。

八千多日子、每一天,作者觉得自己无所作为、什么也没留下,因此感到苦闷、彷徨,甚至自责、愧疚。所以他会"头涔涔""泪潸潸",他会觉得"每一个日子"都是匆匆的。朱自清的这 24 年,是不是真的无所作为呢? 他为什么会有这样的感受?

出示朱自清部分资料:

18 岁,考入北京大学预科。

21 岁,发表了新诗《睡罢,小小的人》。

22 岁,北京大学哲学系毕业后,在江苏、浙江一带中学教书,积极参加新文学运动。

24 岁,和著名作家俞平伯等人创办《诗》月刊,是新诗诞生时期最早的诗刊。

25 岁,到清华大学任教,开始研究中国古典文学。

要点:朱自清对时间流逝的惶恐和不安,无疑与古人"少壮不努力,老大徒伤悲""寸金难买寸光阴"等箴言的精义是暗合的。当一个人有强烈抱负的时候,就会觉得时光匆匆;当一个人觉得时光匆匆的时候,就会寻找生命新的意义和价值。

板块三　关注表达,体验微妙而丰富的手法

1. 作者在描述一天当中时光流逝的时候,使用了排比的修辞手法,将时间具体化为"洗手、吃饭、默思、睡觉、叹息"等每一个瞬间,把时光流逝这样一件抽象的事情变得具体可感,同时让我们感受到了时光之不可留。

2. 那么你的时间又是怎样过去的呢? 你也能像作者这样去寻觅自己度过一天时间的足迹吗?

要点:仿照第 3 自然段的表达方式,自己也来说一说。

……的时候,日子从……

……的时候,日子从……

……的时候,日子从……

3. 课文中作者把无声无息的时间的流逝比喻成有形的"轻烟"和"薄雾"被"吹散了"、被"蒸融了",那是作者在特定时期对时间的感受。每个人对时间的感受都可能不一样。现在时间对你而言,是快的还是慢的,是多的还是少的,是无情的还是有情的呢? 你会把时间比作什么呢?

（1）同桌间相互交流,说说自己对时间的感觉,学习借用形象化的表达方式。

（2）推荐交流,集体评议。

板块四 迁移运用,习得表达情感的方法

1. 说一说,时间的流逝本是人们司空见惯的平常现象,为什么作者能写得如此真挚而感人呢? 我们来总结一下。

要点:

① 作者对时间流逝的伤感和焦虑是真实的,是强烈的。

② 直抒胸臆和形象化的描述手法相结合。

③ 选取了生活中司空见惯的小事。

2. 练一练:如果让你来写父母或老师,怎样才能表达出自己的真实情感?

提示:引导学生要表达对父母或老师最真实的感情,可以是感恩,也可以是委屈。交流讨论可以选取哪些小事来表达这样的情感。(如:每日上学前的目送或者是递过来的一杯温度刚好适宜的牛奶)

3. 总结。一节课就这样匆匆结束了,时光匆匆、生命匆匆,我们要珍惜每一天,珍惜身边每一个你爱的和爱你的人。

> **三、教学资源链接**

拓展阅读

写作背景

《匆匆》写于 1922 年 3 月,恰逢五四运动落潮期。当时的"五四"知识青年忙于救国,忙于追求进步;他们备受当时政治环境的压迫,却没有停止追求进步的脚步;他们苦恼、彷徨,却在冷静的沉思后,继续追赶人生的路。

五四运动落潮期的现实情况让朱自清失望,但作者在彷徨中并不甘心于沉沦。朱自清站在他的"中和主义"立场上执着地探寻与追求。作者认为:"生活中的各种过程都有它独立的意义和价值——每一刹那有它的意义与价值! 每一刹那在持续的时间里,有它相当的位置。"

(编写人:江苏省苏州工业园区星湾学校 赵源林)

9　那　个　星　期　天

　　《那个星期天》节选自史铁生的自传体小说《务虚笔记》第四章第九节,入选教材后进行了删改。作者回忆了儿时一次期盼母亲带"我"外出,却未能成行的经历,表达了"我"从兴奋到焦急、无奈,再到失望的情感变化。

　　本单元的语文要素之一是"体会文章是怎样表达情感的"。本课"表达情感"的方法主要是把情感融入具体的人、事、景物之中,在细致的叙述中自然而然地流露情感。一是通过具体事例写出"我"的情感变化。得知母亲同意外出,"我"先是藏在大门后准备吓唬她,满心的兴奋;后来是自己跳房子、拨蚁穴、看画报……兴奋之中夹杂着等待的焦急。接着,通过讲述母亲忙家务、洗衣服导致外出不能成行的事情,抒发了"我"的无奈。二是将"我"的情感变化投射到具体的景物上。"我"得知那个星期天可以外出,看到"春天的早晨"是"阳光明媚"的,透露出溢于言表的兴奋;后来,"我"确定出不去了,看到"周围的光线"是"沉郁下去",是"荒凉"的,黄昏是"孤独而惆怅的",透露出的则是满心的委屈与失望。三是通过具体细致的描写凸显"我"情感的变化。比如:"我坐在草丛里翻看一本画报,那是一本看了多少回的电影画报。""我还没有她的腿高,那两条不停顿的腿至今都在我眼前晃动……"清楚地写出了"我"当时的无聊、无奈与焦急。"我蹲在她身边,看着她洗。""我感到母亲惊惶地甩了甩手上的水……"细致地刻画出了"我"的失望、委屈与伤心。

　　本课表达情感的方法与前一篇精读课文《匆匆》有相同之处——直接抒发情感。如"我看着天看着云彩走,等母亲回来,焦急又兴奋。"作为本单元的第二篇精读课文,教学时要充分考虑到与前一篇课文和后两篇习作例文之间的关联。如果教学《匆匆》,重点落在指导学生发现直接抒发情感这一种方式,初步体会到直接抒发情感的好处,那么教学《那个星期天》则可以尝试学法迁移,先通过找寻直接抒发情感的句子,发现作者的情感变化,然后把学习重点放在发现作者是通过哪些具体的材料和表达方式来间接抒发情感上。教学这个环节,要突出以下几点:一是要引导学生运用以前的经验,通过梳理事件、聚焦景物读懂"我"的情感变化,感悟作者是"如何选材的";二是通过找寻细节、品味语言等读懂"我"的情感依托,感悟作者是"如何表达的";三是通过由读到写,进行练笔迁移,仿写一个情感变化的片段。这样的教学,与习作例文《别了,语文课》侧重指向选择什么材料表达情感,《阳光的两种用法》侧重从反复的语言中表达情感的教学遥相呼应,为学生完成本单元的习作打下扎实的基础。

➡ **二、教学活动设计**

教学目标:

1. 积累语言,把握线索,发现作者抒发的个性化情感及其变化。

2. 品味语言,学习作者通过具体的人、事或者景物,在细致的叙述中抒发情感的方法。

3. 仿写迁移,练习借助景物抒发情感。

教学过程:

板块一　识记词组,发现时间线索

1. 学习词组,发现光线变化。

明媚、沉郁、缥缈、消逝、荒凉、漫长而急遽、孤独而惆怅

(1) 朗读短语,提示"缥缈、遽、惆怅"的读音。

(2) 理解"惆怅"的意思,联系文中的"惊惶",发现"竖心旁"和心情有关,积累同类词语。

(3) 找出词组中和心情有关的词语,联系词语所在句子,发现这组词语都是直接描写光线的。

2. 联系课文,发现时间线索。

(1) 朗读课文,画出描写时间的词语。

(2) 联系上面的词组,发现光线的变化暗示着时间的变化。

板块二　梳理事件,体会所抒之情

1. 概括事件,了解故事大概。

(1) 按照时间顺序说说课文先后讲了哪些事情?

母亲:买菜、忙家务、洗衣服……

"我":藏在大门后准备吓唬母亲、跳房子、拨蚁穴、看画报、追在母亲腿底下、睡午觉、蹲在她身边、看着她洗衣服……

要点:那个星期天,母亲答应带"我"出去。一早,母亲忙着买菜、做家务,"我"就挨着时光等她。下午,母亲忙着洗衣服,我午觉睡过了头。黄昏到来,外出的事情最终未能成行。

(2)其实,那个星期天"我"就做了一件事——等待。《那个星期天》就是一则关于"等待"的故事,你没有"等待"的经历?

要点:鼓励学生联系自己的实际说说,相机追问:等待的滋味是什么样的? 引导学生关注等待过程中的心情。

2.读懂心情,发现情感变化线索。

(1)默读课文。说说每一件事情背后"我"的心情是怎样的?

要点:一要引导学生运用《匆匆》中学到的方法,找到直接抒发情感的句子"我看着天看着云彩走,等母亲回来,焦急又兴奋"。二要引导学生快速阅读课文,联系实际,结合自己的经验,推测作者在等待的过程中情感的大概变化。

例:那天早晨,当母亲一口答应"我"的时候,"我"异常兴奋;当"我"挨着时光等母亲的时候,"我"兴奋中带着焦急;当母亲要洗完衣服再走的时候,"我"有些生气,也很无奈;当黄昏来临的时候,母亲依旧在洗衣服,"我"感到失望、委屈……

(2)根据课文内容排序。思考:交换一下事件的先后顺序,可以吗?

要点:兴奋—焦急—无奈—失望。引导学生发现选择不同事件,表达了不同时段的不同心情的写法。

3.整合时间和情感变化的线索,概述故事。

板块三　品读细节,领悟间接抒情

1.聚焦"语言"的细节,感受"反复"背后的情感。

(1)言为心声,浏览课文,圈画"我"与母亲的对话。

交流后集中出示:

① 第2自然段:去,当然去。

② 第3自然段:走吗? 等一会儿,等一会儿再走。/您说了去! 等等,买完菜,买完菜就去。买完马上就去吗? 嗯。

③ 第5自然段:走吧,您不是说买菜回来就走吗? 好啦好啦,没看我正忙呢吗? /去吗?

去吧,走吧,怎么还不走啊? 走吧……

④ 第6自然段:下午吧,母亲说,下午,睡醒午觉再去。去,母亲说,下午,准去。/还去吗? 去。走吧? 洗完衣服。

（2）朗读对话,读懂原意。母亲和"我"的对话是什么意思,你读懂了吗? 这些语言的重复性很高,母亲和"我"之间那天难道就没有其他的对话内容了吗?

要点:母亲——等一等;"我"——快点走!

母亲的"拖"、"我"的催,成了"第一次盼望"时最难忘的经历。选择这些语言来写,更有利于表达主旨。

（3）联系前后,还原语境。这些内容重复的对话为什么要在不同时段反复出现?

要点:没有了常规对话描写中的人物神态描写,也没有了"我说""母亲说"之类的提示语,对话更加聚焦,也更显示出"我"当时的焦急与无奈。相同的语言反复出现,体现了那段"挨"时光的等待是多么的无聊、焦急和令人失望。

2. 发现"动作"的细节,体验"反复"的妙处。

（1）默读课文,梳理"我"的举动。那个星期天,"我"的一些举动也是反复出现的,从中也能看出"我"的心情。找一找,圈画相关语句。

（2）对比阅读,发现"反复"背后的情感。"我"最多的"举动"是什么?

预设一:第4自然段中"我坐在草丛里看她们,想象她们的家,想象她们此刻在干什么,想象她们的兄弟姐妹和她们的父母,想象她们的声音。"

删改比较:"我坐在草丛里看她们,想象她们的家,她们此刻在干什么,她们的兄弟姐妹和她们的父母,她们的声音。"只留下一个"想象",行吗?

要点:"我"看着画报发呆,用上四个"想象",体现出时间之久。"我"无聊到需要借此消磨时光,文字间包含着淡淡的失落。

预设二:第6自然段中"我蹲在她身边,看着她洗。我一声不吭,盼着。我想我再不离开半步,再不把觉睡过头。我想衣服一洗完我马上拉起她就走,决不许她再耽搁。我看着盆里的衣服和盆外的衣服,我看着太阳,看着光线,我一声不吭。看着盆里揉动的衣服和绽开的泡沫,我感觉到周围的光线渐渐暗下去,渐渐地凉下去沉郁下去,越来越远越来越缥缈。我一声不吭,忽然有点儿明白了。"

想象比较:"一声不吭"出现了几次? 只保留一个可以吗? 揣摩"我"内心的真正想法是什么?

要点:天色越来越晚,此刻"我"已逐渐心灰意冷,只能用这样"孩子气"的方式表达自己内心的失望与不满,期望母亲能够发现,满足"我""第一次盼望"。

（3）发现其他细节,丰富对"反复"的认识。

例:第5自然段中"我还没有她的腿高,那两条不停顿的腿至今都在我眼前晃动,它们不停下来,它们好几次绊在我身上,我好几次差点儿绞在它们中间把它们碰倒。"

还原比较:出现了几次"它们"? 只留下第一个"它们"可以吗? "我"当时在干什么? 为什么这样?

要点:"它们"的背后是"我"一而再,再而三的"跟随"。用上三个"它们",可以看出此刻"我"的眼中只有母亲忙碌的身影。母亲越是忙,越是显出"我"的着急。

文章记叙"我"细腻举动的地方比较多,也比较零散,要注意发现特点最为明显的第4—6自然段,引导学生精读其中一个自然段,发现"反复"的使用有力地表现了"我"内心的情感波澜。然后,迁移学法学习其他自然段,通过找—比—悟,发现作者通过对这些细节描写,间接抒发了"我"当时的心情。

板块四　迁移运用,尝试间接抒情

1. 精读环境描写,发现背后的情感变化。

因为心情的不同,"我"对身边事物的感受也有了不同。再读文中描写光线的句子,说说"我"的心情变化。

对比出现:

（1）那个星期天,母亲答应带"我"出去。——"那是个春天的早晨,阳光明媚。"

（2）母亲忙前忙后,"我"的愿望落空了。——"我感觉到周围的光线渐渐暗下去,渐渐地凉下去沉郁下去,越来越远越来越缥缈……""我现在还能感觉到那光线漫长而急遽的变化,孤独而惆怅的黄昏的到来……"

2. 迁移仿写,抒发情感。

（1）就心情"好"与"不好"这两种状态,写一写"考试"前后,把当时的情感自然地表达出来。

（2）全班交流,相机指导修改。

（编写人:江苏省苏州工业园区教师发展中心　魏斯化）

"交流平台"与"初试身手"

━━━━ ➡️ 一、文本教学解读 ━━━━

"交流平台"围绕"文章表达真情实感"进行交流,交流内容分为三个部分。第一部分先引用刘勰《文心雕龙》中关于文章情感论述的名言,引导学生理解写文章像说话一样要自然流露情感。第二部分以《那个星期天》为例,强调情感可融入具体的人、事或景物中来自然流露。第三部分以《匆匆》为例,强调情感抒发也可直抒胸臆。"交流平台"对两篇精读课文的总体回顾与比较,旨在培养学生形成阅读"这一类"文本的策略,懂得情感抒发可融情于人与事、景与物,也可直抒胸臆。教材先以《那个星期天》为例,意在引导学生从文中孩子的视角习得留心日常生活细节,真实自然地表达情感的写作方法。

"初试身手"重点训练"借景抒情",分为两个部分。第一部分是解释环境与我们心情之间的关系,并列举了心情的"好"与"不好"状态下,同样看路边的花与小鸟却产生不一样的感受与表达的情形。第二部分是以四种环境为例,指导学生自由选择一两个环境,尝试用心情"好"与"不好"两种状态练习表达感受。"初试身手"是对"交流平台"中"情以物迁,辞以情发"的理解与拓展,也是对两篇精读课文表达方法上的补充。

"交流平台"与"初试身手"这两个部分相辅相成,指向的重点都是"真实自然地表达情感"。教学时,教师需避免学生为了抒情而刻意抒情、夸大抒情,还应注重联系学生自身的生活经验来迁移情境,引导学生端正文风,反思内心,用心组织语言,形成真实自然地表达情感的策略。

━━━━ ➡️ 二、教学活动设计 ━━━━

教学目标:

1. 梳理和回顾课文是如何自然表达情感的,交流文章表达情感的方法和体会,理解写文章要"辞以情发"的重要性。

2. 能根据提供的环境,辨析生活素材,选择恰当的景物来表达不同的心情。

教学过程:

板块一 交 流 平 台

1. 活动一:交流名言,总结道理。

(1) 回顾单元导语,说说自己对"让真情在笔尖流露"的理解。

(2) 古人早就注意到文章跟情感表达之间的关系了,引出名言:"情以物迁,辞以情发。"交流自己的理解:人的感情跟随景物而变化,文章便是这些感情的自然抒发。

联系自身的生活经验,回想一下,我们经常会因为看见某件事、某样物、某处景而牵动了自己的心情,又迫切地想跟他人一起分享自己的感受,你有过这样的经历吗? 跟大家举例说说。

小结:文章就像我们说话一样,要抒发自己的真实情感。

2. 活动二:回顾课文,巩固认知。

(1) 回顾所学的两篇课文,分别说说两篇课文表达的情感是什么?

要点:

《匆匆》表达了作者对时间飞逝的无奈与惋惜,还有自己对前途的迷茫。

《那个星期天》写妈妈答应带我出去玩后"我"心情的变化,先是写"我"藏门后时的兴奋;再是写妈妈买菜忙家务,"我"挨时光的焦急;然后写"我"午觉睡过头的懊恼;最后写"我"守着妈妈洗衣服时的无奈与失望。

(2) 这两篇课文都跟时间有关,都抒发了作者对时间的细腻感受。回顾一下,我们学过的课文中,有没有哪一篇课文中,作者抒发的情感你到现在还记忆犹新?

提示:

例如,六年级上册习作单元中的《盼》,重点写了初见雨衣盼雨,买酱油盼雨,吃晚饭盼雨,穿雨衣淋雨几个事例,几个事例中分别流露出作者心情"惊喜—焦急—失望—欣喜"的变化。

(3) 你觉得《盼》这篇课文跟我们这单元中的哪篇课文最为相似? 相似在何处?

要点:情感自然流露;借助事例写出了情感的变化;借助景物抒发快乐之情等。

3. 活动三:对比交流,巩固方法。

(1) 本单元两篇课文在情感表达上有什么相同点呢? 举例说说自己的理解。

① 提示一:两篇课文均有直接抒发情感的描写。如——

《匆匆》一文中多处用问句表达自己的疑虑、无奈和迷茫。

《那个星期天》一文中写"我看着天看着云彩走,等母亲回来,焦急又兴奋",还有"这次怨我,怨我自己"等。

② 提示二:两篇课文都有对时间流逝的具体描述,以实写虚,融合了作者的无奈之感。如——

《匆匆》一文中第3自然段对一天日子的描述。

《那个星期天》一文中第6自然段写到"我感觉到周围的光线渐渐暗下去,渐渐地凉下去沉郁下去"。

(2)浏览交流平台,集体交流,再对比解读两篇文章表达情感的不同之处,并说说自己相对更喜欢哪一种表达方法。

要点:

《匆匆》主要以直接抒发情感为主。

《那个星期天》主要以事例、人物和景物的描写来间接流露情感。如——

第3自然段写"我"兴奋:站在街门口,等一会儿就等一会儿;藏在大门后,藏了很久。

第4、第5自然段写"我"焦急又兴奋:跳房子;拨蚂蚁穴;翻一本看了多少回的电影画报;追在母亲腿底下。

第6、第7自然段写"我"无奈与失望:蹲在母亲身边,看着她洗;孤独而惆怅的黄昏的到来;那声音永无休止就像时光的脚步;光线正无可挽回地消逝,一派荒凉等。

小结:动人的语言,是因为蕴含着真挚而动人的情感。正如作家赵丽宏所说:"只有那些表达着、蕴涵着真情的语言,才是真正的散文语言,只有用这样的语言才能组合成真正的好散文。"

(3)那我们写作文时,如何自然地流露真情实感呢? 拓展阅读赵丽宏的散文片段,交流阅读感受。(见"教学资源链接")

提示:无论是直抒情感,还是间接表达情感,都需要积累优美生动的语言,努力运用,来表达自己的生活,变成自己的语言。

板块二 初 试 身 手

1. 活动一:交流话题,理解借景抒情。

本单元我们学习了两篇动人的文章,文中的直接抒情和间接抒情给我们留下了深刻的印象。

（1）其实抒情在古人眼中，早就不是什么神秘的事，在那些诗人眼里，是再自然不过的事了。比如说，月亮，这一美丽的事物不知被多少诗人吟咏过。我们来回忆一些描写月亮的诗句，老师说前半句，你们接后半句。

小时不识月，呼作白玉盘。——月，是李白诗中的好奇与向往。

野旷天低树，江清月近人。——月，是孟浩然眼中的孤单寂寥。

但愿人长久，千里共婵娟。——月，是苏轼眼中的兄弟情谊。

露从今夜白，月是故乡明。——月，是杜甫心中的思乡之情。

（2）老师很好奇，为什么同样一个月亮，每个诗人见月抒发的情却不一样呢？

小结：是的，这就是我们心情不同时，对身边事物的感受也会有所不同。

请大家浏览"初试身手"的内容，体会一下课文所给的例子分别表达了人物什么样的心情，你又是从哪里体会到的？

（3）集体交流、点拨。

要点：

心情好：花儿微笑，鸟儿欢唱。

心情不好：天灰蒙蒙，花儿耷拉着脑袋，鸟儿喳喳讥笑。

小结：这就是"情以物迁，辞以情发"。

2. 活动二：迁移学法，练习借景抒情。

理解了借景抒情，那我们也来牛刀小试，结合"交流平台"所学的方法，请从以下几个环境中，任选一两个自己熟悉的，就心情"好"与"不好"两种状态，分别写几句话。

出示：走在小巷里　奔跑在田野上　弹琴　钓鱼……

（1）先同桌间相互交流，说说自己选择哪一个环境，以及在这样的环境中有哪些自己熟悉的景物能表达自己的心情。

（2）集体交流。

提示：先想一想自己所选的环境中有哪些景物？什么样的景物又适合表达自己的情感？如，奔跑在田野上，抓住"奔跑"，就不太可能看到细小的景物，一般是面积较大、较为引人注目的景物，可以用思维导图的方式列出来对比着思考。

（3）拓展举例：那如果是走在小巷里，速度放慢了，又会关注到哪些景物呢？试着列提纲。

要点：

心情好时：逗一逗咖啡屋里的小猫；品一品奶茶店里的新饮品；赏一赏鲜花店里的花草；跟修车的大爷聊两句；看一看欢笑着从身旁经过的少男少女们。

心情不好时：小猫不见了；对奶茶饮品没了胃口；鲜花店里花草黯淡无光；修车铺冷清极了；路人们的欢声笑语是那样喧哗，更显出我的孤单。

3. 活动三：起草片段，合作交流体会。

（1）根据集体交流情况，各自修改提纲，反思自己的思考方法，组织语言练习写几句话。

（2）写好后四人小组间相互读一读，合作交流。评一评谁写得更打动人。

（3）集体交流，各小组推荐有代表性的习作片段。

（4）用本节课所学的方法，自学两篇习作例文，给习作例文的情感表达列一列提纲。

----------- ▷ 三、教学资源链接 -----------

拓展阅读

愿你的枝头长出真的叶子(节选)

赵丽宏

我曾经以为华丽的语言便是一切，只要拥有丰富的辞藻，只要善于驾驭语言，就可以写成美妙动人的散文。

我曾经苦苦地想着怎样使我的叶子丰满起来，缤纷起来。我要变成一棵绿叶繁茂的大树！于是，我曾经有过一本又一本"描写辞典""佳句摘录"，有过雪片似的词汇卡片……

我的文字，也确乎华丽过一阵——写日出，可以用数十个形容词渲染早霞的色彩；写月光，可以抖出一大堆晶莹的、闪光的词汇，而且博引古今，从李太白"举头望明月"、苏东坡"把酒问青天"，一直到贝多芬的《月光奏鸣曲》……这些华丽而又缤纷的文字，先后被我扔进了废纸篓，因为，没有人爱读它们，我自己，也无法被它们打动。年少的朋友说：太花哨了，没什么意思。年长的行家说：没有真情，没有你自己！

我的心里"咯噔"一下，就像有一阵强劲的秋风狠狠吹来，一下子扫落了我从许多树上摘来披在自己身上的叶子。哦，这些叶子，不是属于我的！我光秃秃了，只剩下几根可怜的枝干。

没有真情,没有你自己! 年长的行家道出了我的症结。披一身花花绿绿的假叶子,怎么会不让人讨厌!

我只顾到处找叶子,竟忘记了自己的枝干! 真的,属于我自己的叶子,只能从我自己的枝头长出来! 用自己枝干中的水分、营养催动那些孕在枝头的嫩芽,让它们挣破羽壳,展开在阳光下,不管它们是圆圆的还是尖尖的,不管它们是阔大的还是细小的,它们总是有别于其他树叶,它们才是属于你自己的。正因为如此,它们才可能吸引世人的目光。当然,知音永远只是一部分人。

于是我努力地在自己的枝头培育自己的叶子。那些由我辛辛苦苦采撷来的、被秋风扫落的华美的叶子,并非一无所用,它们堆集在我的根部,变成了丰富的养料,我用我的逐渐发达的根须努力吸收它们,使它们融入我的躯干——长出我自己的叶子需要它们。终于有一点叶子,从我的枝头长出来了……

(编写人:江苏省苏州工业园区教师发展中心　陈　飞)

习作例文和习作:让真情自然流露

➡ 一、文本教学解读

本次习作主题是"让真情自然流露"。学完两篇精读课文以及"交流平台""初试身手",学生对如何选择合适的内容、如何抒发自己的真情实感有了初步的认识,也为本次习作打下了基础。

两篇习作例文《别了,语文课》和《阳光的两种用法》,虽然题材不同,但都围绕"如何表达出真情实感"来进行了例证。与前面的两篇精读课文相比,例文更加浅显易懂,是学生学习如何表达真情实感的范本。《别了,语文课》写"我"以前不喜欢语文课,临近移民,在老师的教育下,明白了祖国语言的美好,决心自修祖国语言。《阳光的两种用法》则通过对母亲和毕大妈巧妙利用阳光给生活带来快乐的叙写,赞颂了那些对生活持有乐观、积极心态的人。

例文的学习,不宜在内容上着力,应重点借助旁注,对例文如何表达情感进行精准分析,将习作知识实践化,从而推动学生表达能力的提高。教学《别了,语文课》,应重点学习作者如何选择事例来表达情感,以及在叙事过程中如何表达情感的变化;教学《阳光的两种用法》,除了引导学生关注在叙事过程中让情感自然流露的写法外,还应抓住文章的反复处,引导学生梳理文章的情感线索。习作教学时,可先学例文后习作指导,也可结合习作指导适时穿插例文学习,以例文为"抓手",适当点拨,引导学生选择合宜的内容,来表达自己的真情实感。

习作内容主要分为图片素材和习作要求两部分。

图片素材以波浪线为界,上面呈现了"畅快、感动、欣喜若狂、归心似箭、激动、盼望、欣慰"等 7 个表达积极情绪的词语,下面则呈现了"惧怕、愤怒、难过、追悔莫及、忐忑不安、愧疚、沮丧"等 7 个表达负面情绪的词语。每一个词语的背后,都有一段难忘的记忆,都隐藏着一段让人怦然心动的情感体验。

教材的习作要求部分,包括四个方面内容。一是明确本次习作是围绕提供的、表达情绪感受的词语选择事情。二是从内容层面,引导学生梳理写作思路:选择一种自己印象最深的感受,回顾事情的经过及自己当时的心情,然后厘清思路写下来。三是从表达层面,引导学生学会选择材料以及表达出真情实感,情感如有变化,可写出情感变化的过程。四是写之前要拟好提纲,与同桌交流哪些地方较好地表达了真情实感,并进行互评互改。

本次习作指导的重点在于围绕中心来选择材料以及表达出真情实感。教学时,可结合本单元精读课文所学到的表达方法进行整体观照。如《匆匆》一文,作者以实写虚,或描写"洗手""吃饭""睡觉"等生活情景,或以燕子、杨柳、桃花起兴,表达自己对时光流逝的无奈和惋惜之情。《那个星期天》一文中,作者把情感融入具体的人、事或者景物之中,在细致的叙述中自然而然地流露情感。可让学生将课文、"初试身手"和例文学习有机联结起来,适时将学习所得运用到自己的习作实践中去。

➡️ 二、教学活动设计

教学目标:

1. 从提供的词语中选择一个体验最深的词语,由词语联想到自己所经历的事。

2. 能借助例文,在"读""写"中尝试运用所学的方法来表达真情实感。

3. 在习作中利用编提纲、学选材、表真情等方法,学会围绕中心有序表达。

教学过程:

板块一　创设情境,激发兴趣

1. 出示表情图片,思考:看到这两幅图片,你的脑海中立刻浮现出了哪些词语?

2. 由这些词语,引起了你怎样的情感体验? 使你联想到了哪些生活场景?

小结:词语的背后都隐藏着故事,有着让我们怦然心动的经历,就让我们提起笔来,把那段难忘的经历写下来吧!

板块二　明晰要求,打开思路

1. 学生自读习作要求,明确习作要求。

(1) 本次习作素材中的 14 个词语已经闪亮登场了,它们都是我们熟悉的词语。请仔细观察这上下两组词语,你有什么发现?

(2) 归类梳理。

要点:这 14 个词语都表示人的情绪。其中,第一组的词语都表示积极的、良好的情绪;第二组的词语都表示消极的、不良的情绪。

2. 例词引路,打开思路。

以"欣慰"为例,说说你的思考。

要点:

(1) 看到"欣慰"这个词语,你的脑海里立即浮现出什么样的画面?

(2) 从"欣慰"这个词,你立即联想到哪些事情曾让你产生了这样的感受?

3. 拓展选材,拓宽思路。

(1) 试着选择其他词语,说说你又想到了什么? 或者回忆起哪些经历过的事情呢?

提示:如"忐忑不安",可引发学生思考:你一般在什么情景下才会"忐忑不安"?

启发学生从不同的角度,去思考词语的内涵,拓展学生的思维。

(2) 除了这 14 个词语,你还想到哪个表示情绪的词语也能引发你的丰富联想?

小结:有人说,汉字是图画文字。一个汉字,一个词语,它的背后都有着一段故事,甚至一段让人刻骨铭心的记忆。如果我们能打开记忆的闸门,把因词语而产生情感体验的事情写出来,相信一定会更加耐人寻味、令人难忘。

板块三　围绕中心,构思提纲

1. 明确中心,列好提纲。刚刚我们通过几个词语了解了这次习作的写作方向,下面我们就牛刀小试,选取一个词语操练起来吧。

课件出示:

畅快　感动　欣喜若狂　归心似箭　　激动　　盼望　欣慰

惧怕　愤怒　追悔莫及　忐忑不安　　难过　　愧疚　沮丧

出示要求———

(1) 选择一个词语,并用一句话写下自己想要表达的中心;

(2) 编写习作提纲,列出段落安排以及详略侧重;

(3) 对重点写的部分可先拟定几个细节。

要点:

① 先选择一个自己印象最深的词语,围绕这个词语,用一句话写下自己想表达的中心。

② 围绕这个中心,规划习作提纲,想好每个自然段写什么,重点是哪个情景。

③ 对于重点写的地方,再列出其中的几处细节。

2. 完成后,同桌相互交流,看看素材与所选词语的内涵是否吻合,再推荐同学集体交流。

板块四　例文引路,推敲表达

1. 自学例文,学习表达。

大家围绕词语通过个人联想和同桌合作,将习作的提纲和详略处初步说清楚了。那么,如何才能做到"让真情自然流露"呢?

自读例文《别了,语文课》和《阳光的两种用法》,看看作者是如何来抒发自己的真情实感的?

2. 集体交流,体会例文表达方法。

(1) 交流《别了,语文课》是如何选材以及表达出情感变化的。

提示:"我"对学习中国语文的情感和态度发生了怎样的变化? 作者是如何表达情感变

化的?

① 开始,"我"语文学得不好,对语文课不感兴趣;

② 被张老师表扬、鼓励后,"我"对语文产生了兴趣;

③ 了解了"语文的丰富和优美",更加增强了"我"学语文的信心;

④ 听了爸爸的一番话,"我"更加珍惜"一个月学习语文的机会"。

作者精心选择事例,让情感在叙事的过程中自然流露,写出了"我"对中国语文的情感变化。中间插入的一段独白,更是强烈地表达出自己的心情。

（2）交流《阳光的两种用法》的情感表达方式。

提示:先说说从两家人的生活中,自己体会到了什么样的情感;再交流作者表达情感的方式及对自己习作有什么启发或帮助。

要点:

① 作者分别讲述母亲、毕大妈利用"老阳儿"让"庸常而艰辛的琐碎日子"变得有滋有味,情感在作者的叙事过程中自然地流露出来。

② 文中反复提到的"老阳儿"起到了贯穿全文的情感脉络的作用。

3. 回顾并迁移本单元课文中学习到的"融情于事(人或景物)"及"直接抒情"的表达方式。

要点:

《匆匆》的情感表达方式:开篇即借燕子、杨柳、桃花起兴,引发对匆匆逝去、无迹无痕的时间的深思,用一连串的疑问,抒发诗人怅然若失的情绪。再如第 4 自然段,作者用一连串的设问,抒发了自己对时间飞逝的惋惜和感叹。

《那个星期天》的情感表达方式:作者把情感融入具体的人、事或景物之中,在叙述中自然而然地流露情感。如课文第 4 自然段借助写"跳房子""看着云彩走"这些举动,真实自然地表达了"我"等待时"焦急又兴奋"的情感。再如,课文第 6 自然段中,"我感觉到周围的光线渐渐地暗下去,渐渐地凉下去沉郁下去,越来越远越来越飘渺",真实地表现出"我"心情的变化。

4. 学习例文和回顾课文后,请同学们修改完善提纲,尝试运用不同的情感表达方式,丰富细节,并动笔起草重点段落。

5. 教师课堂巡视,评析习作片段。

板块五　抓住要点,评议修改

1. 片段展评,集体修改。

（1）片段修改。出示片段,共读分析。

第一轮评议:围绕中心意思是否明确,选材是否围绕词语的内涵展开。

要点:

① 重点讨论片段内容是否围绕选定的词语,写出自己的真实情感。

② 重点讨论有没有运用多种方式表达出真实情感。

第二轮评议:围绕有没有把自己的情感变化过程写清楚展开。

重点讨论片段是否写出自己的情感变化过程,片段中人物心理、语言或景物等细节描写是否能体现自己的情感。

(2)师生合作,共同修改。

评议后,师生合作修改和个人修改相结合。

2. 对比展评,发现问题,讨论修改。

(1)同桌互评,合作修改;

(2)全班交流,分享完善;

(3)再次修改,工整誊抄。

(编写人:江苏省苏州工业园区第三实验小学　沈松明)

第四单元

　　本单元以"志向与心愿"为主题,编排了《古诗三首》《十六年前的回忆》《为人民服务》《金色的鱼钩》4篇课文。三首古诗都是托物言志诗,诗人分别借骏马、石灰、竹石来表达自己的人生志向,其他三篇课文体现了共产党员的理想和信念。《十六年前的回忆》中的李大钊在敌人的酷刑下,"他的心被一种伟大的力量占据着",这个力量来自于对党的忠诚和革命的信心。《为人民服务》揭示了共产党的宗旨是"为着解放人民的,是彻底地为人民的利益工作的",其理想和志愿就是"全民族的解放"。《金色的鱼钩》是一篇略读课文,作者满怀深情地叙述了红军长征途中的感人事迹,赞扬了老班长崇高的革命精神。

　　本单元的第一个语文要素是"关注外貌、神态、言行的描写,体会人物品质"。在表达方式上,《十六年前的回忆》以"女儿忆父亲"的视角写了特定环境下的几件事,教学时引导学生抓住李大钊被捕前、敌人搜身时、庭审时的事件及细节描写,从"坚决""不慌不忙""严峻""平静而慈祥""非常安定""非常沉着"等关键字眼中感受人物内心,体会李大钊沉着冷静、对党忠诚和对于革命事业的坚定信心。《金色的鱼钩》的题目本身具有象征意义,应在整体把握故事的基础上,抓住外貌和对话描写自主感悟,体会老班长忠于革命、舍己为人的崇高品质。

　　本单元的第二个语文要素是"查阅相关资料,加深对课文的理解"。六年级上册教材在"鲁迅单元"安排过这一内容,本单元要引导学生自主查阅资料,并且带着阅读目的查阅,借助资料来反观语言文字,加深对课文内容的理解。如教学《古诗三首》,可以结合查到的诗人生平理解他们的心迹和志向。教学《为人民服务》,可以查找张思德有什么样的事迹,了解毛泽东主席是在什么样的情况下发表这次演讲的,演讲的意图是什么。教学《十六年前的回忆》,可以根据课文中"1927年4月28日,我永远忘不了那一天""局势越来越严峻"等信息查阅资料。教学《金色的鱼钩》,可以引导学生回顾曾经学过的有关长征的课文和阅读过的长征故事,来唤起学生再次走进那段历史的阅读兴趣。

　　本单元的习作要求是"习作时选择适合的方式进行表达"。本次习作的内容呼应单元人文主题,以"心愿"为话题引导学生选材,按交际需要选择适合的表达方式,如记叙故事、写信,或者写日记、创作诗歌等。在教学时,首先要打开学生的思路,从对自己、对别人、对社会等视角出发,尽情表达"我的心愿"。在此基础上,再引导学生选择表达方式。如果学生选择书信、演讲稿、倡议书等表达方式,可以引导学生思考"对谁说、为什么说、怎样说",明确交际对象。如果选择记叙文来表达,可以结合本单元的语文要素,注意对人物外貌、神态、言行等进行描写。《语文园地》的"交流平台"中安排了文章如何开头、结尾的交流,可以进行有效迁移,体现单元教学的整体性。

本单元教学规划:《古诗三首》《十六年前的回忆》《为人民服务》是精读课文,课文的体式各不相同,分别是古诗、叙事散文和议论文。教学时应紧扣语文要素,结合不同文体的特点进行教学。《金色的鱼钩》是略读课文,宜让学生根据提示自主运用阅读策略,表达感受;"阅读链接"与单元人文主题的契合度很高,可结合课文进行阅读;口语交际"即兴发言",可以结合六年级上册教材学过的"演讲",通过"对谁说""在什么情况下说""怎样说"这样的问题来启发学生表达;习作《心愿》教学,重在打开思路,选择恰当的表达方式。

(编写人:江苏省无锡市梁溪区教师发展中心　魏星)

10　古诗三首

➡ 一、文本教学解读

　　《古诗三首》是"志向与心愿"主题下的一组诗,由唐代李贺的《马诗》,明代于谦的《石灰吟》,清代郑燮的《竹石》组成。从三首诗的题目就可以知道,诗人都是在吟咏一样事物,但是如果联系作者生平,联系写作背景,我们还能读到作者藏在文字背后的志向,所以这类诗又被称为"托物言志"诗。

　　李贺借骏马表达对建功立业的渴望。《马诗》前两行连用两组比喻——"大漠沙如雪,燕山月似钩",被月亮清辉笼罩的无垠大漠的画面就出现在读者眼前。后两行"何当金络脑,快走踏清秋",主角登场,读者似乎看到一匹骏马驰骋在疆场。但是"何当"二字说明这一幕只是骏马美好的愿望,它既没有"金络脑",也没能"快走踏清秋"。骏马怀才不遇的愤懑和对建功立业的渴望显然正是作者本人心境的投射。作者思战心切,所以看到月色中的大漠,联想到的是如雪一般肃杀的沙场;看到弯弯的月亮,联想到的是可做武器的弯刀。他渴望像骏马戴上贵重的鞍具一样被朝廷委以重任,渴望像骏马驰骋在疆场一样报效朝廷,建功立业。

　　于谦借石灰抒发自己愿为国尽忠、不怕牺牲的意愿和坚守高洁情操的决心。相传 12 岁的于谦经过一座石灰窑,看见一堆堆青黑色的山石经过熊熊的烈火焚烧之后,都变成了白色的石灰。他深有感触,吟出了这首脍炙人口的《石灰吟》。有志之人立长志,年少时的志向,于谦坚守了一辈子。无论是"两袖清风"的故事,还是他在"土木之变"后坚守北京的壮举,都能从中窥见他身上的"石灰"精神——虽经千锤万凿、烈火焚烧,哪怕粉身碎骨,也要清清白白。

　　郑燮借竹石表明自己坚定的立场和无惧风雨的精神。"竹子"自古以来就是文人气节的象征。郑燮擅长画竹,《竹石》这首诗就是他题写在自己的一幅竹石画上的诗作。这几竿竹没有生长在肥沃的土壤里,而是在"破石"中艰难扎根。"破"字体现了生存环境之艰难,而"咬定"二字则传神地体现了竹子坚韧顽强的精神。面对"千磨万击",面对"东西南北风",竹子始终不倒,一个"任"字将竹子的韧劲和坚定淋漓尽致地展现出来。郑燮画的竹和写的竹,都是他思想和人格的外化,透过竹子,读者能看到一个坚定无畏的身影。

　　要知道诗人托何物言何志,首先要读懂诗句,其次要了解诗人的生平,必要的资料补充非常重要。资料补充可以是学生课前搜集,也可以是教师课上拓展,资料不求多但要求准,要建立诗句与资料的内在关联,让学生自己发现物的特点和人的志向两者间的共同之处,从而真正理解"托物言志"诗的特点。

二、教学活动设计

教学目标:

1. 有感情地朗读课文,背诵课文;默写《竹石》。

2. 学会本课四个生字,能借助注释理解诗句的意思。

3. 了解"托物言志"诗的一般特点,知道三首诗分别表达了诗人怎样的志向。

教学过程:

板块一　意象导入,了解诗题

1. 从"梅、兰、竹、菊四君子"导入,背背《墨梅》等相关的诗,说说作者表达的感情。

2. 学习诗题。

出示本课中的三首古诗题目:《马诗》《石灰吟》《竹石》。

指名读诗题,思考:发现了什么?(这三首诗都分别写了一样东西)

分别在"马""石灰""竹石"下面加点,了解"吟"是古典诗歌的一种名称,"竹石"指的是生长在石缝中的竹子。

齐读诗题。

板块二　学习《马诗》,体会诗情

1. 初读古诗,学习生字新词。

(1) 出示《马诗》,自读。

(2) 指读,正音,相机学习生字新词,指导朗读节奏。

要点:

① 学习多音字——燕(yān)山、月似(sì)钩,读准字音,借助注释理解"燕山""钩"的意思。

② 学习生字——络,根据字形猜测字义,借助注释理解"金络脑"。

③ 读出诗的节奏。

2. 想象画面,理解诗的意思。

这首诗题目是"马诗",但不止写了马。李贺就像是一个高明的画家,用他的笔在我们面前徐徐绘出一幅画。认真读读每一行诗,边读边想,你看到了怎样的画面?

交流要点:

(1)大漠沙如雪,燕山月似钩。

① 用自己的语言描述画面:大漠平沙万里,在月光下像铺着一层皑皑白雪。连绵的燕山山岭上,一弯明月当空,恰似那弯弯的金钩。

② 体会比喻手法的妙处。

诗人用什么方法把这样的场景展现在我们眼前?(用比喻引发读者的联想)

"沙如雪""月似钩",沙、雪,月、钩之间有什么共同之处呢?(月光下的沙漠像雪地一样白茫茫的一片;月亮和金钩一样都是弯弯的)

(2)何当金络脑,快走踏清秋。

用自己的语言描述画面:一匹骏马戴着用黄金装饰的马笼头,在秋高气爽的日子肆意驰骋。

3. 抓关键字,体会马的形象。

讨论:诗中的马是一匹怎样的马?

要点:

(1)这是一匹战马。

① 了解"大漠"意象:边塞诗中大漠大都与边塞、征战有关。月光下的大漠,肃杀、清冷,正是战场的氛围。

② 了解"燕山"意象:燕山自古以来是兵家必争之地。

补充带有"燕山"的诗文:

旦辞黄河去,暮至黑山头,不闻爷娘唤女声,但闻燕山胡骑鸣啾啾。——[南北朝]《木兰诗》

胡雁鸣,辞燕山,昨发委羽朝度关。——[唐]李白《鸣雁行》

渐近燕山。回首乡关归路难。——[宋]蒋氏女《减字木兰花·题雄州驿》

回首燕山,月明庭树,两枝乌绕。——[元]王恽《水龙吟·送焦和之赴西夏行省》

胡儿饮马彰义门,烽火夜照燕山云。——[明]李梦阳《石将军战场歌》

......

历代文人笔下的燕山渐渐成了一种符号,看到"燕山",我们很自然地想起边关、战场……

③ 了解"钩"这一意象。

我们看到弯月会联想到什么呢?(小船、香蕉、镰刀)

李贺联想到的却是一把金钩。"吴钩"是春秋时期流行的一种弯刀,它是吴国的兵器,以青铜铸成,是冷兵器里的典范,充满传奇色彩,后又被历代文人写入诗篇,成为驰骋疆场、励志报国的精神象征。

(2)这是一匹渴望建功立业的战马。

要点:

① 金络脑:用黄金装饰的马笼头,指良马的装备。

② 何当:什么时候才能。

4. 借助资料,了解诗人之志。

诗人仅仅是在写一匹渴望建功立业的战马吗?

补充诗人相关资料:李贺所处的贞元、元和之际,正是藩镇肆虐的时代,而"燕山"一带又是藩镇肆虐为时最久、为祸最烈的地方。

补充李贺的诗句"男儿何不带吴钩,收取关山五十州"。知道李贺借骏马,表达对建功立业的渴望。在无垠的大漠纵马持"吴钩"迎敌,正是李贺心中的向往。

5. 有感情地朗读全诗。

板块三 小结学法,筛选资料

1. 小结学法。

借物抒发心中志向,这样的写法叫"托物言志",这样的诗我们称为"托物言志诗"。《古诗三首》中的三首作品都是托物言志诗,要读懂这样的诗,我们该做些什么呢?

要点:

(1)读懂诗句,知道所写之物的特点。

(2)借助资料,发现物和人的相似之处。

(3)明白诗人所言之志。

2. 筛选资料。

课后查找与于谦、郑燮有关的资料,筛选出对读懂《石灰吟》《竹石》有帮助的信息。

板块四　运用学法，自学古诗

1. 借助注释，读懂诗句。

要点：

(1)《石灰吟》。

若等闲：好像平平常常的事。

清白：原指石灰的颜色（对物而言），后指高尚的情操（对人而言）。

释义：(石灰)经过千万次锤打从深山里开采出来，熊熊烈火的焚烧（对它来说）好像平平常常的事。即使粉身碎骨也全然不怕，甘愿把一身清白留在人世间。

(2)《竹石》。

坚劲：劲健有力（对物而言）；坚强不屈（对人而言）。

任：任凭。

尔：你。

释义：(竹子)紧紧咬定青山不放松，原本就深深扎根在石缝之中。遭受千磨万击，身骨仍然强健有力，任凭风从东西南北哪个方向刮来。

2. 借助资料，读懂诗人。

要点：

(1)《石灰吟》。

交流对理解这首诗有帮助的资料：①于谦"两袖清风"的故事。②于谦誓死保卫北京的故事。

补充了解于谦写这首诗的年龄：12 岁。

有志之人立长志，于谦 12 岁时立下的志向，坚守了一生。他借石灰抒发自己愿为国尽忠、不怕牺牲的意愿和坚守高洁情操的决心。

(2)《竹石》。

交流对理解这首诗有帮助的资料：①郑燮开仓放粮遭罢官的故事。②郑燮其他有名的题画诗《柱石图》《荆棘丛兰石图》。他喜欢画兰、竹、石，并在画上题诗。他寄情于画，借诗言志。

郑燮一生坎坷，但他洒脱、豁达，勇敢面对现实，绝不屈服于挫折。他借竹石，表明自己坚定的立场和无惧风雨的精神。

3. 有感情地朗读古诗并背诵。

板块五　学法迁移，拓展阅读

1. 区分咏物诗与托物言志诗。

出示《咏鹅》《咏柳》《青松》《梅花》四首诗及其作者，说说哪些仅仅是咏物诗，哪些是托物言志诗。

2. 联系诗人生平，读懂诗作。

说说诗中青松、梅花的特点，联系对作者的了解，说说诗人托物所言之志。

3. 学法迁移，课外拓展。

在于谦《咏煤炭》、王冕《墨梅》《白梅》、骆宾王《在狱咏蝉》中选择一首自学，运用课上学到的方法：(1)读懂诗句，知道所写之物的特点；(2)借助资料，发现物和人的相似之处；(3)明白诗人所言之志，准备交流。

-------------- ➡ 三、教学资源链接 --------------

（一）内容注解

中国意象和中国精神

蒙曼主讲的《古典诗词中的中国意象和中国精神》中说道："古典诗词中所包含的基本精神，与我们今天的时代精神密不可分。"诗词意象体现出来的中国精神古来有之。比如说，郑板桥在《竹石图》中，画的不仅仅是竹子本身，更是竹子顽强而潇洒的精神，是老百姓和平民知识分子坚韧不拔的精神。郑板桥的竹子背后就是郑板桥本人，他的人生经历促成了他对竹子精神的深度挖掘。中国咏物诗的精髓就在于托物言志，这是古典诗词中常见的表现手法，指诗人通过描摹客观事物某一方面的特征来比拟或象征某种精神、品格、思想、感情等。《马诗》《石灰吟》《竹石》都是借助某一意象表现某种精神，表达诗人的志向。

（二）拓展阅读

1. 于谦"两袖清风"的故事

一次于谦进京奏事，同僚劝他说："你不献一些金银珠宝攀附权贵，也应该带一些土特产送点人情啊。"于谦笑着举起两袖，风趣地说："带有清风！"从此"两袖清风"的成语便流传下来。他曾作过《入京诗》一首："绢帕蘑菇与线香，本资民用反为殃。清风两袖朝天去，免得闾阎话短长。"意思是手帕、蘑菇、线香等本身是供百姓享用,但是却遭贪官污吏搜刮,导致民众遭殃,我什么也不带,两袖清风去觐见天子,免得百姓不满。(诗中的"闾阎"是"里弄、胡同"的意思,引申为民间、老百姓)

2. 郑燮的题画诗

《荆棘丛兰石图》:不容荆棘不成兰,外道天魔冷眼看。看到鱼龙都混杂,方知佛法浩漫漫。

《柱石图》:谁与荒斋伴寂寥,一枝柱石上云霄。挺然直是陶元亮,五斗何能折我腰。

3. 郑燮开仓放粮遭罢官的故事

郑燮曾写过《墨竹图题诗》:衙斋卧听萧萧竹,疑是民间疾苦声。些小吾曹州县吏,一枝一叶总关情。这首诗写他在任上时,山东受灾,饥民无数。郑燮整日为灾民奔波,白天劳顿,晚上思绪万千,夜不能寐。听着冷雨敲窗,风吹疏竹,发出萧萧之声,他立即联想到百姓啼饥号寒的怨声,于是起身展纸作画,成就此篇,送与上级使其了解民间疾苦。他又上书请示开仓放赈,救济百姓。灾情严重,情况紧急,他来不及等上级批复,毅然决定开仓放粮,同时动员官人煮粥赈灾,结果因此得罪了上级,被罢官。

(编写人:江苏省无锡市连元街小学　俞晓云)

11　十六年前的回忆

→ 一、文本教学解读

本文是革命先驱李大钊同志的女儿李星华在1943年写的一篇回忆文章。课文以"女儿忆父亲"的视角写了四件事:被捕前,一向对儿女慈祥耐心的父亲在火炉旁焚烧书和有字的纸片时,含糊地回答我的问题;被捕时,父亲面对粗暴、凶恶的敌人保持惯有的严峻态度;被捕后,父亲在法庭上沉着冷静地和敌人作斗争;父亲被害后,一家人都悲痛万分。尽管作者叙述的是发生在十六年前的事,但细节写得非常清晰,一切仿佛就发生在昨天,言语间表达了对革命者的无限敬仰,也饱含着女儿对父亲的深切怀念。

本单元的第一个语文要素是"关注外貌、神态、言行的描写,体会人物品质"。文中对父亲外貌、神态、言行的直接描写并不多,但每一处细节都很含蓄耐嚼。当"我"问父亲为何要把书和有字的纸片烧掉时，父亲"待了一会儿"才回答我，可以看出父亲在回答的时候心情是很复杂的，经过了一番思虑。联系上下文可以体会到当时的局势非常严峻，父亲对于工作情况需要保密，不能告诉家人，同时这也是对家人的保护。"不要了就烧掉。你小孩子家知道什么！"这样的回答显得轻描淡写，又似乎有点严肃，和平时"对我的问题总是很感兴趣，总是耐心地讲给我听"形成了鲜明的对比。两个"总是"说明父亲平时对儿女是很耐心的，有问必答，"含糊地回答"这个行为是反常的，而这反常正体现了父亲对革命事业、对家人的责任心。被捕那天，尖锐的枪声和纷乱的喊叫声传来，父亲却一面告诉我"没有什么，不要怕"，一面不慌不忙地向外走去。父亲很清楚即将面临的危险，对流血牺牲有充分准备。然而危急时刻，他怕女儿受到惊吓，因此说"没有什么"。这是一位勇敢的革命者，也是深爱女儿的父亲。当敌人搜身的时候，父亲"保持着他那惯有的严峻态度"，这"严峻"中有对革命的坚定，对敌人的蔑视，对局势、对家人的担忧。庭审时，作者重点写了父亲的外貌和神情，从"没戴眼镜""乱蓬蓬的长头发"可以推想父亲在狱中已受了苦刑，而此时他的神情依然是"平静而慈祥"的，可见敌人的残暴摧毁不了革命者的意志。"瞅了瞅我们""望了望我们"两处描写更是打动人心，虽然父亲没对我们说一句话，但他用眼神表达着他对家人的深情和牵挂。把这几处细节描写联系起来品读，我们从"坚决""不慌不忙""严峻""平静而慈祥""非常安定""非常沉着"这些字眼中，可以感受到作者在描写父亲言行时，着力突出了父亲始终如一的沉着冷静，表现出父亲对于革命事业的坚定信心和无限忠诚。人物的言行表现离不开特定的环境，作者花了很多笔墨描写事情发生时的局势情形，很好地烘托了人物形象。比如，第1—7自然段中，写"父亲每天夜里回来得很晚"，写工友阎振三被抓，写"朋友劝他离开北京，母亲也几次劝他"，表明局势越来越严峻，父亲的处境越来越危险，烘托出父亲把个人生死置之度外的大无畏革命精神。写被捕场面，"一阵沉重的皮鞋声""一声粗暴的吼声""穿灰制服和长筒皮靴的宪兵，穿便衣的侦探，穿黑制服的警察，一拥而入，挤满了这间小屋""他们像一群魔鬼似的"，这些描写营造出了当时恐怖的气氛，敌人气势汹汹的丑恶形象正烘托了父亲的浩然正气。

此外，课文中对时间细节也表述得非常清晰。"1927年4月28日""4月6日的早晨""28日黄昏"这些表明确切时间的词语，一方面表达了作者对父亲遇难的经过是刻骨铭心、难以忘怀的，另一方面也说明作者在叙述的时候非常谨慎，尽量真实、客观地再现那段历史，让读者清晰地了解李大钊烈士的英勇事迹。

本文在表达上还有一个鲜明的特色是注重前后呼应，结构非常严谨。课文采用了倒叙的手法，首尾呼应，不仅点明了李大钊烈士牺牲的具体日期，而且暗含着作者对父亲的怀念之情。课文在情节交代上也有多处呼应，比如，前文写"有时候他留在家里，埋头整理书籍和文件"，后文"军阀张作霖要派人来检查。为了避免党组织被破坏，父亲只好把一些书籍和文件烧掉"一句交代了原因。"工友阎振三一早上街买东西,直到夜里还不见回来"一句,后文也有回应:"在军警中间,我发现了前几天被捕的工友阎振三。"教学中可以让学生前后联系起来阅读,更好地理解课文内容。

　　本单元的第二个语文要素是"查阅相关资料,加深对课文的理解"。学生对本文涉及的历史背景比较陌生,教学中可以适当穿插人物及背景介绍,帮助学生弥补知识盲点,走入课文情境,深入理解课文内容。

➡ 二、教学活动设计

教学目标:

1. 认识本课生字新词,有感情地朗读课文。

2. 品读文中对于人物外貌、神态、言行的描写,体会李大钊同志忠于革命事业的伟大精神和对家人深沉的爱。

3. 感悟课文前后呼应,结构严谨的行文特点。

教学过程:

板块一　解题导入,整体感知

　　1. 说一说:同学们已经预习了课文,请你说说对课题的理解。

　　要点:"回忆",表明这是一篇回忆文章。"十六年前",可知作者叙述的事发生在十六年前,已经过去很久了;"十六年"这个确切的数字又让我们感受到作者对这些往事记忆清晰,难以忘怀。联系课文内容可以知道,这是革命先驱李大钊同志的女儿李星华在 1943 年写的一篇回忆文章,追忆了 1927 年春天,父亲牺牲前后发生的几件事。

　　2. 读一读:阅读和课文内容相关的资料,初步了解李大钊。

　　资料:李大钊同志是我党早期卓越的领导人。他在极端危险的情况下,积极号召人们联合起来,反抗帝国主义的侵略,反对军阀的卖国行为。他于 1927 年 4 月 6 日不幸被捕,4 月 28 日英勇就义。牺牲那一年,他才 38 岁。

　　3. 理一理:默读课文,说说作者回忆了哪几件事。

　　要点:被捕前,一向对儿女有问必答的父亲在火炉旁焚烧书籍和有字的纸片时,对我的问题含糊其辞;被捕时,父亲面对粗暴、凶恶的敌人,镇定自若;被捕后,父亲在法庭上沉着冷静地和敌人作斗争;父亲被害后,我们一家人悲痛万分。

提示:根据"被捕前(第1—7自然段)—被捕时(第8—18自然段)—庭审(第19—29自然段)—被害后(第30—33自然段)"的顺序划分课文段落。

4. 议一议:你在预习的时候,对哪些词语或课文内容不理解? 可以提出来讨论。

提示:根据学生提出的疑惑分类处理:对阅读形成障碍的知识问题及时帮助解决,涉及内容感悟的问题可以放在后续阅读中深入引导。

5. 学习生字。

提示:指导书写生字"瞪""魔";比较"避""僻"两个生字的形和义。

板块二 聚焦矛盾,品读细节

1. 想一想:默读课文,画出文中对父亲外貌、神态、言行的描写,想一想有哪些不同寻常之处。联系上下文感悟这其中的原因。

2. 说一说:

(1) 为什么一向对儿女慈祥耐心的父亲在火炉旁焚烧书和有字的纸片时,却含糊地回答我的问题?

提示:抓住"待了一会儿"才回答这个细节,整体阅读第2—7自然段,了解当时局势之严峻,在特定的环境中体会父亲的言行表现。

要点:父亲"待了一会儿"才回答我,可以看出父亲在说这一句话的时候内心经过一番思虑。联系上下文可以体会到当时的局势非常严峻,父亲对于工作情况需要保密,不能告诉家人,同时这也是对家人的保护。"不要了就烧掉。你小孩子家知道什么!"这样的回答显得轻描淡写,又似乎有点严肃,和平时"对我的问题总是很感兴趣,总是耐心地讲给我听"形成了鲜明的对比。两个"总是"说明父亲平时对儿女是很耐心的,有问必答,"含糊地回答"这个行为是反常的,而这反常正体现了父亲对革命事业,对家人的责任心。

(2) 为什么屋外响起了"尖锐的枪声""纷乱的喊叫",父亲却对我说"没有什么,不要怕"?

要点:父亲很清楚即将面临的危险,对流血牺牲有充分准备。然而危急时刻,作为父亲他本能地想保护女儿,他怕女儿受到惊吓,因此说"没有什么"。这是一位勇敢的革命者,也是深爱女儿的父亲。

提示:由这一矛盾处带动"被捕时"这一部分的整体阅读。本段对话描写较多,可组织分角色进行有感情朗读,读中体会当时场面的恐怖以及父亲的沉着冷静。

（3）法庭上，父亲没戴眼镜、头发蓬乱，却依旧"平静而慈祥"。

要点：从"没戴眼镜""乱蓬蓬的长头发"可以推想父亲在狱中已受了苦刑，而此时他的神情依然是"平静而慈祥"的，这对比中显示出李大钊视死如归的革命精神。

提示：可适时补充史料，介绍李大钊在狱中跟敌人作斗争的情况。在此基础上，再让学生回到课文中，朗读体会父亲"平静而慈祥"的神情背后是对革命的无比忠诚，对革命事业的坚定信念。

（4）父亲在法庭上"瞅了瞅""望了望"我们，却没对我们说一句话。

要点：父亲虽然没说一句话，但一"瞅"一"望"表达着他对家人的深情和牵挂。

3. 品一品：

（1）把描写父亲言行的细节联系起来读一读，你有什么感受？

要点：从"坚决""不慌不忙""严峻""平静而慈祥""非常安定""非常沉着"这些字眼中，可以感受到作者在描写父亲言行时，着力突出了父亲始终如一的沉着冷静，表现父亲对于革命事业的坚定信心和无限忠诚。

（2）作者为什么花很多笔墨描写事件发生时的局势情形？

要点：人物的言行表现离不开特定的环境，作者花了很多笔墨描写事情发生时的局势情形，很好地烘托了人物形象。写被捕前局势越来越严峻，父亲的处境越来越危险，有力地烘托出父亲把个人生死置之度外的大无畏革命精神。写被捕时，"一阵沉重的皮鞋声""一声粗暴的吼声""穿灰制服和长筒皮靴的宪兵，穿便衣的侦探，穿黑制服的警察，一拥而入，挤满了这间小屋""他们像一群魔鬼似的"，这些描写营造出了当时恐怖的气氛，而敌人气势汹汹的丑恶形象正烘托出了父亲的浩然正气。

板块三　整体观照，领悟写法

1. 读一读：轻声读第 30—33 自然段，体会一家人悲痛的心情。

2. 想一想：这 4 个自然段叙述的内容，课文第 1 自然段就先概括交代了，你觉得作者为什么这样写？

要点：1927 年 4 月 28 日这一天是父亲的被难日，作者对此刻骨铭心、难以忘怀的，因此以倒叙的手法开篇就予以强调，表达了对父亲的深切怀念。这里再详细描述那一天的情形，真实、客观地再现那段经历。

3. 找一找：课文中还有许多这样前后呼应的地方，请你找一找，体会这样写的好处。

要点：

（1）前文写"有时候他留在家里，埋头整理书籍和文件"，后文交代原因："军阀张作霖要派人来检查。为了避免党组织被破坏，父亲只好把一些书籍和文件烧掉"。

（2）前文写"工友阎振三一早上街买东西，直到夜里还不见回来"，后文有延续交代："在军警中间，我发现了前几天被捕的工友阎振三。"

这样安排使文章结构严谨，叙述缜密。

板块四　比照体验，拓展阅读

1. 比一比：同学们，我们以前学过多篇革命斗争题材的课文，比如《小英雄雨来》《军神》《狼牙山五壮士》，这篇课文和它们相比，你觉得有什么特别之处？

要点：全文始终以"女儿忆父亲"的角度写李大钊同志和敌人斗争的事迹，不仅刻画了一位革命者的形象，也刻画了一位爱儿女的慈父形象，感情真挚，打动人心。同时，作者也有意识地注重客观事实的再现，内容真实可信。文章既有文学价值，又有史料价值。

2. 读一读：革命先烈在与敌人不屈不挠斗争的过程中还亲手写下了很多正气凛然的诗篇。请你读一读"阅读链接"中的《囚歌》。

任务一：结合资料，读懂诗歌内容。

背景资料：1941 年 1 月，作者叶挺在皖南事变时被国民党非法逮捕，先后被囚于江西上饶、湖北恩施、广西桂林等地，最后被囚禁于重庆"中美特种技术合作所"集中营。在狱中叶挺受尽各种苦刑，仍坚贞不屈。1942 年，他在被囚禁的重庆渣滓洞集中营楼下第二号牢房墙壁上写下了这首《囚歌》。

交流提示：

（1）你在自读过程中有哪些读不懂的内容？

预设要点：

地下的烈火：比喻全国人民愤怒之火。

活棺材：比喻反动统治。

（2）谈谈你的阅读感受。

任务二：有感情地朗读这首诗。

拓展阅读

1. 李大钊《狱中自述》节选

钊自束发受书，即矢志努力于民族解放之事业，实践其所信，励行其所知，为功为罪，所不暇计。今既被逮，唯有直言。倘因此而重获罪戾，则钊实当负其全则。惟望当局对于此等爱国青年宽大处理，不事株连，则钊感且不尽矣！

2. 李大钊狱中斗争的情况

李大钊从被捕到就义，在狱中共 22 天。敌人对他进行了多次审讯，施用了多种酷刑，电椅、老虎凳……最后竟残忍地拔去了他双手的指甲。李大钊坚贞不屈，没有向敌人泄露党的任何机密。他还用血迹斑斑的双手写下了《狱中自述》。敌人又采用利诱的办法，许以他高官厚禄，但是李大钊回答："大丈夫生于世间，宁可粗布以御寒，糙食以当肉，安步以当车，就是断头流血也要保持气节！"

（编写人：江苏省无锡市梁溪区教师发展中心　闵　慧）

12　为人民服务

《为人民服务》是毛泽东于 1944 年 9 月 8 日在张思德同志追悼会上所作的演讲。当时，抗日战争正处在十分艰苦的阶段，有许多困难需要克服。毛泽东针对这一情况，讲述为人民服务的道理，号召大家学习张思德同志完全、彻底地为人民服务的精神，团结起来，打败日本侵略者。

《为人民服务》是一篇演讲稿,属于议论性文章。全文观点鲜明,论述缜密,以小见大,层层深入,语言精练而富有感染力。文章开头就鲜明地提出了中国共产党及其领导的八路军、新四军的宗旨——完全、彻底地为人民服务;然后结合当前的实际。从三个方面阐明怎样才能完全、彻底地为人民服务:一是树立"为人民利益而死,就比泰山还重"的生死观;二是正确对待批评,为人民的利益坚持好的、改正错的;三是搞好团结、克服困难、提高勇气、互相爱护,使整个人民团结起来。

教学这篇课文,要呼应本单元的人文主题和语文要素。本单元的人文主题是"志愿和心愿"。这篇课文在教学中应结合议论性文字的特点,让学生初步体会共产党的宗旨和使命。为落实本单元"查阅相关资料,加深对课文的理解"这个语文要素,教学时可以引导学生查阅张思德的事迹材料,说说张思德是一个怎样的人,毛泽东借悼念张思德想表达什么,使学生受到革命人生观的启蒙教育。议论文论述严密,语言逻辑性强,教学时可以精心选择一些复杂的长句,如课后第3题中的句子,让学生体会句与句之间的内在联系,感受议论文的表达方式,为初中学习议论文打下一定基础。

➡ 二、教学活动设计

教学目标:

1. 会读、会写 10 个生字,能结合课文理解"重于泰山""轻于鸿毛""精兵简政""死得其所"等词语的意思。

2. 有感情地朗读课文,背诵课文第 2、第 3 自然段。

3. 厘清课文层次,初步了解文章是怎样围绕中心论点论述的。结合具体事例,理解重点句的意思。

教学过程:

板块一　查阅资料,整体把握

1. 观看电影《张思德》片段,交流课前查阅的资料。

提示 1:张思德同志 1933 年参加革命,经过长征,负过伤,是一个忠实地为人民利益服务的共产党员。1944 年 9 月 5 日,他带领战士在陕北安塞县执行烧炭任务,即将挖成的炭窑突然塌方,他为救战友而牺牲。

提示2:这篇课文是毛泽东于1944年9月8日在张思德同志追悼会上所作的演讲。

2.自读课文,圈出生字新词。思考:这篇课文提出的观点是什么?

(1)认读生字新词:追悼 送葬 牺牲 泰山 鸿毛 精兵简政 五湖四海 死得其所

(2)重点提示"牺""泰"的字形、笔顺和字义。

3.充分朗读课文。一段一段地朗读,学生朗读、教师范读。

4.引导学生整体把握。

熟读课文之后,引导学生说说,读出了《为人民服务》中的什么重要观点。

要点1:"为人民服务";"我们的共产党和共产党所领导的八路军、新四军,是革命的队伍。我们这个队伍完全是为着解放人民的,是彻底地为人民的利益工作的";"为人民利益而死,就比泰山还重;替法西斯卖力,替剥削人民和压迫人民的人去死,就比鸿毛还轻""只要我们为人民的利益坚持好的,为人民的利益改正错的,我们这个队伍就一定会兴旺起来"等。

要点2:核心观点是"为人民服务",接下来结合当前的实际,从三个方面阐明怎样才能完全、彻底地为人民服务:一是树立"为人民利益而死,就比泰山还重"的生死观;二是正确对待批评,为人民的利益坚持好的、改正错的;三是搞好团结、克服困难、提高勇气、互相爱护,使整个人民团结起来。几个方面的意思像层层剥笋一样,一层一层讲得非常清楚。

板块二 抓住重点,理解课文

1.理解核心观点:"为人民服务"。

(1)读一读:我们的共产党和共产党所领导的八路军、新四军,是革命的队伍。我们这个队伍完全是为着解放人民的,是彻底地为人民的利益工作的。张思德同志就是我们这个队伍中的一个同志。

(2)品一品:句中的"完全""彻底"可以去掉吗?

要点:不能去掉,"完全""彻底"表明中国共产党和革命军队的根本宗旨是全心全意为人民服务。

(3)引导学生结合以前学过的革命历史题材的课文及所知道的事例,交流对这段话的理解。

2.理解分论点:"死的意义"。

(1)读一读:中国古时候有个文学家叫做司马迁的说过:"人固有一死,或重于泰山,或轻于鸿毛。"

(2)说一说句子意思:人总是要死的,但死的意义有所不同。有的比泰山还重,有的比鸿毛还轻。

（3）联系熟悉的事例以及六年级上册中臧克家的《有的人》来理解。

（4）品一品：这一段写得好在哪里？

要点：紧扣"追悼"的话题，指出了"死的意义"；运用了引用、比喻的手法；表达了作者"为人民利益而死，就比泰山还重"的重要观点；以张思德为例证明了自己的观点，也深情地赞颂了张思德。

3. 理解分论点："对待缺点"。

（1）读一读：因为我们是为人民服务的，所以，我们如果有缺点，就不怕别人批评指出。不管是什么人，谁向我们指出都行。只要你说得对，我们就改正。你说的办法对人民有好处，我们就照你的办。

（2）说一说：每句话讲了什么意思，是用什么关联词语连接在一起的？

要点：第 1 句话是讲我们要欢迎批评，第 2 句话是讲我们欢迎任何人的批评，第 3、第 4 句话是讲我们接受任何人的正确的批评。作者用了这些关联词语：因为……所以……；如果……就……；不管……都……；只要……就……。句与句之间联系紧密，意思层层递进。抓住这段话中的关联词语分析，可以进一步明确：衡量批评正确与否的标准只有一个，就是是否符合人民的利益。

（3）熟读成诵。

4. 理解分论点："相互帮助"。

（1）读一读：我们都是来自五湖四海，为了一个共同的革命目标，走到一起来了……我们的干部要关心每一个战士，一切革命队伍的人都要互相关心，互相爱护，互相帮助。

（2）品一品：发现这段话表达上的特点了吗？

要点：写得非常形象，通俗易懂，言简情深。

板块三　任务驱动，朗读背诵

1. 问题驱动：这是一篇议论性的演讲，是毛泽东于 1944 年 9 月 8 日在张思德同志追悼会上所作的演讲。整篇演讲充盈着思想的力量，又具有极强的感染力。选择自己最喜欢的段落，用演讲的语气来朗读、背诵。

2. 有感情地朗读，指导背诵第 2、第 3 自然段。

板块四　联系链接，表达运用

1. 自主阅读"阅读链接"，想一想，这篇文章描写了什么样的画面？表达了人们什么心情？

要点：周恩来同志是伟大的无产阶级革命家。他以崇高的品格，获得了全国人民和全世界人民的尊敬和爱戴。1976年1月8日，周总理因病逝世。1月11日，首都人民聚集到北京长安街送别总理，场面十分感人。

2. 结合《十里长街送总理》，说说"人固有一死，或重于泰山，或轻于鸿毛"这句话的意思。

3. 让学生联系熟悉的事例，以"人固有一死，或重于泰山，或轻于鸿毛"为中心论点，写一段话。

提示：学生在表达中加深理解，并学会使抽象的道理形象化的方法。

▶ 三、教学资源链接

（一）内容注解

《为人民服务》发表的背景

1944年9月8日，即张思德牺牲后第3天，中央直属机关在延安凤凰山脚枣园操场上为他举行了约千人的追悼会，毛主席亲笔写了"向为人民利益而牺牲的张思德同志致敬"的挽联。下午一点多，毛主席迈着沉重的步子走上祭台，作了题为"为人民服务"的演讲。

毛主席的讲话，是深知张思德的经历有感而发。张思德是革命队伍中的普通一兵，在战斗部队打过仗、负过伤，在大生产运动中纺过线、烧过炭。从战士到班长，再从班长到战士，一切从人民利益和党的需要出发，干一行爱一行专一行，其高尚品质十分可贵。毛泽东在演讲中称赞："张思德同志是为人民利益而死的，他的死是比泰山还要重的。"

毛主席的演讲正值抗日战争走向胜利的关键阶段，此时阐明党和人民军队的宗旨，对鼓舞群众斗志、促进人民团结有着特殊的意义。从此，"为人民服务"这句话流传开来，既为党和军队指明了方向，也为党和军队赢得了千千万万民众的信任。

（二）拓展阅读

观看电影《张思德》。

（编写人：江苏省无锡市梁溪区教师发展中心　闵　慧）

13* 金色的鱼钩

➡ 一、文本教学解读

《金色的鱼钩》是一篇略读课文,作者满怀深情地叙述了红军长征途中,一位炊事班长牢记部队指导员的嘱托,尽心尽力照顾三个小战士而不惜牺牲自己生命的感人事迹。课文以"鱼钩"为线索,表现了红军战士忠于革命、舍己为人的崇高品质。课文用"金色的鱼钩"做课题,意义深刻。"鱼钩"记录着老班长的英雄历程,闪耀着老班长金子般的思想光辉,象征着老班长崇高的革命精神永垂不朽。

这篇课文篇幅很长,按照事情发展顺序可以分为四段。第一段(第1—2自然段):写1935年秋天,"我"和两个小同志因生病没法和大部队一起过草地,指导员便派炊事班长照顾我们。第二段(第3—22自然段):写青稞面吃完了,老班长想方设法钓鱼煮鲜鱼野菜汤给我们三个病号吃,而他自己没吃过一点鱼。第三段(第23—33自然段):写走到草地边上,老班长牺牲了。第四段(第34自然段):写"我"把老班长留下的鱼钩小心地保存起来。

这篇课文生动感人,作者抓住人物的语言、动作、神态等方面进行细致入微的描写,揭示出人物崇高的内心世界。作者语言朴实,像讲故事一样按照事情的发展顺序娓娓叙述,表达了对老班长的深切怀念之情。

作为一篇略读课文,教师要让学生自觉学习本单元着重训练的两个语文要素——"关注外貌、神态、言行的描写,体会人物品质"和"查阅相关资料,加深对课文的理解",引导学生把握文章的主要内容,深化对课文中人物形象的理解。依据导读提示,教师可以为学生布置三个学习任务:

1. 查阅资料,了解故事发生的背景。对于学生来说,长征故事是遥远而又陌生的。因此,教师要引导学生查阅相关历史资料,体会红军战士在长征途中遇到的各种艰难险阻,从而为理解老班长的高尚品质奠定感情基础。除此之外,教师也可以引导学生回顾曾经学过的有关长征的课文和阅读过的长征故事,来唤起学生的阅读兴趣。

2. 关注细节,感受人物高尚的品格。这篇课文很长,而课堂上的阅读时间是有限的。因此,教师要引导学生抓住阅读提示中的要求"用较快的速度默读课文,然后和同学交流:老班长是一个什么样的人？你是从他的哪些言行中看出来的？最让你感动的是什么？"来阅读课文。通过引导学生细细推敲课文中一个个生动的画面,好好揣摩一系列细节描写,来感受老班长忠于革命、舍己为人的崇高品质。

3. 读写结合,内化课文独特的写法。这篇课文在写法上有两大特点:第一,抓住人物的语言、动作、神态等方面进行细致入微的描写,既有对老班长的正面描写,又有对"我"的侧面描写,从而全面地揭示出老班长这一人物崇高的精神境界。教学中,教师要有意识地为学生在读写之间架起桥梁,引导学生关注文章的写法,并通过课后的习作练习,内化课文独特的写法。第二,要引导学生关注课题独特而深刻的意义。在教学中,教师要引导学生边读边质疑:课文的题目是"金色的鱼钩",这个鱼钩真的是金色的吗? 作者为什么说这是个"闪烁着金色光芒的鱼钩"? 引导学生在互相讨论中互相启发,体会课题的独特妙用,感受"金色的鱼钩"作为全文的线索,在整篇课文中对凸显人物品质所起到的作用。

二、教学活动设计

教学目标:

1. 默读课文,了解文章的主要内容,有感情地朗读文中让人感动的片段。

2. 认识本课的生字和新词,理解"喜出望外""奄奄一息"等词语的意思,能用自己的话说说对"金色的鱼钩"的理解。

3. 抓住描写老班长外貌、动作、语言等的重点词句,体会老班长忠于革命、舍己为人的精神,学习抓住人物细节,从不同角度来刻画人物形象的写作方法。

4. 阅读长征故事,学习红军战士团结友爱、顾全大局、勇于献身的崇高品质。

教学过程:

板块一　查阅资料,了解长征

1. 本单元我们认识了一些英雄人物,还记得有谁吗? 学生交流。

2. 今天我们要来学习《金色的鱼钩》这篇课文,走近老班长这样一个英雄人物。齐读课题。

3. 这是个发生在红军长征途中的故事。你对长征有哪些了解呢?

教师可引导学生交流查阅的资料,如长征的基本常识,曾经学过的有关长征的文学作品,和长征有关的故事等。

4. 导入课文:课文中的老班长是一个什么样的人呢? 今天,我们就通过学习《金色的鱼钩》去认识他。

板块二　初读课文,整体把握

1. 学生快速朗读课文,要求:读准字音,读通句子,并想一想:老班长外貌什么样? 课文讲了关于他的一个什么故事?

2. 检查学生的自读情况。

要点1:认读新词,读准字音。

奄奄一息　重重叠叠　瞻仰　抽噎　回味　收敛　搪瓷碗　和着青稞面

热气腾腾　威胁　衰弱　勉强　粗糙　搀一段　红锈

要点2:交流不理解的词语。

支吾:用话搪塞,说话含混躲闪。

安顿:安排妥当,使人或事物有着落。

衰弱:体衰力弱,失去了旺盛的精力和体力。

奄奄一息:形容气息非常微弱,只剩下一口气。

瞻仰:指怀着崇高的敬意看。

3. 议一议:老班长外貌什么样? 从课文的描写中,你有什么发现吗?

要点1:课文第2自然段中,写老班长"快四十岁了",可见他年纪并不大;写老班长"背有点儿驼""脸上布满了皱纹",可见长征途中的生活非常艰苦,这是一位饱经风霜的老班长。

要点2:课文第23自然段中,写老班长"瘦得只剩皮包骨头,眼睛深深地陷了下去",可见他为了能顺利带"我们"走出草地,把吃的都给了"我们",自己早已体力透支,面黄肌瘦,走到了生命的尽头。

4. 说一说:课文讲了老班长的一个什么故事? 学生交流。

板块三　品读画面,感悟人物

1. 快速默读课文,然后和同学交流:老班长是一个什么样的人? 你是从他的哪些言行中看出来的? 最让你感动的是什么?

2. 引导学生抓住几个重要的画面进行交流,教师相机板书,并指导朗读。

3. 画面1:皱紧眉头咽鱼骨(第8自然段)。

提示1:从"皱紧""硬咽"可以看出鱼骨难以下咽,可是老班长却以此充饥。作者通过对老班长的动作、神态进行细致的正面描写,表现了老班长舍己为人、关爱他人的品质。

提示2:"万根钢针扎着喉管""失声喊起来"也表明"我"看到老班长皱紧眉头咽鱼骨的场景,内心是无比难受的。这是通过侧面描写"我"的言行来反衬老班长崇高的品质。

4. 画面2:保守秘密苦劝说(第13自然段)。

提示:这段话抓住老班长的语言进行细致描写,写了老班长要求"我"保守秘密,表现出老班长完成任务的决心很大。

5. 画面3:夜摸野菜苦钓鱼(第15自然段)。

提示:这段话抓住老班长的动作、语言进行描写,表现出长征途中生活无比艰难。老班长为了完成任务,要克服看不清、没食物等种种困难,完全没有考虑到自己的安危。

6. 画面4:命令战士喝鱼汤(第20—22自然段)。

提示1:在这三个自然段中,除了写到了老班长的语言,还非常细腻地写到了老班长的神态变化(笑着—收敛了笑容—露出了一丝笑意)。从老班长的表情变化中,我们能感受到老班长为了让我们喝上鱼汤,想方设法地安慰我们,不想我们有思想负担,充分表现了他忠于革命、舍己为人的精神。这是对老班长的正面描写。

提示2:当"我"知道鱼来之不易,以及老班长把仅有的一点儿东西都给三个伤病员吃,自己却硬咽草根、用鱼骨充饥时,"我"的心情极为沉重。"我"实在不忍心喝下这少之又少的鱼汤,实在不愿意看着老班长忍饥挨饿,也实在不希望看到老班长的身体一天一天衰弱下去,所以觉得手中的搪瓷碗有千斤重,怎么也送不到嘴边。这部分是侧面描写。

7. 画面5:奄奄一息让鱼汤(第28—31自然段)。

提示:作者细腻地描写了老班长在生命最后一刻的语言、动作、神态,让我们充分感受到了他把生的希望让给别人,把死亡的威胁留给自己的崇尚精神。

8. 教师小结:课文既有正面描写老班长的生动画面,又有通过侧面描写"我"来烘托老班长精神品质的内容。正面描写和侧面描写相结合,使我们对忠于革命、舍己为人的老班长有了更加全面具体的了解。

板块四 读写结合,拓展延伸

1. 过渡:可亲、可敬的老班长永远离开了我们,战士们撕心裂肺的呼喊也无法唤醒他了。

他用自己的生命换来了战士们的生命,他用自己的忠诚和无私完成了党的委托。他永远地留在了那片无边无际的草地上,留给战士们的只有那根用缝衣针弯成的钓鱼钩。

2. 想一想:课文的题目是"金色的鱼钩",这个鱼钩真的是金色的吗? 作者为什么说这是个"闪烁着金色光芒的鱼钩"?

提示:课文以"鱼钩"为线索,表现了红军战士忠于革命、舍己为人的崇高品质。课文用"金色的鱼钩"做课题,意义深刻。"鱼钩"记录着老班长的英雄历程,闪耀着老班长金子般的思想光辉,象征着老班长崇高的革命精神永垂不朽。

3. 说一说:学了这篇课文,你有什么收获吗?

提示1:紧扣人物精神品质来谈。

提示2:紧扣课题的独特性来谈。

提示3:紧扣抓住细节刻画人物形象的写作方法来谈。

提示4:紧扣正面描写和侧面描写相结合的写作方法来谈。

4. 布置作业。

(1) 讲一讲:如果你是革命烈士纪念馆的一名讲解员,你能向前来参观的人讲述"金色的鱼钩"的故事吗?

(2) 读一读:和长征有关的故事、诗词作品。

(3) 写一写:运用正面描写和侧面描写相结合的写作方法,通过抓住人物的外貌、动作、神态、心理等细节来介绍一个人物,题目自拟。

三、教学资源链接

(一) 内容注解

1. 长征简介

长征,指的是土地革命战争时期,中国工农红军主力撤离长江南北各苏区,转战两年到达陕甘苏区的战略转移行动。1934 年 10 月,"第五次反围剿"失败后,中央主力红军为摆脱国民党军队的包围追击,被迫实行战略性转移,退出中央根据地,进行长征。长征是人类历史上的伟大奇迹。中央红军共进行了 380 余次战斗,攻占 700 多座县城,红军牺牲了营以上干部 430 余人,共击溃国民党军队数百个团。其间共经过 14 个省,翻越 18 座大山,跨过 24 条大河,走过荒草地,翻过雪山,行程约二万五千里。红一方面军于 1935 年 10 月到达陕北,与陕北红军胜利会师。1936年10月,红二、四方面军到达甘肃会宁地区,同红一方面军会师。红军三大主力会师,标志着万里长征的胜利结束。

2. 名人眼中的长征

(1) 长征是历史记录上的第一次,长征是宣言书,长征是宣传队,长征是播种机。

——毛泽东

(2) 长征是当今时代无与伦比的一次史诗般的远征。

——美国著名记者和作家　斯诺

(3) 长征已经在各大洲成为一种象征,人类只要有决心和毅力就能达到自己的目的。

——英国学者　迪克·威尔逊

(二) 拓展阅读

毛泽东的诗词《七律·长征》《清平乐·六盘山》。

(编写人:江苏省无锡市凤翔实验学校　蔡静艳)

口语交际:即兴发言

▶ 一、文本教学解读

本单元的口语交际是《即兴发言》。有了六年级上册教材口语交际《演讲》的基础,学生对演讲已有了较为深刻的印象。演讲又称讲演、演说,是指对听众讲述有关某一事物的知识或对某一问题阐述见解的口语交际形式,具有针对性、鼓动性;而即兴发言是指在宴席或集会等场合上临时作的讲话,一般指事先没有作充分准备,现场发挥的成分较多。这两者既有联系又有区别。即兴发言更精悍、灵活,也更能锻炼学生的思维能力、应变能力和语言组织能力。

教材由三部分组成的:第一部分谈到生活中的有些场合,需要我们作即兴发言,列举了四种实际可能发生的情况,引起学生的思考;第二部分主要讲述了两层意思,一是即兴发言的特点,即由于时间紧迫,事先没有太多准备的时间,需要我们快速组织语言,临场发挥,以及如何在短时间内构思即兴发言,二是布置了学习任务,要求在班里事先准备一些即兴发言的题目,每个同学抽签选一个话题,稍作准备,然后作即兴发言。发言之后交流:谁的即兴发言精彩?

哪些地方值得大家借鉴？自己的发言还有哪些地方需要改进？第三部分给了两个小贴士：提前打腹稿，想清楚先说什么，后说什么，重点说什么；注意说话的场合和对象。

这三部分教学内容相互关联，共同指向于即兴发言的特点：一是从时间上讲，即兴发言在于"即兴"，是事先没有太多准备，就当时的感受创作、表演或演讲；二是从地点与对象上讲，即兴发言要比演讲更为灵活，会发生在生活中的各种场合；三是从内容上讲，即兴发言要快速打"腹稿"，根据场合、对象等，想想要讲哪几点，先讲什么，后讲什么，哪一点需要多讲几句，要把意思逐条说清，语气要自然，态度要大方。

二、教学活动设计

教学目标：

1. 通过阅读即兴发言的小故事，了解有质量的即兴发言要态度自然、思路清晰、语言流畅，富有感染力。

2. 练习即兴发言，通过语气、语调、体态语言、口头语言等来表达见解，锻炼能力。

3. 认真倾听，会进行简单评价，提出改进建议。

教学过程：

板块一　学习交流，了解即兴发言

1. 课前搜集关于即兴发言的典型故事，小组进行交流推荐。

2. 推荐即兴发言的故事，体会即兴发言的特点。

（1）典型故事一。

1919 年 1 月 28 日"巴黎和会"上，日方代表牧野伸显坚持要求继承战败国德国在我国山东的利益。面对气焰嚣张的日方代表，中方代表顾维钧强忍心头怒火，冷静地说："西方有一位圣人，名叫耶稣。他被处绞刑的耶路撒冷成了基督教的圣地，不可侵犯。大家说对不对？"众人回答"对"。"我们东方也有一位圣人，他叫孔子，日本人也承认他是圣人，你说对不对？"牧野伸显只得说"对"。顾维钧接着说："山东是孔子的故乡，也是我们中国人的圣地，不容侵犯。"掷地有声的话语维护了祖国的尊严，他被美国总统威尔逊称为中国的"青年外交家"。

（2）典型故事二。

著名节目主持人杨澜,有一次在广州市天河体育中心演出,在下台阶时摔了下来。出现这种情况,的确令人难堪。但杨澜非常沉着地站了起来,对台下的观众说:"真是人有失足,马有失蹄呀。我刚才的狮子表演绣球的节目表演得还不熟练吧?但台上的节目可是很精彩的,不信,瞧他们!"杨澜这段非常成功的即兴讲话,不仅为她自己摆脱了难堪,更显示出她非凡的口才。

3. 听了这两个故事,你发现即兴发言有哪些特点?与演讲有何联系?

要点:演讲又称讲演、演说,是指对听众讲述有关某一事物的知识或对某一问题阐述见解的口语交际形式,具有针对性、鼓动性;即兴发言是指在宴席或集会等场合上临时作的讲话,一般指事先没有作充分的准备,现场发挥的成分较多,具有精悍、灵活的特点。

板块二 还原生活,练习即兴发言

1. 生活中的即兴发言——第一轮练习。

(1)出示:生活中有些场合,需要我们作一些即兴发言,如:

班里来了新同学,班主任让你代表全班同学向他表示欢迎。

学校作文比赛获奖,老师临时让你发表获奖感言。

参加爷爷的寿宴,宴席上向爷爷说几句祝福的话。

在街上玩耍,路遇电视台采访,记者让你谈谈对"小学生带手机去学校"的看法。

请选择你的生活中可能遇到的一种场合,作一次即兴发言。

(2)指名学生进行即兴发言。

要点:第一种情况要讲清楚班级的大概情况,表达对新同学的热烈欢迎等;第二种情况要说清参加作文比赛的经过、获奖后的心情、未来努力的方向等;第三种情况要诚挚欢迎亲朋好友的光临,祝福爷爷健康长寿;第四种情况要亮明观点,说清理由。

(3)请即兴发言较好的学生说说自己刚才是如何在短时间内思考并组织语言的?(根据学生发言,渗透教材小贴士内容,编写"即兴发言小要诀")

出示:

即兴发言莫慌张,

看清场合和对象。

提前酝酿打腹稿。

想想要讲哪几点。

先后顺序排一排,

哪点重要就详聊。

有条有理说清楚，

态度大方展风采。

2. 生活中的即兴发言——第二轮练习。

提示：听了同学的介绍，再想想自己的发言，哪些地方需要改进？在小组内轮流展示，可以每人练说一种，体会到自己即兴发言质量的提高。

板块三　小组 PK，即兴发言

1. 制作即兴发言抽签盒，里面有即兴发言的 20 个题目（见"教学资源链接"）。请小组代表轮流抽签发言。

2. 尝试即兴发言，同伴评价。

提示：

即兴发言者：

（1）围绕话题，有条理地说清意思。

（2）语气、语调与场合、对象相符，富有感染力。

（3）适当辅以动作强调重点，增强表现力。

听的同学：

（1）倾听时注意体态，目视即兴发言者，表情专注。

（2）听完以后热情鼓掌。

（3）想一想：谁的即兴发言精彩？哪些地方值得大家借鉴？哪些地方还需要改进？

3. 即兴发言的同学听取建议后，再选有代表性的进行第二次即兴发言。

三、教学资源链接

拓展阅读

即兴发言 20 题

1. 热爱祖国，从小事做起

2. ＿＿＿＿＿＿＿是个好地方

3. 我是父母的好帮手

4. 聊聊我的兴趣爱好

5. 最近我很烦

6. 动物是人类的好朋友

7. 挑食害处多

8. 节约每一滴水

9. 读书的乐趣

10. 我有一个小小的心愿

11. 我家的一张老照片

12. 说一说你最近关注的一条新闻,并谈谈看法。

13. 你一定参加过许多学校组织的活动吧? 请选择一次印象最深刻的活动跟大家聊聊。

14. 假如人类能够飞翔,你有什么打算呢?

15. 说说你的一个好朋友。

16. 人们常说,日月如梭、白驹过隙,你是怎么看待时间的呢?

17. 说说你最感恩的一个人或一件事。

18. 六年的小学时光转瞬即逝,即将毕业,请说说你的感言吧。

19. 你即将开启崭新的中学时光,未来三年,你有什么规划呢?

20. 常有人说,读好书,是为了找个好工作,你也这样认为吗? 为什么?

(编写人:江苏省无锡市连元街小学　赵敏芳)

习作:心愿

> ➡ 一、文本教学解读

　　《心愿》属于话题类作文,是学生在学完"志向与心愿"单元后,让学生结合自己的生活和感受,引导他们以"心愿"为话题进行选材,鼓励他们用适合自己的方式进行表达与交流。

　　本单元有三首"托物言志"的古诗《马诗》《石灰吟》《竹石》,两篇精读课文《十六年前的回忆》《为人民服务》和一篇略读课文《金色的鱼钩》,其中两篇精读课文后面分别还有"阅读链接"——叶挺写的《囚歌》和吴瑛写的《十里长街送总理》。作为本次习作的资源之一,它们在内容和形式方面,对学生习作都能有所启发:从内容上看,可以引导学生感受不同时代的不同人物都有自己的志向和心愿,作为和平年代的小学生也应"胸怀志向、心藏愿望";从形式上看,这些文本有诗歌、散文、演讲稿、记叙文等,可以启发学生根据想表达的内容,选择一种适合的表达方式。

这次的习作要求由文字和图片两部分组成。文字部分包含了三个方面的内容:一是揭示话题,引发学生习作动机;二是习作提示,建议学生写之前注意选材和选择合适的表达方式;三是提出了习作修改方面的要求。图片部分是一幅思维导图,通过举例表现心愿的"不同对象"和"内容",多角度地启发学生多元思维,以充分打开学生思路。

本次习作由于是话题作文,所以选材范围很广,但要写出精彩的文章不易。指导学生选材立意时,可以利用一些范文,给学生渗透两种意识:1."大题小做"。"心愿"可以很伟大、很崇高,可以是为国家的繁荣富强而读书,也可以是为人类谋幸福,但这样的"心愿"往往会流于形式,很难写出具有真情实感的文章。对于这类文题,我们不妨建议学生立意时,寻找一个源于自己生活的、较小的切入口来深入地表现主旨。2.虚实转化。"心愿"相对来说是比较"虚"的,但我们可以转化为"实"的内容来写。不空谈大道理,将立意落实到学生生活经历或生活场景中某个具体的人物、景物、事件等载体上。

本次习作的要求是要指导学生选取自己最想和大家交流的心愿,选择能够更好表达心愿的材料,并能根据表达的内容选择一种适合的表达方式。从教材整体的教学考虑,如果学生选择日记、书信、倡议书、诗歌等表达方式,那么要注意相关文体写作知识方面的复习。从单元整体的教学考虑,联系本单元阅读方面的语文要素,可以提示学生如果写记叙文,要注意对人物外貌、神态、言行等的描写。联系习作后面《语文园地》中"交流平台"的内容,也可以渗透一些关于开头、结尾的好写法。

--------------- ▶ 二、教学活动设计 ---------------

教学目标:

1. 能选择合适的材料表达自己最想和别人交流的心愿。

2. 能根据自己想表达的内容选择一种适合自己的表达方式。

3. 能通过回顾比较,发现一些文章开头、结尾的好写法并尝试运用。

4. 养成习作后认真修改的好习惯,使作文语言更加通顺、流畅,意思更加清楚、明白。

教学过程:

板块一 揭示话题,畅谈心愿

1. (板书"心愿")导入语:心愿,就像一粒刚刚发芽的种子,种在心的土壤里,尽管渺小,却终将开出美丽的花朵。

2. 说一说。

(1) 通过本单元的学习,我们了解到不同时代的不同人物都有自己的心愿,我们一起来回顾一下——

古代的时候,无数诗人用"托物言志"的方式表明自己的心愿——(指名说)

革命岁月里,许多先烈用言行捍卫自己忠诚于革命事业的心愿——(指名说)

建国立业时,那些领袖伟人用服务大众、鞠躬尽瘁的精神支撑起全民族的心愿——(指名说)

生活在和平年代的我们,心底也埋藏着各自的心愿——

(2) 老师说心愿。

(3) 学生说心愿。

提示:(1)借助教材中的"思维导图",根据心愿的不同方面进行交流:关于个人,可以从生活、学习、理想等方面说;关于家庭,可以从工作、健康等方面说;关于社会,可以从存在问题、突发事件等方面说。(2)面对多个心愿要进行选择,原则上是选择自己最熟悉的,最有话可讲的材料来说,这样才能说出真情实感来。

3. 问一问:刚才同学们都用三言两语说了自己有什么样的愿望(板贴:有什么样的心愿),那其他同学听后,还有什么问题想问问他们呢?(让学生自由发问)

要点:(1)为了更具体、明白地表达自己的心愿,最好还要讲清:"为什么有这个心愿? 有了这样的心愿后对自己的影响? 实现这个心愿有何困难? 为了这个心愿如何去做? 为了这个心愿有何想法或建议?"(2)可以任意选几个方面写,也可以几个方面都写,按什么顺序写,具体写什么,得根据主题而定。

(板贴:

为什么有这个心愿?

有了这样的心愿后对自己的影响?

实现这个心愿有何困难?

为了这个心愿如何去做?

为了这个心愿有何想法或建议?

……)

板块二　例文赏析,指导写作

1. 读一读:让学生读习作例文1《心愿》——
习作例文1:

我 的 心 愿

我有很多心愿:我想成为一名美食家,能够尝遍世界各地的美食;我想到了初中,能够仍然跟现在的同学在一个班级学习;我想人人都有环保意识,能够让青山绿水不再哀怨哭泣……而最近,我最强烈的一个心愿是希望妈妈能够放下手机! 这是为什么呢? 请听我细细道来——

国庆节期间,我和爸爸妈妈来到杭州西溪湿地游玩。

到达目的地后,只见这里人山人海,但这不会影响我的好兴致。我边走边欣赏"福堤"上的"福"字,有端庄的楷书、潇洒的行书、奔放的草书……各种各样的"福"字让我赞叹不已。突然间,只听到身后传来一声尖叫。我和爸爸扭头一看,只见妈妈瘫坐在地上,边扶着脚边呻吟道:"我……我……好疼啊……"爸爸着急地奔过去问道:"你怎么啦?"妈妈指了指她的脚,痛苦地说:"我不小心把脚给扭了。"我和爸爸急忙把她扶到路边的椅子上。可妈妈只要稍微一动,就疼得龇牙咧嘴,额头上都渗出了密密麻麻的小汗珠。幸好我们的车子停得离公园不远,我和爸爸连拖带拽地将妈妈挪到了车上。爸爸有些奇怪地问:"明明都是平坦的路,你是怎么扭了脚的?"妈妈不好意思地说:"我一直在低头看手机,没有注意到脚下的台阶,不小心踩空了。"我们听后不禁恍然大悟。想起妈妈平日里"痴迷手机"的一幕幕,我不禁连珠炮似的说道:"老妈你平时走路看手机,吃饭看手机,睡觉看手机,上洗手间看手机,有时连开车都看手机! 以后一定要当心呀!"就这样,一个美好的出行计划就被手机破坏了,最麻烦的是妈妈的脚伤得还很严重,这几个月都不能走路。

通过这件事情,我想告诉所有人:虽然手机用途很大,给我们的生活带来了极大的方便,但也不能每天每时每刻都"手不离机"。请放下手机,多抬头看看,你会发现在我们的生活中还有许多美好的事物!

2. 想一想:这篇例文写了哪些方面的内容来具体表达自己的心愿?
要点:(1)有什么样的心愿? (2)为什么有这个心愿? (3)为了这个心愿有何想法或建议?
3. 读一读:让学生读习作例文2《爸爸妈妈,请放下手机》——
习作例文2:

爸爸妈妈,请放下手机

亲爱的爸爸妈妈:

你们好!

我常常听你们说我是你们最爱的宝贝。可是如今在我的心中,我知道还有一个宝贝从你们那里得到了你们更多的"爱",那就是手机。我多么想你们能放下手机,把给予它的时间和"爱"还给我。

我知道它虽然个头小,只有巴掌那么大,但它会唱歌、会演电影、会说新闻……总之,它很讨人喜欢,难怪你们对它爱不释手。可是你们知道吗?当我早晨背着书包去上学时,你们捧着它;当我放学回家,在灯下奋笔疾书写作业时,你们捧着它;当我们一家人在客厅看电视节目时,你们捧着它……每当这时,我的心里有多么难受,多么孤独,多么渴望你们能看我一眼。

为了让你们能放下手机,我做过不少努力:有时我会故意说身体不舒服,让你们多对我嘘寒问暖;有时我会假装题目不会做,让你们多关心我的学习;有时我会在饭桌上滔滔不绝讲一些学校里发生的趣事,让你们多分享我的快乐……可是,这些努力都换不回你们的心。最近,我还查阅了一些关于手机危害的知识想告诉你们:手机辐射大、持续时间久;手机上的细菌比马桶盖上的细菌还要多;多玩手机,对大脑、心脏、颈椎等都有不利……

爸爸妈妈,我想借这封信对你们说:"放下手机,注意休息!"这样既有利于你们的健康,也能还我一个温馨而愉快的童年!

祝你们健康快乐!

你们的女儿
××年×月×日

4. 比一比,想一想:两篇习作例文选取的内容有何相同之处和不同之处?

要点:

(1) 相同之处——同样是写劝人放下手机,都写到了"为什么有这个心愿,为了这个心愿有何想法或建议"。

(2) 不同之处——例文2比例文1多了"为了这个心愿如何去做"这一内容,更能说明手机的危害,对家长更有说服力。

5. 想一想,说一说:让学生结合以上两篇例文,说说选择什么样的材料能够更好地表达自己的心愿。

要点:(1)结合生活经历,选取生活事例;(2)加入内心想法,表达真情实感;(3)查找相关资料,引用合适素材。

6. 读一读,比一比,说一说:让学生比较阅读习作例文1、2及"教学资源链接"中的例文,说一说它们在形式上的不同点。要点如下:

(1) 拟题方法不一样:拟题的方法一般有两种,一种是给话题前面或后面加上修饰语,把大题变小,如《我的心愿》;另一种是标题中不出现话题,而是作文内容或中心的体现。如《爸爸妈妈,请放下手机》《"放下手机,抬起头来"倡议书》等,直接体现了主题,更加具有吸引人的力量。

（2）表达方式不一样：例文1是记叙式，例文2是书信式，"教学资源链接"中的两篇分别是倡议书式、诗歌式。

7. 写一写：让学生根据自己选择的材料和表达方式开始习作，教师巡视、指点。

板块三　回顾比较，写好首尾

1. 比一比，说一说：结合《语文园地》"交流平台"中的内容，比较交流关于文章开头和结尾的写法。

要点：

（1）好的开头写法：开门见山式、设问激趣式、直抒胸臆式等。

（2）好的结尾写法：首尾呼应式、引起反思式、借景抒情式等。

2. 找一找，用一用：布置学生回去找一找关于"心愿"的好开头、好结尾的写法，并试着用一用。

板块四　分享交流，互赏互改

1. 活动一：小组分享。

（1）提示分享顺序：按照四人小组顺时针顺序分享自己的习作。

（2）提示评价标准。

评价标准	评价结果
（1）内容很能表达心愿	☆☆☆
（2）形式切合所写内容	☆☆☆
（3）首尾能够画龙点睛	☆☆☆
（4）题目能够引人注意	☆☆☆
（5）语句通顺意思明了	☆☆☆

（3）提示分享步骤。

① 认真默读，用红笔圈画精彩之处。

② 对照标准，谈谈对自己的启发，或者提出一些问题或建议。

③ 推选佳作,任务分工。

2. 活动二:全班分享。

提示:小组集体展示,先由推选出的佳作作者朗读自己的作文,然后组内伙伴按照分工,依次对照标准,点评精彩之处、提出问题或建议等。

3. 改一改:学生根据评价建议等,完成习作的修改。

三、教学资源链接

拓展阅读

习作例文

"放下手机,抬起头来"倡议书

从何时起,这世界上最遥远的距离,变成了"我站在你面前,你却在低头玩手机"?

手机的出现,固然方便了人们的生活,但它却遮住了生活最初的样子。犹记得儿时,每天晚上院子里都是孩子们的嬉闹声,而如今大人孩子都被手机"囚禁"在了家中;犹记得儿时过节,亲人们在餐桌上其乐融融的笑颜和闲谈,而如今,只剩下屏幕上数不尽的信息和红包,亲情被淹没在网络的海洋里;犹记得,儿时公园里赏花观景的游人,而如今,只剩下漫不经心的步伐和专心自拍的身影,就连风景都被手机抹杀……手机像一汪深潭,将人们日复一日地淹没在冰冷的网络世界中,再也找不到过去的温暖。所以,让我们放下手机,抬起头来吧,生活中有许多美好在等待我们发现。为此,我提出几点倡议,让我们从今天起努力做到以下几点:

1. 正确认识手机的作用。手机主要的作用是通讯,其余的作用可以通过其他途径来实现,比如,看小说不一定要使用手机,在报纸、杂志、书籍等印刷品上进行阅读也是可以的。

2. 规定使用手机的时段。比如睡觉前、吃饭时、走路时,这些时候使用手机有百害而无一利,不仅对身体不好,还有安全隐患,所以这些时候最好不用手机。

3. 多和家人朋友交流,可以放下手机陪朋友聊天,陪孩子游戏,帮家人做家务等,增进亲情和友情。

4. 培养一些积极健康的兴趣爱好,比如运动、练字、养鱼、种花……这样就不会整天拿着手机了。

倡议人:×××
××年×月×日

爸爸妈妈，我想对你们说······（节选）

妈妈，

每次我写作业时，

您都坐在我的一旁玩手机。

我多么希望您能放下手机，

陪我做做作业、解解难题。

只要看着您慈爱的眼神，

只要听着您温柔的话语，

我就有了解开难题的动力。

爸爸，

每当我放学回家，

总能看见您躺在沙发上玩手机。

我多么盼望您能放下手机，

陪我出去打球、跑步。

只要看着您魁梧的背影，

只要挽着您有力的臂膀，

我就有了拥抱生活的活力。

亲爱的爸爸妈妈，

请不要总把手机捧在手里。

因为，

我感觉你们更喜欢手机，

而不是我；

我盼着你们能放下手机，

多陪陪我，

我才是你们的心肝宝贝！

（编写人：江苏省无锡市刘潭实验学校　王勇燕）

语 文 园 地

➡️ 一、文本教学解读

"交流平台":旨在引导学生关注文章开头与结尾的重要性。体会到一个好的开头,可以激发读者阅读的兴趣;一个好的结尾,可以增强文章的感染力,令人回味无穷。"交流平台"回顾了《十六年前的回忆》《藏戏》《草原》三篇文章的开头,以及《十六年前的回忆》《匆匆》《那个星期天》三篇文章的结尾,从学过的课文里发现开头与结尾写得好的秘诀,形成一定的认知。在此基础上,鼓励学生再找一些认为写得好的文章,把开头和结尾列出来,和同学一起分析这样写的好处。

"词句段运用":旨在从诗句体会自然界事物被赋予人的品格和志向的表达方法,悟得外貌和神态描写有助于刻画人物形象,从而形成表达技能。第1题的三句诗,都来自托物言志类的诗,这类诗对所咏之物的某一内韵、精神进行吟咏,融入个人情怀,以物自喻,借物抒怀,表现人物的品格和志向。第2题的三段话,是分别选自《十六年前的回忆》《小英雄雨来》《骆驼祥子》中的三段外貌和神态描写,分别刻画了李大钊、扁鼻子军官和祥子三个人物。由这些外貌和神态描写能看出人物的内心世界,展现人物的性格,反映人物在特定环境、特定时期的内心情绪和心理活动,这些外貌和神态描写契合文章主题,能够为刻画人物服务。该题中"如果删去这些内容,是否会影响文章的表达效果"一问,给予学生思辨的空间,可以使之更为深刻地认识到外貌描写在表现人物特点中的重要作用。

"日积月累":旨在丰富诗文积累。这里所学习的五句是俗语,选自《增广贤文》《史记》《孔子家语》等经典之作,在读书、为人、处事等方面给予学生文化的滋养和润物无声的熏陶。教学重在诵读积累,教师可在诗句运用方面略加点拨。

➡️ 二、教学活动设计

教学目标:

1. 在交流中习得写好文章开头和结尾的策略性知识。

2. 在诵读理解中体会托物言志诗的特点和外貌和神态描写在刻画人物形象时的重要作用。

3. 熟读成诵俗语。

教学过程:

板块一 品读首尾,获得新知

1. 学习元代散曲家乔吉的名言。

(1)出示:起要美丽,中要浩荡,结要响亮。——[元]乔吉

这是元代杂剧家、散曲作家乔吉在谈散曲作法时说的话,他还特别对这句话作了一个形象的解释,那就是——

(2)出示:"凤头、猪肚、豹尾"。请谈谈你的理解。

要点:写文章时要求做到——开头,像凤头那样美丽、精彩;主体,像猪肚子那样有充实、丰富的内容;结尾,像豹尾一样有力。

(3)一个好的开头,可以激发读者阅读的兴趣;一个好的结尾,可以增强文章的感染力,令人回味无穷。这节课我们就一起来重点研究文章的开头和结尾的写法,看看你有什么发现。

2. 学习所列举的三段文章开头,体会其描写的好处。

出示三段开头,说说你有什么发现?

1927 年 4 月 28 日,我永远忘不了那一天。那是父亲的被难日,离现在已经十六年了。——《十六年前的回忆》

世界上还有几个剧种是戴着面具演出的呢?

世界上还有几个剧种在演出时是没有舞台的呢?

世界上还有几个剧种一部戏可以演出三五天还没有结束的呢?——《藏戏》

这次,我看到了草原。那里的天比别处的更可爱,空气是那么清鲜,天空是那么明朗,使我总想高歌一曲,表示我满心的愉快。——《草原》

要点:(1)第 1 段强调了时间,表达了对父亲逝世的深切悲痛和刻骨铭心,突出"我"永远忘不了父亲的被难日——1927 年 4 月 28 日。(2)第 2 段用排比成段的写作方法,用强烈的语气、不断的反问来造势,为"藏戏"作了气势恢宏的铺垫,表现了作者对藏戏的喜爱与赞美之情。(3)《草原》是老舍先生写的一篇游记散文,字里行间洋溢着浓郁的草原风情,其开篇就点明草原的"可爱""清鲜""明朗",表达了作者满心的愉快。

提示:写文章的开头,要如凤头一般精美。在分别体会三段开头的内容后,还要比较三段

在写法上的不同之处。具体为第一段开门见山,落笔扣题;第二段运用了排比的修辞手法,句式整齐,语势铿锵,促人赏读;第三段抓住草原的景色特点,定下文章情感基调。

3. 学习所列举的三段文章结尾,体会其描写的好处。

出示三段结尾,说说你又有什么发现?

我又哭了,从地上捡起那张报纸,咬紧牙,又勉强看了一遍,低声对母亲说:"妈,昨天是 4 月 28 日。"——《十六年前的回忆》

你聪明的,告诉我,我们的日子为什么一去不复返呢? ——《匆匆》

男孩儿蹲在那个又大又重的洗衣盆旁,依偎在母亲怀里,闭上眼睛不再看太阳,光线正无可挽回地消逝,一派荒凉。——《那个星期天》

要点:(1)第 1 段是典型的首尾呼应,强调了"我"永远忘不了父亲被害的日子——4 月 28 日。这一天发生的事情充分显示了敌人的凶残和革命者的英勇。(2)第 2 段同样是首尾呼应,再一次用问句来强调时间的流逝,看似问而不答,其实答案已蕴于其中,既冲击心灵,又余音绕梁。(3)第 3 段抓住了男孩儿的动作"蹲""依偎""闭上眼睛",以及对太阳光线"无可挽回的消逝"的描写,表现了男孩儿从满怀希望到最后失望透顶的心情。

提示:俗话说,编筐编篓,重在收口。写文章的结尾,要似豹尾一般有力。写文章结尾,可以首尾呼应,抒发情感,可以藏而不露,蕴含丰富;可以寄情于景,情景交融……无论哪种结尾,都要做到紧扣文章中心,表达真情实感。

4. 再找一些你认为写得好的文章,体会开头和结尾的表达及其好处。

提示:(1)分析任务要求,一是写得好的文章,二是关注开头和结尾。(2)选择阅读内容:可以是本册的,也可以学过的;可以是课内的,也可以是课外的。(3)把开头和结尾列出来,和同学一起分析这样写的好处。

板块二　品读诗文,体会表达

1. 读一读下面的诗句,联系你读过的古诗,说说有哪些事物在诗中被赋予了人的品格和志向。

千磨万击还坚劲,任尔东西南北风。

不要人夸好颜色,只留清气满乾坤。

荷尽已无擎雨盖,菊残犹有傲霜枝。

要点:(1)第 1 句选自清代郑燮的《竹石》,它是一首托物言志诗,诗人以岩竹的坚韧顽强,喻自己刚正不阿、正直不屈、铁骨铮铮的骨气。(2)第 2 句选自元代王冕的《墨梅》,同样是托物言志,诗人盛赞梅花的高风亮节,也借物抒怀,借梅自喻,表明了自己的人生态度和高尚情操。

(3)第3句选自宋代苏轼的《赠刘景文》,所选的两句抓住"荷尽""菊残"描绘出秋末冬初的萧瑟景象,"已无"与"犹有"形成强烈对比,突出了菊花傲霜斗寒的形象。

2. 说一说:你还能说一说类似的托物言志的诗句吗?请谈谈你的理解。

提示:如明代于谦的《石灰吟》,"千锤万凿出深山,烈火焚烧若等闲。粉身碎骨全不怕,要留清白在人间";唐代黄巢的《不第后赋菊》,"待到秋来九月八,我花开后百花杀。冲天香阵透长安,满城尽带黄金甲";现代陈毅的《青松》,"大雪压青松,青松挺且直。要知松高洁,待到雪化时"等。

3. 想一想:下面的外貌和神态描写对刻画人物有什么作用?

父亲仍旧穿着他那件灰布旧棉袍,可是没戴眼镜。我看到了他那乱蓬蓬的长头发下面的平静而慈祥的脸。——《十六年前的回忆》

扁鼻子军官的眼光立刻变得凶恶可怕,他向前弓着身子,伸出两只大手。啊!那双手就像鹰的爪子,扭着雨来的两只耳朵,向两边拉。——《小英雄雨来》

他没什么模样,使他可爱的是脸上的精神。头不很大,圆眼,肉鼻子,两条眉很短很粗,头上永远剃得发亮;腮上没有多余的肉,脖子可是几乎与头一边儿粗。——《骆驼祥子》

要点:(1)第1段从父亲的外貌描写"可是没戴眼镜""乱蓬蓬的长头发"中可以明显看出他受过酷刑,但他的神态依然"平静而慈祥",表现出李大钊临危不惧、把生死置之度外的高尚品质。(2)第2段则重点刻画了扁鼻子军官"凶恶可怕"的眼神和"像鹰的爪子"般的双手,一个凶残可恶的敌军被刻画得入木三分。(3)第3段抓住了祥子的五官特征,表现了他憨厚老实、吃苦耐劳的形象和品质。

4. 说一说:如果删去这些内容,是否会影响文章的表达效果呢?

提示:不可以去掉,去掉的话会影响到文章的表达效果。一是外貌和神态描写体现人物性格的特征,对塑造人物的性格和形象可以起烘托作用。二是通过外貌和神态描写能看出人物的内心世界,展现人物的性格。

5. 辩一辩:既然外貌描写很重要,那么写作文的时候是否可以把人物外貌一样不落地写下来呢?为什么?

要点:引导学生由此展开小辩论,得出结论:外貌描写也要根据文章需求,不能面面俱到,要练习抓住特征,刻画性格。

板块三 熟读成诵,积累俗语

1. 指名读五句俗语,再齐读。

2. 教师提供注释,学生初步理解俗语的意思。

（1）注释。

栽花:种花。

逆耳:指不动听的话语。

欲:想要。

莫:不要。

方:才。恨:后悔。

（2）俗语的意思。

有意栽花花不发,无心插柳柳成荫。（出自《增广贤文·上集》）

用心地栽花,施肥、灌溉等都做了很多,但花却总是不开;而折下来的一根柳条随意插在地里,从来没有照料它,几年过去,却长成了郁郁葱葱的柳树。

良药苦口利于病,忠言逆耳利于行。（出自《史记·留侯世家》）

良药多数是带苦味的,但却有利于治病;而教人从善的语言多数是不太动听的,但有利于人们改正缺点。现在常用来说明应该正确对待别人的意见和批评。

树欲静而风不止,子欲养而亲不待。（出自《孔子家语卷二·致思第八》）

树想要静止,风却不停地吹动它的枝叶;子女想赡养父母尽孝,父母却已离开人世。

常将有日思无日,莫把无时当有时。（出自《名贤集》）

过好日子的时候要常想想以前贫困的时候,生活困顿时就不要像以前富裕时那样铺张浪费。

书到用时方恨少,事非经过不知难。（出自《警世贤文》之勤奋篇）

等到真正用到知识的时候才后悔自己学的知识太少了,很多事情若非亲身经历,很难明白究竟有多么困难。

3. 学会运用。

（1）有些话你不爱听,但是,"_____,_____",记住会有好处的。

（2）我种了两盆花,一盆玫瑰一盆牡丹,我天天给玫瑰浇水、施肥,牡丹照料得很少。不料,"_____,_____"。最后,牡丹竟然还比玫瑰早开了花。

（3）王杨的爷爷靠勤劳致富,但他依然节俭,他经常对孩子说,"'_____,_____,勤劳节俭的家风要代代相传。"

（4）小张同学不太爱读书，妈妈语重心长地对他说："'＿＿＿＿＿＿，＿＿＿＿＿＿'，你一定要多读书，多经历，才会越来越聪明啊！"

（5）"乌鸦反哺，羊羔跪乳。"爸爸对叔叔说道，"我们要好好地及时孝顺父母，不要等到'＿＿＿＿＿＿，＿＿＿＿＿＿'，那时，后悔都来不及了！"

三、教学资源链接

拓展阅读

《增广贤文》《孔子家语》等。

（编写人：江苏省无锡市连元街小学　赵敏芳）

第五单元

　　本单元编排了《文言文二则》《真理诞生于一百个问号之后》《表里的生物》《他们那时候多有趣啊》4篇课文。《文言文二则》包括《学弈》和《两小儿辩日》，要求学生结合注释理解字词句的大概意思和故事的主要内容，明白文中所讲的道理，并受到一些启发。《真理诞生于一百个问号之后》用三个生动的事例论述了只有善于观察，不断发问，不断解决疑问，锲而不舍地追根求源，才能在现实生活中发现真理。《表里的生物》叙述了作者小时候一段幼稚可笑的经历，从猜想父亲的表里一定有个小生物，到父亲的话证实"我"的猜测，表现出儿童强烈的好奇心和探究欲。《他们那时候多有趣啊》是一篇略读课文，流露出作者对科技发展带来的人文关怀缺失的担忧。

　　本单元以"科学精神"架构单元内容，同时将"体会文章是如何用具体事例说明观点的"这一语文训练的要素渗透在课文当中。激发学生阅读文言文的兴趣，是统编教材对文言文学习的主要目标。《学弈》和《两小儿辩日》都是故事性的文本，而且属于学生比较熟悉的寓言故事类。除了"对照注释，想想每句话的意思"，本课还要引导学生联系上下文，理解非注释字词的意思。随着年级的升高，课文中的长句也越来越多，要在理解的基础上正确断句，熟读成诵，强化和内化阅读文言文的语感。《学弈》中作者的观点是"为是其智弗若与？曰：非然也"。《两小儿辩日》中两个小儿的观点各不相同，这些观点都由具体事例进行说明。《真理诞生于一百个问号之后》是一篇议论文，题目就是课文的主要观点。这篇课文一是让学生了解科学发现的一般规律——"真理诞生于一百个问号之后"，从中感受、领悟到见微知著、独立思考、锲而不舍、不断探索的科学精神；二是学习课文用典型的事例说明观点的写作方法，了解每个事例是按照提出"问号"、从"问号"到"感叹号"的探索、揭示"感叹号"这样的顺序来介绍的，从中大致了解议论文的体裁特点；三是能迁移课文的写法，用几个具体事例说明一个观点。《表里的生物》一课叙述质朴，就像与人倾心交谈自己童年的一件难忘趣事。教学时要抓住课文中对人物对话和心理活动的描写，引导学生了解文中的"我"是个怎样的孩子，并从课文中找出相关的语句印证自己的观点，激发学生善于观察、勤于思考的习惯和不断探索的精神。"我"一开始猜测父亲的表里一定有一个生物,听了父亲的话认定里面是一只蝎子,后来又慢慢否定了自己的猜测。学习《他们那时候多有趣啊》,教师需放手让学生采用默读等方式阅读批注、质疑问难、交流分享,引导学生感受科幻小说构思新颖、想象奇特的文体特点和本课通过人物对话巧妙展开情节的表达方法。第三学段侧重考察对文章表达顺序和基本表达方法的了解领悟;第四学段侧重考查厘清思路、概括要点、探究内容等方面的情况,以及读懂不同文体文章的能力。本单元在关注第三学段课标的同时,也需关注第四学段的课标要求,做到主动衔接。

六年级的《口语交际》由感性动情的表述向理性深刻的表述过渡,强调要点和有条理的表达,做到以理服人。本单元的口语交际内容为"辩论",教材中提示了辩论前要做的准备和辩论时的主要任务,针对任务还提供了了两点"小贴士"。辩论前的准备紧扣"体会文章是如何用具体事例说明观点的"这一语文要素,引导学生围绕观点有针对性地搜集材料,选择的事例要有说服力并学会梳理、归纳。口语交际着重培养学生倾听、表达、应对三种能力,辩论时的三个要点和小贴士都照应了"辩论"这一特殊的交际形式,同时关注了有理有据和用语文明的要求。小贴士的用意主要是告知,要理解并通过实践落实。

统编教材四、五、六年级共安排了 12 次想象类习作,本单元的习作是最后一次,主题为"插上科学的翅膀飞",同时这也是学生第一次在习作中展开想象写科幻故事。教材先用提示的方式引导学生选择不同的"如果……"展开想象,丰富习作题材。写之前和同学的交流,主要是让学生回忆看过的科幻故事,聚焦现实中不存在但看起来令人信服的科学技术,了解它们对人们生活和命运产生的影响。交流后的设想,侧重于引导学生大胆想象故事中不可思议的科学技术给人物带来的奇特经历。本次习作虽然鼓励学生将头脑中天马行空的想象记录下来,但更要看"谁写的科幻故事奇特而又令人信服"。科幻故事需要有一定的合理性,这是对高年级学生想象类习作的要求。

《语文园地》分"交流平台""词句段运用""书写提示""日积月累"四部分。"交流平台"重在培养学生良好的学习习惯。"词句段运用"第一板块要求借助文言文里学过的生字,推想词语的意思,可与《文言文二则》的教学进行整合;第二板块"句段"的运用,侧重体会间接引用和直接引用名人名言的好处。"书写提示"重在引导学生将楷书写得美观大方,并初步体会行书的笔意。"日积月累"呈现的"有观点"的古代谚语,重在熟读成诵。

单元语文要素一览表(体会文章是如何用具体事例说明观点的)

课文	要素解析
文言文二则	初步感受用不同事例说明同一观点和不同观点分别用不同事例说明的方法

课文	要素解析
真理诞生于一百个问号之后	学习用典型的事例说明观点，学习按照一定的顺序呈现事例，并能仿照这种写法用几个具体的事例说明一个观点，进行小练笔
表里的生物	提炼文中观点，并找出相关的语句印证观点，初步感受观点是会变化的
他们那时候多有趣啊	能从文中找出不同背景下的事例，发现作者想要表达的观点，并有自己初步的思辨
口语交际	学习有针对性地搜集材料、选择事例证明自己的观点和反驳对方的观点
习作	尝试在想象的世界用科幻而又合理的事例表达自己的观点
语文园地	体会间接引用和直接引用名人名言说明观点的好处

（编写人：江苏省常州市武进区星河实验小学　钟桂芳）

14 文言文二则

学　弈

　　《学弈》节选自《孟子·告子上》。弈秋是史上有记载的围棋名人,关于他的记载,最早就见于《孟子》。在这篇课文里孟子称奕秋为"通国之善弈者",对他予以极高的评价。本文讲述了两个人跟随弈秋学棋,但效果截然不同的故事,阐发了学习要专心致志的道理。

　　本单元的语文要素是"体会文章是如何用具体事例说明观点的"。本文言简义丰,事中见理,层次分明地表达了不专心致志便学不好本领的道理,告诉我们,只有专心致志才能有所成就。全文共5句话,可以分为3层。第1句是第1层,指出弈秋是全国最擅长下棋的人,为下文做铺垫。第2层(第2、第3两句)写两个人同时学棋,表现截然不同,结果也自然不同。学习专心致志,把弈秋所教的话完全记在心里的那个人,学习效果很好;另一个人表面上虽然在听,实际上却神游八荒之外了,学习效果远远比不上前一个人。两人差异巨大,对比鲜明,为什么呢? 让人忍不住想一探究竟。于是在第3层(第4、第5两句)进行了自问自答:"为是其智弗若与? 曰:非然也。"在自问自答间,态度鲜明地表达了后一个人只因为不肯专心致志地学习才落后的观点。

　　文章使用了对比手法,将两人不同的学习态度及不同的学习结果进行对比,"其一人专心致志,惟弈秋之为听",而另一人"虽听之,一心以为有鸿鹄将至",学习态度的差别通过"惟"和"一心"表达出来,其中也暗含了作者的态度。文章以故事取譬来讲道理,深入浅出,读来让人信服。

教学目标:

1. 学会本课生字,了解故事内容,正确流利地朗读课文,背诵课文。

2. 品读全文,联系实际,感悟学习时必须专心致志、不可三心二意的道理。

3. 初步感知文言文的语言特点,体会文言文的精练。

教学过程:

板块一　激趣导入,引入新课

1. 讲述故事:古时候有一个姓孟的孩子,大家称呼他的母亲为孟母。孟母把家安在集市边,不久,她的儿子学会了吆喝着做买卖。孟母想,这样下去,将来孩子就成了小贩了。她就带着孩子搬了家,搬到了一座山脚下。到了清明节,扫墓祭祀的人很多,她的孩子学会了跪、拜等动作,孟母一看,不得了,这样下去,孩子不就学会跳神变得迷信了吗? 于是她赶快搬家,搬到了学堂边。她的儿子跟着先生读书了,这下孟母终于放心了。这个孩子就是中国历史上鼎鼎有名的儒家代表人物孟子。今天我们来学习选自《孟子·告子上》中的一篇文言文——《学弈》。这篇文言文仅有 5 句话,70 个字,是一篇短小精悍的寓言故事,其中蕴含着做事的道理。

2. 板书课题:示范写"弈"字——学生书空——读准音。

3. 解题:齐读课题,有谁知道题目中"弈"是什么意思?"学弈"又是什么意思?

板块二　朗读文本,层层推进

1. 字正腔圆,读古文。学生展示生词掌握情况,生生互评。特别注意字音读正确。

2. 有板有眼,诵古文。出示标有停顿的原文,引导学生把古文的节奏读出来。

弈秋,通国之/善弈者也。使/弈秋/诲/二人弈,其一人/专心致志,惟/弈秋之为听;一人/虽听之,一心以为/有鸿鹄/将至,思/援弓缴/而射之。虽/与之/俱学,弗若之矣。为是/其智/弗若与? 曰:非/然也。

3. 潜心吟咏,赏古文:古文讲究吟咏,要读出文章的节奏。(师示范吟咏古文,学生评价;学生展示,生生评价)

板块三　释疑探究,感悟文意

1. 方法引路,自主学文。

提示:学生先结合注释自主理解文言文字词句,感悟意思,后小组合作交流。

2. 释疑探究,揣摩词句。

（1）谁学弈？向谁学弈？你是从哪句话知道的？（相机出示：使弈秋诲二人弈）

理解"诲"的意思。《论语》里有句话"诲人不倦"，就是讲教育人要耐心，不感到疲倦。这个"诲"也是"教"。

（2）弈秋，何许人也？（相机出示：弈秋，通国之善弈者也。）何为善弈者？（擅长下棋的人）

（3）指导朗读。师生合作表演读。师问：弈秋，何许人也？生答：弈秋，通国之善弈者也。

（4）学以致用，引导学生用这种句式夸一夸身边的人。例："王老师，通校之善教者也。""小红，通班之善舞者也。"

（5）指导理解"之"意：浏览课文，发现什么字最多？"之"。（出示全文，"之"加红）6个"之"意思都一样吗？

3. 结合注释，疏通全文。

引导点拨：重点抓住"惟""俱""善""弗"和"之"字进行理解。"虽与之俱学，弗若之矣。"这个句子省略了主语，前面要加上"这个人"。

板块四　潜心涵咏，文理共生

1. 引导学生学习"学弈结果"：俗话说名师出高徒，弈秋是否教出了两个棋艺高超的学生呢？他们两个学弈的结果怎样？（出示句子：虽与之俱学，弗若之矣。）

2. 师：两人一起学习，第二个人和第一个人相比较，怎么样？"弗若"什么意思？连起来说说这句话的意思。（相机板书：成功；失败）

3. 质疑：同样是学弈，同样的老师，学习的结果却如此不同。不由得让人发出疑问——

（相机出示：为是其智弗若与？曰：非然也。理解意思并相机指导朗读）

4. 探究俩人学弈的态度：

（1）问题情境：第一个人如何学弈的？你还能用哪些词表达出与专心致志一样的意思？再看看，哪个小句具体表现了他的专心致志？相机品读句子"惟弈秋之为听"。

（2）图文结合，感受第一个人的专心致志（课件出示插图）

提示：引导学生从人物动作、神态等方面仔细观察。

图上哪一个人专心致志，惟弈秋之为听？

也许在他身边的树上正有一只鸟儿在尽情地歌唱，他听见没有？也许身边草丛中有一只小虫在弹奏乐曲，他听见没有？也许身边的小河正哗哗地流淌，他听见没有？没有，都没有。他正在"惟弈秋之为听"。

（3）追问：一人如此学弈，另一人呢？谁读给大家听听？（相机出示：一人虽听之，一心以

第五单元　157

为有鸿鹄将至,思援弓缴而射之。)

（4）图文结合,感受另一人的三心二意:尽管这个人也在听,可学弈时一心想其他的事,不是一心一意,这是三心二意。（板书:三心二意）

（5）分角色对比朗读:现在,男女生比赛着读读这一整句话。男生读第一个人学习情况的句子,女生读第二个人学习情况的句子,看谁读得好,读得专心致志?

（6）反复吟诵,内化文本。教师提问,学生用课文中的话来回答。

师:"弈秋,何许人也?"生:"弈秋,通国之善弈者也。"

师:"使弈秋干什么?"生:"使弈秋诲二人弈。"

师:"其二人如何学弈?"生:"其一人专心致志,惟弈秋之为听;一人虽听之,一心以为有鸿鹄将至,思援弓缴而射之。"

师:"学弈结果如何?"生:"虽与之俱学,弗若之矣。"

（7）欣赏根据课文改成的动画片,请同学们一起用课文中的句子给它配配音。

板块五　联系生活,拓展运用

1. 学生联系生活实际说收获。

2. 总结。其实,学弈就是学做人。只要我们走的每一步人生之棋都是认真的,专心致志的,我们就是永远的胜利者。

3. 写信劝说。眼看第二个人什么也没学会,大家想不想劝他几句? 平时我们班上有没有这样的同学呢? 如果当面不好劝,可以写一封信。

- → 三、教学资源链接 -

内容注解

关于孟子

孟子生活在社会动荡不安、人民生活十分痛苦的战国时代。当时,各大国之间"争地以战,杀人盈野;争城以战,杀人盈城"（《孟子·离娄上》）;统治者是"庖有肥肉,厩有肥马"（《孟子·梁惠王上》）;人民是"仰不足以事父母,俯不足以蓄妻子,乐岁终身苦,凶年不免于死亡"（《孟子·梁惠王上》）。面对这样的社会现实,孟子最早提出了"民贵君轻"的主张,呼吁各国诸侯重视人民的作用；提出残暴之君是"独夫"，人民可以推翻他；强烈反对不义战争，认为只有"不嗜杀人者"，才能一统天下。孟子向往着历史上尧舜的功绩，他到处游说，宣扬他的"仁政""王道"，并把这一希望寄托在统治者发仁心上，力图维护西周的井田制度，从而使天下归顺，达到成就王业，"黎民不饥不寒"的目的。这些都反映出孟子继承并发展了前代政治家、思想家提出的民本思想，他的这些思想对于恢复经济、发展生产，使人民得以休养生息，有一定的价值。

（编写人：江苏省常州市新北区飞龙实验小学　蒋熙玲）

两 小 儿 辩 日

➡ 一、文本教学解读

　　本文是一则寓言，篇幅短小，故事简单，但构思却颇具匠心。起笔处以无名"小儿"与"圣人"孔子对举，其地位之高下、学问之多寡，本来判若云泥；行文中连出八个"日"字，反复强调所辩之物乃极常见之事物，这部分既写所辩内容，展示思路，也兼作蓄势；收束处写孔子瞠目无对，小儿笑且嘲问，将起笔处之高下、多寡一笔击破，有不尽之余味。

　　从语言表达来看，本文兼具整饬与自由双重美感，叙事部分长短错综，简洁明了，几无赘语；对话部分句式整齐，偶有押韵，读来朗朗上口。对话是本文的主体内容，两小儿的话针锋相对，寸步不让。下断语时斩钉截铁，充满自信；说理由时既述且问，辞气充沛，突出了"辩斗"的特点。

　　如何理解它的寓意？寓言的寓意大致可分为基本寓意（也叫"具体寓意"）和引申寓意（也叫"普遍寓意"）两种，基本寓意来自创作者的意图，往往存在于上下文之中，而引申寓意则多受读者的理解角度、诠释意图的影响。就本文而言，其基本寓意大致是说天下之大，万物之多，知识无穷，即使博闻广知的圣贤也不可能全知全能。

　　"体会文章是如何用具体事例说明观点的"是本单元的语文要素。"两小儿"证明自己观点的思路是完全一致的，即先给出观点，然后用生活中的常理（"远者小而近者大""近者热而远者凉"），结合自然现象（"日初出大如车盖，及日中则如盘盂""日初出沧沧凉凉，及其日中如探汤"），来印证自己的观点。他们两人所用的常理是人们熟悉的，所举的自然现象也是真实存在的,因此,可以比较好地证明自己的观点。

文言文教学中要以读为主,边读边理解文意。以读为主,在多种方式的"读"的过程中理解文意,包括字词含义和文章大意。就本文而言,除了在"读"中理解一般的词义,还要特别注意理解动词、称谓语、语气词,把握句式中透露出来的语气、态度和情感。做到了这些,才能真正读好文章,而不只是简单化地"表演"或"拿腔拿调"。

教学中要重点指导学生理解"两小儿"印证自己观点的思路。结合课后习题,厘清"两小儿"所举现象、常理与观点的对应关系,在此基础上理解"辩斗"的思路。如果学生能感觉到证明过程中的问题,教师也可适当引入些逻辑知识,深化学生的理解。在教学逻辑方面的知识时,要注意语文教学的核心任务和学生的接受能力,不宜过多讲授。

立足文本,多元思考,比较拓展。教师可指导学生从多个角度理解课文,思考寓意,但要从文本出发,不可天马行空,随意引申。从"辩日"的角度,可以认为本文在寓示一个道理:即使是我们非常熟悉的事物、现象,也可能包含有我们不知或不确知的道理、知识,需要关注、深思。

从"小儿"和"孔子"的角度,本文可以这样理解:只要善于观察,勤于思考,即使是小孩子也能有独特的发现、独到的思考;学识渊博、名高望重的孔子能在两个小孩子面前坦率承认自己有所不知,贯彻自己"知之为知之,不知为不知,是知也"的主张,而不是故作高深或恼羞成怒,的确令人敬佩。

对现代人来说,这则寓言提示我们:看事物不能只看现象,不求本质,否则将为现象所惑,难得真知,更难求真理。

▶ 二、教学活动设计

教学目标:

1. 结合注释,读懂课文,用自己的话讲述故事。

2. 理解"辩斗"的主要内容,把握"两小儿"言说的思路。

3. 把握寓意,基于文本,从不同角度自由思考、探究本文的丰富内涵。

教学过程:

板块一 经典对答,揭示课题

1. 师生对答:三人行——必有我师焉。温故——而知新。

2.揭题解题:今天我们一起来学习与孔子有关的故事《两小儿辩日》。

(1)指导"辩"的书写:"辛"在左,竖变撇;"言字旁"在中间,要变短;"辛"在右,竖要直。

(2)解题:两小儿争辩太阳什么时候离我们远,什么时候离我们近。

板块二 读通读顺,了解文意

1.检查朗读:请同学大声自由地朗读这篇文言文,把它读通读顺。

2.范读指导:注意文言文朗读要声断气连、注意断句、语速较慢。

3.质疑问难:学生自主提问,在交流中初步了解文意,小结文言文的几种学习方法。

(1)图片理解:"盘盂""车盖"。看到图片你发现了什么?

(2)注释理解:①"以""探汤""沧沧凉凉"。要求:把注释带入课文里,用自己的话说说课文的意思。②"乎",相当于现代文中哪个字?

(3)组词理解:"决"——决断,判决。

(4)古今对照理解:"汤"——①今指"食物加热煮熟后的汁液";②古指"热水"。

(5)拓展理解:"问其故"的"故",书上没有注释。可以查字典,联系上下文来理解。

出示四种解释,在不同的语言环境中"故"的意思是不同的:

① 露从今夜白,月是故乡明。(家乡)②温故而知新。(旧的)③故国神游。(旧地,这里指赤壁古战场)④劝君更尽一杯酒,西出阳关无故人。(老朋友)

课文中的"故"是"缘故"的意思。

4.讲述"孔子东游"背景:原来"东游"不是游玩,而是游学推行自己的政治主张。看,故事的开头,古人只用了13个字就交代了蕴含丰富内容的故事背景,可见文言文的语言是多么精练。

5.对照注释,想想每句话的意思,连起来说说故事的内容。

提示:讲故事过程中,教师评估学生是否准确理解了重点字词,并及时指导、纠正。

板块三 学习辩斗,辩出情趣

1.边读边思,边找边画,找出课文中写到"日"的句子,厘清层次。

要点:这就是两小儿争辩的过程。

2.利用表格,指导学生分清"两小儿"各自的观点和依据。

人物	观点	事理	依据(事实)
小儿甲	日始出时去人近,日中时远	近者大,远者小	日初出大如车盖,及日中则如盘盂

(1) 找争辩的观点。出示:

一儿曰:"我以日始出时去人近,而日中时远也。"

一儿曰:"我以日初出远,而日中时近也。"

(2) 练习对辩。

提示:两小儿观点截然相反。注意表达观点时的语气、语调。

(3) 找争辩的理由。出示:

一儿曰:"日初出大如车盖,及日中则如盘盂,此不为远者小而近者大乎?"

一儿曰:"日初出沧沧凉凉,及其日中如探汤,此不为近者热而远者凉乎?"

(4) 质疑探究:为什么会有这样的不同观点? 联系自己生活经历说说。

要点:他们观察的角度不一样。

(5) 朗诵指导:我们再来读两小儿的观察结果,体会他们不同的观察角度。男生读前面一小儿,女生读后面一小儿,老师读提示语。

提示:

一儿从视觉的角度观察太阳,观察的结果是——

一儿从触觉的角度观察太阳,观察的结果则是——

小结:一个说早上近中午远,一个说早上远中午近。两小儿各说各的观点,各说各的理由,你不服我,我不服你,谁也不肯善罢甘休。用书中的一个词来说,就叫——辩斗。

3. 分解色朗读,表现"辩斗"活动:文言辩斗——文白辩斗——男女生对辩——师生辩斗。

提示:突出"斗"的感觉,可以适当添加内容,注意表情、动作的配合。

4. 追问提升:在这激烈的辩斗中,你们觉得这两小儿身上有哪些值得我们学习的地方呢?

要点:辩斗不是吵架,不是胡说八道。辩斗中,我们看到了两小儿的天真烂漫,看到了他们对生活的敏感和思考,也看到了他们不人云亦云、不轻易放弃自己观点的坚持和独立。

板块四　迁移运用,"智"的启迪

1. 情境创设:两个孩子的理由都十分充分,以至于连孔子这样的大圣人都无法决断,还引来了两个孩子的笑话。出示:两小儿笑曰:"孰为汝多知乎?"指导朗读。

2. 学生练笔:假如你就是孔子,听了两小儿的话,你会怎么想,怎么说? 请写下来。如果你用白话文写,那自然是件驾轻就熟的事;如果你愿意尝试用文言文写,那最好。

要点:知之为知之,不知为不知。这真是"青出于蓝而胜于蓝"呀!

3. 师小结:太阳距离地球的远近这个问题,今天在我们看来,是一个科学常识,并不太难。但在两千多年前,却是一个难题。不但难倒了两个爱思考、爱辩斗的小儿,也难倒了大思想家、大教育家孔子。但是作为一种人生智慧,两小儿的独立思考、大胆质疑,孔子的实事求是、虚心好学,却像每天升起的太阳一样依然照耀着我们。我们不仅需要自然的太阳,也需要智慧的太阳!

三、教学资源链接

(一) 内容注解

《列子》简介:《列子》(于前450至前375年所撰)是道家重要典籍,又名《冲虚经》。汉书《艺文志》著录《列子》八卷,早佚。今本《列子》八卷,从思想内容和语言使用上看,可能是后人根据古代资料编著的。全书共载民间故事寓言、神话传说等134则,是东晋人张湛所辑录增补的,题材广泛,有些颇富教育意义。

(二) 拓展阅读

1. 关于本文的寓意,历来有不同的看法。有人认为是肯定"两小儿"的善于观察、勤于思考;有人则理解为知识无穷无尽,即使圣贤也不可能全知全能。说说你的理解。

2. 拓展阅读王充《论衡·说日》的片段(见下文)。课后小组合作,完成一组学习任务。

儒者或以旦暮日出入为近,日中为远;或以日中为近,日出入为远。其以日出入为近,日中为远者,见日出入时大,日中时小也。察物近则大,远则小,故日出入为近,日中为远也。其以日出入为远,日中时为近者,见日中时温,日出入时寒也。夫火光近人则温,远人则寒,故以日中为近,日出入为远也。二论各有所见,故是非曲直未有所定。

(1) 阅读选段,理解文意。

(2) 想一想选段内容与《两小儿辩日》中"辩斗"的思路是否相同。

(3) 比较选段与课文的表达方式有什么不同,分析两种表达方式各有什么特点,说说你更喜欢哪种"说理"方式。

（4）比较哪篇文章的内涵更丰富，想想这与表达方式有什么关系。

（编写人：江苏省常州市新北区飞龙实验小学　蒋熙玲）

15　真理诞生于一百个问号之后

➡ **一、文本教学解读**

《真理诞生于一百个问号之后》是一篇议论文，课题就是课文的主要观点。课文主要用三个事例论述了只要善于观察，不断发问，不断解决疑问，锲而不舍地追根求源，就能发现真理。

课文可分为三部分：第一部分（第1自然段）开门见山，提出观点。明确指出"真理诞生于一百个问号之后"本身就是"真理"。第二部分（第2—5自然段）运用事例，证明观点。这是文章的主体部分。首先概括地指出千百年来的科学技术发展史上，在科学领域有所建树的人都是在把"？"拉直变成"！"之后才获得真理的。由此引出科学发展史上的三个有代表性的事例。第一个事例是英国的著名化学家波义耳偶然发现盐酸会使花瓣变红，继而进行了许多实验，终于发明了酸碱试纸。第二个事例是德国气象学家魏格纳观察世界地图时发现，美洲东海岸的凸发部分与非洲西海岸的凹陷部分互相吻合，后又结合生物学家米歇尔逊发现的蚯蚓分布情况，整理出了"大陆漂移学说"。第三个事例是俄裔美国睡眠研究专家阿瑟林斯基从儿子做梦时眼珠转动这个现象，经过反复观察和分析，得出了心理学家研究做梦的重要依据。第三部分（第6、第7段）总结全文，重申观点。指出科学并不神秘，也不遥远，关键在于见微知著，不断探索，善于独立思考，具有锲而不舍的精神。

本单元的语文要素是"体会文章是如何用具体事例说明观点的"，选编这篇课文的意图，一是让学生了解科学发现的一般规律——"真理诞生于一百个问号之后"；二是学习课文用具体典型的事例说明观点的写作方法，了解议论文这一体裁的特点并尝试练笔。

虽然六年级学生已有一定的自学能力，但由于接触议论文较少，在本课学习中仍然要充分发挥教师的点拨与指导作用：在初步明确中心观点的基础上，通过阅读三个事例，发现所列举事例的共同点与不同点，以及各个事例在阐述过程中的侧重点，体会课文是怎样运用具体的事例来论证观点的。在仿写练习部分，可以先让学生练习围绕观点选择论证材料，形成提纲后再进一步斟酌事例在论证过程中如何表述才能更起到凸显论点的作用。教学过程中,除了要注重培养学生的质疑和探索能力,还要注重结合课文结尾培养学生辩证思考的能力。

二、教学活动设计

教学目标:

1. 用集中识字和分散识字相结合的方法学习本课生字,重点学习"域""械"的书写,读准"花圃""凹陷"等词,理解"司空见惯""锲而不舍"等词的意思。

2. 阅读文中所举的事例,正确理解"真理诞生于一百个问号之后"的含义,在对比辨析中学习课文是如何用具体的事例论证观点的。

3. 学习用具体事例说明观点的方法。

教学过程:

板块一　检查预习,学习字词

1. 出示字词,检查预习:

第一组:花圃　凹陷(指名朗读,相机正音)

第二组:机械　领域(指名朗读,提示生字"械""域"的笔顺)

第三组:锲而不舍　见微知著(指名朗读,指导用突破关键字的方法理解词语。补充:《荀子·劝学》:"锲而舍之,朽木不折;锲而不舍,金石可镂。")

2. 齐读词语。

板块二　提出观点,质疑解疑

1. 有人说过这样一句话:真理诞生于一百个问号之后,并且说这句话本身就是一个真理。

读一读这句话,你是否读出了疑问。

预设:题目中的"问号"指什么? 真理一定诞生于"一百个"问号之后吗?

2. 接着,作者具体阐述了这句话的含义。指名朗读第 2 自然段。

点拨:

（1）细微的：细小的，微小的。

（2）司空见惯的：人人都习以为常的。（列举生活中"司空见惯"的例子，再进一步拓展"司空见惯"这一典故，让学生感受到熟悉的知识背后也会有富有新意的内涵）

（3）把"？"拉直变成"！"：通过填词的方式帮助理解句子的含义，再通过比较体会课文表达的趣味性。

3. 解决读题时提出的疑问："问号"可以理解为发问、解决疑问、追根求源；"一百个"是虚指，表示充分、许多。

板块三　辨析写法，迁移运用

1. 课文怎样证明"真理诞生于一百个问号之后"这句话是真理呢？默读课文，试着概括文中列举的三个事例。

2. 交流并完成表格：

主要人物	发现现象	研究过程	研究结果
英国著名化学家波义耳	紫罗兰的变色	进行了许多实验	发明了酸碱试纸
德国气象学家魏格纳	大陆板块的吻合	阅读文献，搜集证据	整理出"大陆漂移学说"
俄裔美国睡眠研究专家阿瑟林斯基	儿子做梦时眼珠转动	反复观察和分析	得到了心理学家研究做梦的重要依据

3. 阅读表格，你发现课文所举的三个事例有什么相同点？有什么不同点？

相同点：

（1）借助文中的"立刻敏感地意识到""突然发现""感到很奇怪"等词和短语引导学生体会事例中的人物善于发现、善于思考的特点。

（2）引导学生结合自己的生活实际体会三个现象都是"细微"的、"司空见惯"的。

（3）阅读文中有关成果影响的语句体会三位研究者的研究成果十分显著，具有深远的影响力。

（4）从写法的角度引导学生发现每个事例在写的过程中重点写了发现现象和研究成果两个方面，而研究过程则简单带过。

点拨：

一般我们平时写文章，写到类似的事例会很注重写人物是如何做研究的，从而体现人物的精神品质，为什么这篇课文中的三个事例却仅仅用一两句话简单带过了具体的研究过程？引导学生结合课题得出结论:本文重点要论述的是"问题"和"真理"之间的关联,因此研究过程可以不必详细阐述。

不同点:

(1) 三个事例分属不同领域。

(2) 三项研究对应的成果有的是揭示了规律,有的是发明了新的事物。

点拨:

这三个事例都论述了"真理诞生于一百个问号之后"这一观点,在事例安排的顺序上是否可以作调整? 引导学生发现事例排列的规律。

4. 拓展练习:

(1) 如果接下来我们要写一篇观点为"实践出真知"的文章,你会选择哪些事例来论述?(可以列举如神农尝百草、彭德怀种小麦、司马迁写《史记》时考证魏国历史等事例)

(2) 结合学生实际举例,思考事例安排的先后顺序。

(3) 这些事例在列举时,需要重点突出哪些内容? 为什么?(重点突出有关"实践"的过程和得到的"真知")

(4) 小结:不但要围绕论点选择合适的例子,展开事例时也要有所侧重,以突出重点。

板块四　推敲字眼,领悟内涵

1. 阅读第 6 自然段,完成填空:

_____的人就有可能发现真知。

预设:见微知著的人、善于发问并不断探索的人、解答了若干个问号的人。

2. 阅读第 7 自然段,完成填空:

_____的人才能发现真知。

预设:有准备的人、善于独立思考的人、具有锲而不舍精神的人。

3. 比较两组句子的不同,思考"就"和"才"表示的含义有什么差异。

4. 为什么第 6 自然段集中表达了"……的人就有可能发现真知",而第 7 自然段集中表达了"……的人才能发现真知"?

小结:发现真理不但需要有好奇、有发问,更要有锲而不舍的研究精神。两段话之间是递进关系。

拓展阅读

阅读《说勤奋》《滴水穿石的启示》《学会合作》几篇课文,想一想这一组议论文在提出论点、论证论点方面的异同,和同学交流交流。

（编写人:江苏省常州市武进区星辰实验学校　曹志科）

16　表里的生物

一、文本教学解读

《表里的生物》是冯至写的回忆性叙事散文。讲述了小时候的"我"探寻表里生物的一段经历。一开始,我认为能发出声音的都是活的生物,但父亲的一块怀表打破了自己的认识。在好奇心的驱使下,我经历了遇表质疑、听表猜测、看表证实、再次质疑的阶段,最后发出"这样的话我不知说了多久,也不知道到什么时候才不说了"的人生感悟。这段经历看似幼稚可笑,却包含着思考的香味、童年的甜味。

本单元的语文要素是"体会文章是如何用具体事例说明观点的"。"我"探寻表里生物的经历隐藏着一个完整的科学探索的过程。小小的"我"是"运用具体事例说明自己观点"的高手。"我"在探寻表里的生物过程中,有自己思路,观点清晰,过程完整,层层递进:基于生活中观察到各种可以发出声音的事物,"我"得出凡是能发出声音的,都是活的生物的观点;基于听到表里有声音的事实,我推测得出怀表里一定也有一个蝉或者虫一类的生物,被父亲关在里面;基于亲眼观察到的表中的情形,我得到证实表里边有活的生物;基于向父亲询问未果的经历,"我"又产生了新的疑问和猜测。这样的探究思路既遵循逻辑推理,又依托各种证据。而且,"我"观点表达严谨,当证据是亲自检验过的,敢证实、论证,当证据是听说,或者不充分时,观点大多为猜测、推理。所以,在教学的过程中,引导学生聚焦"我"探寻中的思考过程具有重要的价值。不仅要引发学生思考在探寻的过程中"我"产生了哪些观点,更要思考"我"是如何结合事例说明观点的,体会在科学探索的过程中如何有理有据地说明自己的观点。

"我"探寻表里的生物经历让人在啼笑皆非之余又深感趣味。这缘于作者将思考探索的过程与儿童幼稚可爱的天性融为一体,在平实、朴素中流露出真情实感。作者除了完整地展现思考过程,还展现出一个善于观察、乐于思考的孩子形象。作者还着重描写了父子的两次对话和"我"探寻过程中心情的变化,以近乎素描的笔触(没有任何对话时的神态、语气等修饰成分)描摹了"我"与父亲之间的对话。在对话中,"我"以提问居多,而且每一个提问都衍生于父亲的回答中。在连续的追问中,"我"的思考和探索不断深入,在连续的追问中,一个积极思考、大胆想象、刨根究底的孩童形象也跃然纸上。同时,"我"的心情变化与父亲的阻拦交织展开:父亲越不让我动,我的好奇心越是一天比一天增加;父亲越不让我动,我的手指越想动,但又不敢,因此很痛苦;父亲允许我看了,我高兴到心都在加速跳动;父亲给我看但随时会盖上,我兴奋中带着害怕。细腻的心理描写散落在文章中,将其串联到一起,透过趣味横生的心理起伏变化,我们对这个充满强烈的好奇心,对探索未知极其渴求的孩子认识越来越深。

在探索文章奥秘中,这个充满好奇心、善于观察、积极思考、乐于实践、大胆想象、刨根究底的孩童形象逐步在学生心中鲜活起来。教学过程中,教师可以以"'我'是一个怎样的孩子?"为切入点,一方面,培养学生通过观其行、听其言、悟其心,深入人物形象,另一方面引导学生结合文中描写思考、语言、心情的语句来论证自己的观点。让学生在此过程中不仅实践用具体事例说明观点的方法,还产生共鸣,联想自己类似的生活经历,树立从小热爱科学探究的意识,埋下好奇又爱思考的科学精神。

二、教学活动设计

教学目标:

1. 归类识词语,正确书写"蟋蟀",结合课文了解"蝎子""生物"。

2. 品读人物,运用观其行、听其言、悟其心的人物品读方式,感受充满好奇心、善于观察、积极思考的人物形象。

3. 通过品读思考过程、交流对人物形象的感受,体会用具体事例说明观点的方法。

4. 群文阅读,培养好奇而又爱思考的科学精神。畅谈童年经历,感受童年的趣味。

教学过程:

板块一 读题质疑,寻找表里的生物

1. 揭示课题。学生质疑:谁去寻找? 表里的生物是什么? 怎么找到的?

带着你对课题的好奇和思考读一读课文。

2. 归类识词,寻找表里的生物。

出示词串:

狗吠　蝉鸣　蟋蟀　蝈蝈　蝎子

（1）读词。指导正确书写"蟋蟀"。引导学生发现以上词语的共同点——都包含了"活的生物"。

（2）交流作者寻到的表里的生物是什么?

要点:结合图片和文中词语"蜇人""丑恶""恐怖"认识蝎子。

3. "我"在表里寻找到了蝎子,对于这样的结果,你有什么想说的?

小结:这篇文章就是冯至成年后回忆自己童年时寻找表里的生物的故事。童年的发现虽然常常让人感觉不可思议,甚至滑稽可笑,却留下了成长的印记。

板块二 合作探索,概述寻找的过程

1. 童年时期的冯至是如何探索怀表,寻找到表里的蝎子的呢? 请同学们以四人小组合作探究的方式,共同完成思维导图,了解"我"探索怀表的全过程。

（1）小组合作完成思维导图。

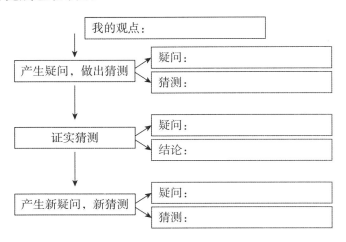

（2）呈现思维导图，组织交流。

提示1：找出文中的相关语句完善思维导图。

要点：

我那时以为凡是能发出声音的语句，都是活的生物。怀表没有生命，怎么能自动发出和谐的声音？表里边一定有一个蝉或虫一类的生物被父亲关在表里。为什么会蒙着一层玻璃？因为表里面有一个活的生物。为什么把可怕的蝎子放在好的表里面？也许因为这里的蝎子有好听的声音。

提示2：指名朗读第1自然段，围绕思维导图第一条组织讨论，作者是如何说明"凡是能发出声音的，都是活的生物"这个观点的？

要点：用具体的事例说明，从早晨到晚上，从夏天到秋天，从可以自己发声到别人帮助下发声的事例。

小结：丰富的事例让这个观点在我心中根深蒂固。

提示3：默读文章剩下的部分，组织讨论在探索过程中，我的猜测和结论是如何得来的？

要点：结合听表、看表的体验。

2. 伴随着听表、看表的体验，我渐渐揭开表里生物的神秘面纱，结合思维导图，说说我探索怀表，寻找表里生物的故事。学生自由说，全班交流。

板块三　举例品读，体悟人物的形象

在探索的过程中，你发现"我"是一个怎样的孩子？默读全文，从文中画出可以论证你观点的语句，批注你的感受。

学生默读，圈画批注，教师巡视。

组织全班交流：

要点1：聚焦探索怀表的过程、填写在思维导图中的语句，点拨两次体会。

一次扣住"想""证实""猜测"等词重点体会，感悟"我"是热爱思考的。另外一次，去掉"大半""也许"对比体会，体会"我"是思考严谨的。

聚焦第12自然段看表的语句，思考为什么能写得这么仔细。体会到观察仔细才能写得仔细，我们看到了一个善于观察的孩子。

小结：观其行，看到了一个善于思考、善于观察的孩子。

要点2：聚焦文中父子俩的两次对话，在学生交流的基础上，指导两次朗读。

第一次朗读引导思考，发现对话的特点：第二次对话中"我"不停地追问，提示语很简单。

在言语内容和特点中发现"我"有强烈的好奇心,刨根问底,富有探究精神和童真童趣。

第二次分角色朗读,读出"我"的急切、求知若渴,外化对人物的理解。

小结:听其言,听出了一个爱刨根问底,富有探究精神的孩子。

要点3:聚焦描写心情的语句,引导两个层次的体会交流。

第一层次,重点在品味个别语句内涵。

例:越不许我动,我越想动,但是我又不敢,因此很痛苦。这样过了许多天。父亲过了许多天。父亲一把表放在桌子上,我的眼睛就再也离不开它。

抓住"越……越……又……",体会"我"内心的煎熬,抓住"一……就再也……"体会我在强烈的好奇心驱使下对表里生物的强烈渴望。

第二层次,第11—12自然段,对比朗读我的心理活动和父亲的举动,体会在看表过程中我心情的变化,从煎熬、渴求到激动兴奋。

小结:悟其心,我们看到了一个充满好奇心、对探索充满热情的孩子。

提示:此教学板块是开放的交流板块,引导学生结合文中的语句表达自己的观点,根据学生的交流情况相机板书。

小结:我们通过观察行为,倾听语言,品悟心情,看到了一个充满好奇心、善于观察、乐于思考,爱刨根究底的可爱的孩子。

板块四　群文阅读,体会成长的感悟

除了《表里的生物》,同一时期,冯至还写过《彩色的鸟》《猫儿眼》。

出示《彩色的鸟》《猫儿眼》,快速浏览,比较冯至的三篇文章,有什么相同点? 有条理地梳理下来。

全班交流,重点点拨:

1. 文章主题:都是童年故事。相机补充冯至的背景资料及文章创作背景。三篇文章都是作者回忆童年,追忆那"曾经真正感到过片时的快乐"。

2. 人物形象:三篇文章中都出现了充满好奇心、善于思考的孩童形象。美好的发现总是等着充满好奇心和爱思考的人。

3. 在文章的最后一句话都发出了感慨。作为作者成年后写的回忆性散文,文中除了趣味盎然的经历,还有蕴含深意的人生体会。

出示三篇文章的最后一句话,组织讨论:你也有过这样相似的经历吗? 选择其中一句,结合你的生活经历,和同学分享。

要点:自由交流,举出与自己的经历与理解相匹配的例子即可。

(一) 语文知识

冯至,原名冯承植,直隶涿州人,现代诗人,学者。鲁迅曾称赞他是中国最优秀的抒情诗人。毛泽东说他写《杜甫传》是"为中国人民做了一件好事"。

1948年,身处北平的冯至忧心忡忡。物价高涨、经济萧条的社会现状,让他感到内心痛苦、希望渺茫。他连续在《大公报》上发表了三篇讲述自己童年故事的文章,分别是《表里的生物》《彩色的鸟》《猫儿眼》,回忆童年,追忆那"曾经真正感到过片时的快乐"的岁月。

(二) 拓展阅读

《彩色的鸟》《猫儿眼》。

(编写人:江苏省常州市局前街小学　黄妍)

17* 他们那时候多有趣啊

➡️ 一、文本教学解读

《他们那时候多有趣啊》是一篇略读课文,作者借助想象呈现了一百多年后的上学情形:专门的地方,统一的课程都不复存在;老师被机器取代,纸质书被电子屏取代,师生互动变为人机对话等。这一切让读者在玩味情节的同时,也对未来和现实的学习进行反思。

本单元的人文主题是"科学精神",课文的主角大都是儿童。因为好奇又爱思考是儿童的天性,也是打开科学大门的钥匙。本文是一篇科幻小说,它将合理的想象与当下的现实巧妙结合,以幻想的方式表现了作者对当下和未来教育的感悟。课文有独特的叙事技巧,它用一本很旧的纸质书串起全文,以两个孩子关于书本和学习的对话作为主体,穿插描绘了身处未来的他们的学习场景与感受,表现了作者对于教育、学习等问题的独特思考。整个故事既充满了奇特想象,又富于生活气息,构思新颖,立意巧妙。常见的科幻小说往往是立足于现实,想象未来,本文却是立足于未来,反观现实,将读者非常熟悉的纸质书和学校教育作为文中孩子"想象""听闻"的对象,而将实际上是想象的"机器老师""电子阅读"写得真实而"日常"。这样的写法,带给读者一种熟悉的"新鲜感"。作者对教育的反思,就在主人公对现实和过去的感受、想象、比对中凸显出来,引人深思。作为一篇小说,课文运用对话推动情节发展的写法非常自然。课文具有非常朴实的语言风格,两个孩子就像邻家小孩一样在聊天,一问一答之间,故事情节在不断推进,人物的性格在不断呈现,主人公学习生活的环境也不断清晰。

  本单元的语文要素是"体会文章是如何用具体事例说明观点的"。这一课的文体虽然是科幻小说,但一样有"观点",而且用了"现实"和"想象"中的不同事例,通过主人公的感受来间接说明这个观点:过度的学习,无休止的考试,反复出现的挫败感,只会让学生感到厌恶。学生向往人与人之间的交流,向往富有人情味的"因材施教",向往同学之间的互帮互助……

  本单元的习作是写科幻故事,本篇课文也可以当成是一篇习作例文。

  略读课文的教学方式,以学生的自主学习和交流为主,教师做适当点拨。教师可以抓住导语中"用较快的速度默读课文,看看在作者的想象中,未来的上学方式和今天有什么不同"这一问题,引导学生快速浏览,从文本中提炼信息,促进学生的思考和表达。可以引导学生梳理人物对话和主人公感情的变化,发现课文表达的线索,厘清主要情节。可以结合主人公的语言、神态、心理,体会小说中人物的不同性格。

➡️ 二、教学活动设计

教学目标:

1. 理解"鄙夷不屑""憎恶"等词语的意思。

2. 能根据导语部分的问题,自主默读课文,总结未来的上学方式和今天的不同之处。

3. 能通过梳理人物对话和主人公感情的变化,初步感受小说用人物对话推动情节的叙述方法,体会人物的不同性格。

4. 感受科幻小说想象奇特又合理的特点,思考对未来教育的期待。

教学过程:

板块一　质疑导入,学习字词

1. 揭示课题,质疑导入。

揭示课题。"他们"指的是谁,"那时候"又是什么时候? 这句话是玛琪说的。一个生活在一百多年后的小女孩,怎么会知道"那时候"的事情?

这是一篇科幻小说。它不像一般的科幻小说立足现在、展望未来,而是以未来人的视角回顾现在,对我们进行"考古"。让我们来认识一下作者。

2. 自学字词,通读课文。

请用较快的速度默读课文,看看在作者的想象中,未来的上学方式和今天有什么不同。不理解的词语可以圈画出来。

要点:能结合上下文或近义词理解"鄙夷不屑、憎恶"等词语的意思。

鄙夷不屑:轻视;看不起。文中指玛琪看不上这本写学校的书。

憎恶:憎恨,厌恶。文中指玛琪非常讨厌生活中的学校。

板块二　提取信息,感受不同

1. 快速提取信息。

玛琪非常讨厌的上学方式和今天有什么不同呢? 请快速浏览课文,完成表格。

	他们那时候	2155 年
书本		
老师		
同学		
功课		
地点		
感受		

2. 结合表格和课文内容,说说未来的上学方式和今天有什么不同。

提示1:他们那时候,书本是纸质的;老师是真人,给学生讲课、留作业、提问题;同学们一起到学校去上学,一起玩耍,一起学习,一起回家;大家学的功课都一样。玛琪觉得非常有趣,非常向往。

提示2:2155年,学生都通过荧光屏阅读学习;老师是机器,可以调整学习进度的快慢,可以给学生推送测试题目;没有同学,学生都在自己家里学习,每个人学习不一样的功课,没有人可以面对面地讨论。玛琪很讨厌这样的学习方式,觉得很无趣。

板块三　聚焦人物,体会性格

一本很旧的"真正的书",串起了"现在"和"过去"的学习。对"他们那时候"的教育,玛琪的态度发生了怎样的变化呢?默读课文,哪些地方表现了玛琪的态度,请画下来,在旁边简单作批注,说说自己的理解。

提示1:对学校的讨厌,透过玛琪"鄙夷不屑"的神情和语言流露出来。她想起了机器人老师一直给自己出地理测验的烦心事,虽然视察员重新调整了机器人老师教学的进度,玛琪还是希望能把这个机器人老师拿走。她憎恶过度的学习、无休止的考试和反复出现的挫败感。

提示2:"怎么会有人写学校呢?""他们得有一个老师吧?"玛琪的一连串问题表现了她的疑惑,也让我们看出她天真可爱的性格。

提示3:对真人老师、上课地点和学习同样功课的质疑,一方面暴露了玛琪的见识不够丰富,一方面也表现出她对"那时候"的学习方式的怀疑。她怀疑真人老师有机器人老师那么聪明吗? 能根据每个学生的学习进度和智力水平选择不一样的学习内容和学习方法吗?

提示4:第27自然段通过玛琪的想象,再现了"他们那时候"学习的种种美好,与下文机器老师机械的数学教学形成鲜明的对比,表现了玛琪爱幻想的特点,也流露出她对"那时候"学习方式的向往。

板块四　对比发现,感悟写法

1. 这篇课文跟本单元的另外两篇课文《真理诞生于一百个问号之后》《表里的生物》相比,在写作上有什么特别之处呢?

提示1:作为一篇小说,课文大部分都是通过玛琪和托米的对话来推动情节发展的,而且这些对话就像我们平时与邻居或同学的聊天,非常生活化,让人觉得合情合理,有真实感。

提示2:课文中通过玛琪的回忆"插播"了机器人老师教地理和历史的有关情况,让我们对"现在"的个性化学习方式有了大致印象。通过玛琪的想象回望了"他们那时候"的学习方式,让我们对"过去"那个叫做"学校"的地方依然充满热爱。

提示3:作为科幻小说,课文中的妈妈督促玛琪学习,学习的内容依然是历史、地理、数学等,玛琪和托米的性格、对话、思维方式仍和我们一样,这是有现实基础的科学想象。一百多年前已有作家对电子书、机器人老师、一对一的学习方式进行了大胆想象,这是基于人类对科技发展的展望,其实有的在今天已变成了现实。

2. 读完这篇课文,你觉得作者通过对"他们那时候"和"2155年的现在"不同的学习方式的描述,想表达怎样的观点呢?

提示:学习应该是充满趣味的、个性化的、有人性的。

3. 你对教育有着怎样的期待?请大胆想象一下,未来的学习生活还有可能是什么样的呢?小组讨论并与大家分享交流。

4. 推荐阅读艾萨克·阿西莫夫的《机器人短篇全集》。

三、教学资源链接

语文知识

艾萨克·阿西莫夫(1920—1992),美国科幻小说家、科普作家、文学评论家,美国科幻小说黄金时代的代表人物之一。阿西莫夫一生著述近500本,题材涉及自然科学、社会科学和文学艺术等许多领域。代表作《基地系列》《银河帝国三部曲》和《机器人系列》被誉为"科幻圣经",曾获代表科幻界最高荣誉的雨果奖和星云终身成就大师奖。

艾萨克·阿西莫夫提出的"机器人学三定律"被称为"现代机器人学的基石"。第一定律:机器人不得伤害人类个体,或者目睹人类个体将遭受危险而袖手不管。第二定律:机器人必须服从人给予它的命令,当该命令与第一定律冲突时例外。第三定律:机器人在不违反第一、第二定律的情况下要尽可能保护自己的生存。

《机器人短篇全集》是艾萨克·阿西莫夫的短篇小说集,也是一部脍炙人口的科幻小说集。阿西莫夫提出了"机器人学三定律",要求机器人忠实地为人类服务。本书收入的短篇小说,就是围绕这三条定律巧妙构思出来的故事,充满了机器世界中的金属质感,但同样对人予以了刻画。在这样一个科幻世界里,想象力如同在天际翱翔,辅以具有逻辑性与条理性的构想,既有丰富的科学知识,又能给读者以美好的艺术享受。

(编写人:江苏省常州市武进区星河实验小学　钟桂芳)

口语交际：辩论

　　本次口语交际的主题是"辩论"。辩论，是一种能让学生听、说、读、写能力以及思辨能力综合素质得到很好提升的活动。教学目标为：通过指导学生根据论题搜集资料，耐心倾听别人的发言并抓住要点，有理有节地驳斥对方，学会辩论。让学生在辩论中深化思维品质，学会表达自我，共同合作解决问题。教学重点是学会搜集材料，并对材料进行梳理、归纳和标记。教学难点是辩论时能够清晰表达自己的观点，认真倾听对方的论述，找到对方漏洞并且抓住漏洞进行反驳。

　　这节课选择了六年级学生熟悉的"电脑时代需要/不需要练字""不可以说谎/可以讲善意的谎言""人们通过竞争/合作取得更大的成功""现代信息交流方式会/不会增进人与人之间的理解"这四个话题来辩论，让学生有话可说，人人都有想表达的愿望。当然这必须建立在课前充分准备的基础上，根据教材中的"要点提示"指导学生学会搜集材料并认识到搜集材料的重要性。

　　组织辩论时，应注重学生语言的发展和辩论方法的引导。教师相机引导要把握辩论的主题；陈述时要充分利用时间，清晰表达自己的观点；善于倾听对方陈述，抓住对方的漏洞；自由辩论时，进一步强调我方观点，并针对对方观点进行有效的反驳。

　　当然，本节课还应注重对学生人文思想的渗透，如要求辩论要有礼貌等。

教学目标：

1. 了解辩论的有关知识，掌握辩论的流程，提高表达、倾听和与他人交往的能力。

2. 学会搜集材料，并对材料进行梳理、归纳和标记。

3. 辩论时能够清晰表达自己的观点，认真倾听对方的论述，找到对方漏洞并且抓住漏洞进行反驳。

课前准备:结合教材上的辩题以及"要点提示",从理论(名人名言等)和事实(社会现象、名人故事等)两方面搜集材料,指导小组汇总搜集的材料。

教学过程:

板块一　创设情境,以"辩"激趣

1. 同学们,谁在电视节目或现场看到过辩论的场面,给大家描述一下。

说说课前你了解的辩论赛的要求及规程等。

2. 有谁了解"诸葛亮舌战群儒"的故事?("一言之辩重于九鼎之宝,三寸之舌强于百万之师",引发学生对诸葛亮雄辩口才的折服,使其也想练就一番好口才)

3. 同学们都跃跃欲试了,想舌战一回吗?今天我们就围绕课本中提供的辩题展开一场唇枪舌剑的辩论吧。希望每个同学都有收获。有信心吗?

板书:小小辩论会。

板块二　交际指导,以"辩"促学

1. 任务驱动——自选一个感兴趣的辩题,自选辩论形式,分成 4 大组准备。

自选辩题(课件出示):

电脑时代需要/不需要练字

不可以说谎/可以讲善意的谎言

人们通过竞争/合作取得更大的成功

现代信息交流方式会/不会增进人与人之间的理解

自选辩论形式(课件出示):

自由辩论,百家争鸣

分组辩论,初尝对抗

辩论比赛,唇枪舌剑

教师相机点拨:

自由辩论——以讨论的形式为主,双方未必要人数相等,属于最简单的辩论模式,可以率性而为,说出心里话。

分组辩论——正反两方对垒。阵营分明,围绕某一论题,双方各持针锋相对的两个观点,按辩论程序展开辩论。这是通用的辩论形式。根据双方各出人数的多少可分为"2∶2""3∶3""4∶4"辩论形式。目前"4∶4"式被广泛采用。

辩论比赛——抽签决定做正方还是反方,双方推选出四名主辩人,发言顺序为正方(反方)一辩先陈述本方基本观点和论据,接着二辩、三辩进行一对一攻辩。其他学生为观众,可以在自由辩论阶段为本组队员补充。最后正方、反方四辩分别总结陈词,评出正反方最佳辩手。这种辩论更富有挑战性、更有观赏性。

2. 策略呈现——让我们来开一场辩论会吧!

① 辩论前,要作充分的准备。(课件出示)

◎有针对性地搜集材料。既要搜集能证明自己观点的材料,也要搜集能反驳对方观点的材料。

◎选择的事例要有说服力。可以引用名人名言。

◎根据观点对材料进行梳理、归纳。如果材料很多,可以把要点记在卡片上。

② 辩论时,既要证明自己,又要反驳别人。(课件出示)

◎我方陈述时,要充分利用时间,清晰表达自己的观点。

◎对方陈述时,要注意倾听,抓住对方的漏洞。

◎自由辩论时,进一步强调我方观点,并针对对方观点进行有效的反驳。

③ 分小组任选一个感兴趣的辩题,合理分配正反方,进行辩论实战练习。

教师组间巡视,在辩论过程中,可能会出现空场,教师应相机点拨,或评价,或激励,或引导,把辩论不断推向高潮。

预设1:帮助学生全面正确地分析所辩论的问题和双方的理由,还可以建议学生继续研究探讨,并推荐阅读资料。

预设2:当主辩人应对无力、反应迟缓时,我方组员可以插话支援,尽量使所有学生都能积极参与,做到各抒己见,畅所欲言。

预设3:可对别人的发言提出质疑,但应把握时机,并注意质疑时的语气。

3. 技巧点拨——同学们都能以事实为依据,大胆进行辩驳,在辩论中能从不同的角度看待问题。指出本次辩论过程存在的问题,结合具体事例告诉学生一些辩论的技巧。(课件出示)

① 见机而行,转败为胜——抓住各自观点的两面性,转化矛盾,变害为利。

② 一分为二,求同析异——不急于全面反击,而是先肯定对方论点里正确的部分,再抓住其错误的地方加以剖析。

③ 晓以利害,因势利导——针对对方的不同观点,发现其中模棱两可的部分,一步步地引

导,让对方在权衡利害得失关系后,主动放弃其错误主张。

4. 对辩论过程中各组学生的表现做出评价:指出哪些学生态度最积极,哪些学生提出的论据最有说服力,哪些学生应对最迅速,哪些学生语言最严密、表达最清楚,哪些学生最能发现对方的问题、反驳最有力。

5. 辩论结束了,你觉得有哪些地方可以做得更好?

预设1:辩论可以锻炼自己的勇气,通过摆事实、讲道理来丰富认识,帮助我们全面地看待事物、处理问题。

预设2:学会设计"圈套",让对方掉入圈套,论证己方观点。

预设3:还可以运用"明知故问法",抓住对方观点的要害,单刀直入,从反面提问,答案往往就包含在问话中。

小结:总之,辩论应该有理有据,切勿信口开河,应以"情""理"为中心阐述自己的观点。
(课件出示)

◎听出别人讲话中的矛盾或漏洞。

◎抓住漏洞进行反驳,注意用语文明。

板块三 拓展延伸,以"辩"明智

1. 综合性学习活动:学校举行辩论赛,正方的观点是"养成良好风气主要靠自律(自我约束)",反方的观点是"养成良好风气主要靠他律(他人约束)"。辩论时,双方唇枪舌剑,反方突然这样发问:"孙悟空不就是被套了个紧箍咒才肯听唐僧的话吗?可见养成良好风气主要靠他律。"作为正方,你该用什么样的话来有力地回击反方呢?

2. 出示新辩题:

逆境有利于/不利于成长

究竟怎样才是美?围绕"小学生有没有必要天天穿校服"这一主题展开辩论。

3. 教师总结:从生活中选择你感兴趣的话题,与同学展开小组辩论会,也可以回家与父母展开小型的辩论,你对事物的认识可能会进一步深入,你的倾听、思维、应对等口语交际能力也将进一步得到提升,智慧的火花将在辩论中闪现!

拓展阅读

辩论示例

1. 电脑时代需要/不需要练字

提示:

正方观点:(1)练字能锻炼大脑,培养专注力;还可以陶冶情操,修身养性。(2)字如其人,写得一手好字的人往往更受欢迎,而打字没有自己的个性表现。(3)汉字是中华民族的象征,作为中国人,我们有义务将书法这一传统文化发扬光大,这是电脑打出来的字代替不了的。

反方观点:(1)互联网时代,写字的越来越少,打字更多,也更便于保存和打印。自己写的字时间长了,可能会模糊不清,而电脑可以保存,哪怕时间再久也仍然清晰。(2)写字不就是为了相互交流吗? 我们有了电脑不也可以互相交流吗?(3)我们写文章时,在电脑上打字,错字、病句会出现错误提示,比自己写好多了。

2. 不可以说谎/可以讲善意的谎言

提示:

正方观点:(1)诚信是中华民族的美德,一个人如果经常撒谎,久而久之,便会失去人们的信任。(2)善意的谎言本身还是谎言,给谎言加上一个"善意"更多的只是借口。

反方观点:(1)善意的谎言是一种至善,不会影响诚信。(2)有这样一句话:善意的谎言是美丽的。当我们是为了他人的幸福和希望适度地撒一些小谎的时候,谎言即变为理解、尊重和宽容,具有神奇的力量。

3. 人们通过竞争/合作取得更大的成功

提示:

正方观点:(1)竞争是主流,竞争无处不在。合作是以竞争为前提的,合作的目的也无非是为了提高竞争力。(2)"物竞天择,适者生存。"差异导致竞争,竞争促进发展,发展才会成功。因为竞争,才有百家争鸣,才有文化的繁荣,而科技的进步,每一次都是人类与自然竞争的结果。(3)现代社会竞争比合作能取得更大的成功,你追我赶的发展竞争可使落后成为先进,社会就是遵循这种永恒的竞争法则走向未来的。

反方观点:(1)现代社会是一个充满竞争的社会,但同时也是一个更加需要合作的社会,作为一个现代人,只有学会与别人合作,才能取得更大的成功。(2)"三个臭皮匠,赛过诸葛亮。"人多智慧多,只要善于合作,去发挥合作和整体的力量,就能取得更大的成功。成功的人都善于合作。(3)事实上很多竞争都是在合作的基础上进行的。孙权和刘备联合起来共同抗曹,奠定了三国鼎立的局面;此时的辩论,如果组员之间不互相合作,能取得成功吗?

4. 现代信息交流方式会/不会增进人与人之间的理解

提示:

正方观点:(1)基于网络的现代信息交流方式,突破了时间、地点的限制,让温暖与真诚随时随地得以表达,拉近了人与人之间的感情距离,自然就会增进人与人之间的理解。如抢红包就是微信应用技术和传统习俗的巧妙结合,增进了人们的感情交流互动。(2)现代信息交流方式集方便、快捷、高效于一体,信息获取量大,使人们便于沟通、交流思想,融合了人际关系,有效解决了人们在相互交流沟通方面的许多难题,填补了其他交流方式的缺陷。

反方观点:(1)现代信息交流方式并非面对面的真诚交流,冷冰冰的少了"人情味",且存在一定的虚假性,会使人与人之间的信任度降低,也就更谈不上增进理解。(2)由于人们运用手机、电脑等熟练程度的局限性,有时交流反而耗时费力;真情实感被一两句模式化的文字替代,流于形式;再加上现代信息交流方式"网罗天下"的特点,让人们都成了"低头一族",反而减少了人与人之间的交流。

（编写人:江苏省常州市戚墅堰实验小学　韦艳青）

习作:插上科学的翅膀飞

➡ 一、文本教学解读

本单元习作"插上科学的翅膀飞"是要求学生写一个科幻故事,把自己头脑中天马行空的想象记录下来。课本上有三幅图,依次是:大脑可以直接从书本上拷贝知识、在火星上生活、用时光机穿越时空回到恐龙时代,并在下方配以文字加上省略号,来打开学生想象的时空。

本单元的人文主题是"科学发现与探索思考"。科幻故事不是凭空想象,它的产生离不开科学与思考,大胆想象并佐以科学原理才能成就一个吸引人的科学故事。

本单元的语文要素是"体会文章是如何用具体事例说明观点的"和"写科幻故事"。教材上明确要求习作分三步走：第一步，写之前要先和同学交流；第二步，写作时要大胆设想；第三步，写完后要再和同学交流。三个步骤都有明确的要求，写前交流的主要问题是：你印象最深刻的科幻故事是什么？故事里写了哪些现实中并不存在，却看起来令人信服的科学技术？这些科学技术对人们的生活和命运产生了什么影响？写时设想的是：人物的生活环境是怎样的？他们可能运用哪些不可思议的科学技术？这些科学技术使故事中的人物有了怎样的奇特经历？写后交流的主要目的是：看谁的科幻故事奇特又令人信服。本单元第 17 课《他们那时候多有趣啊》就是一篇科幻小说，里面介绍了未来的上学方式，并要求学生想象未来的学习生活。这正是为习作教学提供了样本和思路，可以将第 17 课和此次习作整合起来进行教学。

统编教材重视学生想象力的培养，指向"想象"的习作与以往教材相比明显增加。据统计，整个小学阶段共安排了 11 次指向"想象"的写话、习作训练，占写话、习作总数量的 16.7%。到六年级下学期时学生已经写过的"想象"类习作有：三年级上册的"我来编童话"，三年级下册的"想象"，四年级上册的"我和＿＿＿＿过一天"，五年级上册的"二十年后的家乡"等，从想象的合理、故事的完整到描写的细致、形象的生动，从童话、神话到科学的引入，不管是从内容还是表达上的要求都在逐步提升。到了六年级下册的"插上科学的翅膀飞"更是明确提出了科学性和故事性的双重要求。

科幻故事首先是一个故事，作为故事它需要具有故事的特征，即人物、情节和环境以及故事的时间、地点。

科幻故事又不同于一般的故事。首先在时空上一定是闯进未来的时空，幻想是超越现实的。其次，故事情节会更加离奇，故事中的人物形象会更加鲜明。随着时代的进步、科技的发展，科幻故事中的人物要比我们现实生活中的人物聪明、能干得多。这些人会具有鲜明的性格、丰富的知识、聪明的大脑，可以是长相特别的外星人，可以是宇航员，也可以是探测外星球奥秘的科学工作者等。再次，科幻故事一定是融幻想与科学色彩于一体。科学幻想故事常常是科学未来的预言。它所表现的科学内容虽然在现在看来是虚幻的，但是由于有一定的科学依据，将来有可能变成实实在在的现实。编科学幻想故事时，必须和科学知识与科技发展相联系。以现在的科学为基础，关注科学进步，想象科学对未来生活的巨大影响。

最后，既然是写一个科幻故事，那肯定还要具有一定的文学性，所以还要融科学性与文学性于一体。科幻故事中会有深奥的科学知识，而这些深奥的科学知识是通过对文学形象的细腻描绘、刻画，逐步传递给读者的，读者在被感动、被吸引的同时，不知不觉将科学知识吸收和消化。

教学目标：

1. 打开学生思维，启发学生多角度大胆地想象。

2. 能把自己的所想所说用文字通顺准确地表达出来，想象合理，有一定的科学依据。

3. 恰当选材，情节引人入胜，角色鲜明，避免平铺直叙。

4. 培养学生善于思考，敢于探索，勇于创新的综合能力。

教学过程

板块一 交流故事，初步认识科幻

1. 同学们平时都喜欢科幻故事，一定在图书、杂志或电视里看过许多这类有趣的故事。谁能给大家讲述一个你喜欢的科幻故事？

2. 学生讲述。

要点：讲述完整即可。

3. 让学生谈一谈听后的感受。

要点：感觉不可思议、感觉有疑问、引发后续思考。

4. 你们为什么喜欢这些科幻故事？它和我们的生活有什么不同？（小组交流）

要点：引导学生有意识地去比较，让学生自己去发现，领悟出科幻故事的基本特点。

5. 教师小结科幻故事的特点：是的，我们之所以喜欢看科幻故事，是因为故事情节离奇，非常吸引人，里面的内容不受常规限制，超越时空，看起来很有意思。

板块二 欣赏电影，确定讨论材料

1. 老师这里有一些科幻电影，你们想不想看一看？

播放《地心游记》《机械公敌》《阿凡达》三部科幻电影的片断。

2. 在影片中你看到了什么？有什么感受？你喜欢哪一部影片？为什么？

要点：明确科幻故事题材主要有未来生活畅想、外星生存探索和地球未知探秘等几类。

3. 请喜欢同一部影片的同学坐到一起,以小组为单位展开讨论。

(帮助学生分组及安排座位,并给每个小组编号,以便进行后续的小组合作学习)

出示小组合作讨论问题:

问题一:讨论一下你们共同喜欢的这部科幻电影,看过的同学可以讲述一下后续情节,没看过的同学可以猜测一下电影里还会讲到什么。

要点:激发写作热情,拓宽写作思路。

问题二:如果让你续编,你觉得这个故事还会怎样发展。

要点:启发想象,且注意与原故事背景、情节匹配。

问题三:如果让你写一个科幻故事,你想写哪方面的内容? 每个小组确定一个内容主题,写在老师发的白纸上,并请一位同学贴到黑板上,注意标上小组号码。

要点:选择同一部影片的学生一般选择的内容也会是同一类的。

4. 每小组各选代表汇报交流第二个问题,其他小组点评。

(引导学生关注猜测故事、续编情节的科学性和趣味性)

5. 集体讨论学生确定的写作内容。

(预设:遨游火星、我来自冥王星、2155 年的一天、神奇的未来学校、土星归来、宇宙栈道……)

把学生贴在黑板上的写作主题进行归类,并请学生交流对所确定的内容准备写一个怎样的故事。

6. 学生列出写作提纲。

要符合科学性和趣味性,可在小组内进行相互修改。

板块三　品读小说,明确习作要求

1. 确定了要写的故事,我们要如何把这个故事写得引人入胜呢? 下面这些科学故事的片段也许能给我们一些启发,让我们先来读一读。

出示三个片段:

片段一:教学视察员是个身材矮小的胖子,脸红扑扑的,带着一整箱工具,还有测试仪和电线什么的。他对她笑了笑,递给她一个苹果,然后把机器教师拆开。玛琪暗暗希望他拆开以后就不知道怎样装上,可才过了一小时左右,机器老师已经重新装好。黑乎乎的,又大又丑,上面还带着一个很大的荧光屏。在这个荧光屏上,所有的课文都现出来了,还跟着没完没了地提问题。这倒也无所谓,最让她厌烦的是那个槽口——她非得把作业和试卷塞进去的那个口子。

——摘自《他们那时候多有趣啊》原文

片段二:漆黑的太空中,突然出现了两千个太阳!它们排成一个长方形的严整阵列,赫然出现在永恒的宇宙之夜中,让人们不约而同地想起了一句话:上帝说要有光,于是有了光。在两千个太阳的照耀下,木星和它的卫星都像在燃烧,木星大气层被辐射电离,引发的闪电布满了行星面向舰队的半个表面,构成了一张电光闪烁的巨毯。舰队体开始加速,但阵列丝毫不乱,这堵太阳的巨墙以雷霆万钧的气势向太空深处庄严推进,向整个宇宙昭示着人类的尊严和不可战胜的力量。

——摘自刘慈欣科幻小说《三体》

片段三:来到月球上,我立马被眼前的景象惊呆了——天空中布满了飞船,其中一架飞船向下发射了一枚导弹,只听轰隆一声,地面上出现了一个几百米深的大坑。原来,他们正在进行军事演习。这时,一个外星人朝我走过来,他告诉我说:"我是这里的最高长官,我们在做攻击地球前的重大军事演习。我们这里有威力无比的核武器,一枚炸弹足以毁掉你们一个村子。知道吗?我说的'村子'是指人口在两亿人以上的城市或者国家。所以,我们对征服地球有足够的信心。哈哈哈哈……"他狂笑着离开了我。我十分担心,我真怕这些外星人毁掉我们美丽的家园。

——摘自学生科幻作文

2. 先大声读一读这些片段,想一想这些片段中分别写了什么?

要点:分别是关于未来的机器人、未来的宇宙、未来所遇到的新鲜事。引导学生关注故事所需要的三个要点——人物形象、环境描写和故事情节。

3. 选择其中的一段和你的同桌讨论一下,这一段是怎样写的?

(学生选择一段说一说给自己的写作启示)

要点:人物的描写不同于现代人,环境的描写光怪陆离,情节的描写想象大胆。

4. 教师小结写作要点:(1)故事要有一定的情节波折,不能让人看后觉得索然无味。(2)要在故事中确定几个角色,有各自的名字。(3)在编写故事的时候,要大胆想象,不要有所拘束。(4)作文的内容要具体,描写一件事或一个故事情节时要写详细。

板块四 展开写作,畅想科幻世界

1. 同学们,在明白了写什么、怎样写之后,我们就要动笔来完成一篇自己的科幻故事啦。

2. 在写之前老师还有几点提醒:(1)把故事的经过写清楚、写具体。(2)写出自己的真情实感。(3)反映人们健康向上的情感和美好的愿望。(4)为了让自己编写的科幻故事能够吸引读者,要给故事取个有意思的名字。

3. 学生自主写作。

板块五 修改习作，讲好科幻故事

1. 在小组内朗读自己写的科幻故事，比一比、评一评谁的故事最引人入胜。

2. 讨论为什么有些同学的作文不够吸引人，可以如何修改。

（学生组内互相修改习作）

3. 选出小组内最有意思的故事，集体帮助修改，提升故事的可读性，并请小组内最会讲故事的同学练习声情并茂地讲述，下次我们将在全班范围内进行讲科幻故事比赛。

三、教学资源链接

拓展阅读

1. 科幻小说推荐

《三体》，刘慈欣，重庆出版社

《地心游记》，[法]凡尔纳，西安交通大学出版社

2. 科幻电影推荐

《地心游记》《阿凡达》《机械公敌》

（编写人：江苏省常州市延陵小学　陆振烨）

语 文 园 地

一、文本教学解读

第五单元的《语文园地》安排了四个板块的内容。

"交流平台"重在总结良好的学习习惯。四位同学分别阐述了一个自己的好习惯:"热爱阅读高质量课外书""能够边读书边思考""针对自己的习作会反复修改""遇上问题能勤问勤查"。这些习惯在日常教学中都会进行渗透引导,在《语文园地》中出现更是一种提炼和巩固,以期在小学毕业之际让学生对自己的好习惯有更清晰的认识。

"词句段运用"安排了两组内容。第一组是借助文言文里学过的生字,推想新词语的意思。这是知识点学习后运用的过程,也是学习能力真正发挥作用的过程。举一反三能让学习触类旁通,实现教材只是例子,能力才是生长的目的。泡泡语中的提示是方法的引导。另外五个词语的意思可以通过回忆以前所学来推想,再借助查找工具书最终确认。此板块内容也可以和《古文二则》课文的学习整合。第二组是关注引用的使用,侧重体会间接引用和直接引用名人名言的好处。两个例子分别是间接引用和直接引用,可以引导辨析两种引用的不同,然后交流习作中借助引用的好处,进一步感受引用的作用。

"书写提示"重在引导学生将楷书写得美观大方,并初步体会行书的笔意。教师可以借助班级中书写小有所成的学生作品,品析作品,提高鉴赏能力,同时鼓励学生将字写得更工整、漂亮。

"日积月累"编排了四句古代谚语,重在熟读成诵。四句话出自四部古代经典著作。先了解句子的意思,能用现代语言表达对这些话语的认识是积累的第一步。第二步在理解的基础上可以通过多次诵读达到背诵积累的目的。最后可以借助拓展阅读了解经典著作的特点,窥一斑而见全豹。古代经典著作的拓展阅读,也是感知历史文化的有效手段。

二、教学活动设计

教学目标:

1. 复习并巩固良好的学习习惯。

2. 学习借助文言文中已知生字的意思,推想新词语的意思。

3. 学习直接和间接引用的方法,能体会使用引用的好处。

4. 感受楷书书写的魅力,初步体会行书的笔意。

5. 积累名言明辨事理,感受传统文化魅力,尝试运用。

教学过程:

板块一 "交流平台"——养成良好学习习惯

1. 我有好习惯。

引导话题:通过六年的学习,你养成了哪些良好的学习习惯? 它对提高学习效率有哪些帮助?

要点:在学生的随机交流中,教师要有意识地捕捉亮点,进行概括提升,可以是预习的好习惯,复习的好习惯,上课听讲的好习惯,拓展延伸的好习惯等。

2. 教材有话说。

在学生初步交流的基础上,教师可以引导学生关注,针对六年级的学生而言,我们更需要哪些良好的学习习惯,能有效提高学习效率,对自主学习产生更大的帮助。

引导学生关注教材中四位同学的交流要点,谈谈自己的认识。

3. 榜样来帮忙。

提示1:请平时学习习惯比较好的同学介绍自己的经验。

提示2:借助名人故事进一步感知养成良好的学习习惯的重要性,进一步加深对习惯的认识,明晰良好的学习习惯对自主学习能力的提升有重要作用。

4. 实践有监督。

"交流平台"中提及的学习能力点不能仅靠一节课来落实,应该是长久的养成过程。教师在教学中要持续督促学生养成良好的学习习惯。

板块二 "词句段运用"——推想词语意思

1. 学习推想词语的方法。

提示1:自读泡泡语的提示,回忆"汤"在文言文中的意思是"热水"。

提示2:"汤"的意思是"热水","赴汤蹈火"中的"汤"如果代入"热水"的意思,是不是可以解释清楚。请学生推想并交流自己的想法。

提示3:通过查找工具书确认"赴汤蹈火"的意思,借此点评刚才学生的猜想。将字的意思代入词语后,如何理解整个词语的意思。

2. 运用方法推想词语的意思。

提示1:生生互动交流其他词语中加点字的意思,如果可以回忆出它以前在文言文或课文中的出处就更好了。

提示2:将对加点字的理解代入词语中,再整体解释词语。

3. 借助工具书确认推想,巩固方法。

提示1:组织推想交流,在交流中教师可以结合语境或者通过查找工具书确认学生的推想。

提示2:可借此方法的学习和巩固,系统复习一下理解词语的诸多方法,帮助学生对六年的学习有一个更系统、更有条理的认识。

板块三 "词句段运用"——引用的好处

1. 自己读一读书本中的两句话,想一想这两句话有什么特别之处。

2. 出示没有引用的句子,让学生对比读一读,进一步明确"引用"的修辞方法,辨析引用的好处。

出示句子如下:

第一组:

科学需要灵感,这不能坐等。

书籍对我这样如饥似渴阅读的少年来说,它的功用是不言而喻的。

第二组:

正像数学家华罗庚说过的,科学的灵感,绝不是坐等可以等来的。

莎士比亚说:"书籍是全世界的营养品。"对我这样如饥似渴阅读的少年来说,它的功用是不言而喻的。

提示1:请学生对比读一读两组句子,发现两组句子的不同。教师可以根据学生的回答相机指导"引用"这一修辞方法,让学生对此有一个清晰明确的认知。

引用:指在说话或写作中引用现成的话,如诗句、格言、成语等,以表达自己思想感情的修辞方法。

提示2:男女生分角色再读一读两组句子,同桌互相讨论,用了引用的句子相比不用引用的句子发生了什么变化,给读者带来什么样的阅读感受。

教师在学生交流时可以总结提炼:借助引用让话语的说服力更强。

提示3:教师出示新的一组使用引用修辞方法的句子,让学生进一步感受引用的好处。

参考例句:

古人常说:"腹有诗书气自华。"古典诗文蕴含着深厚的文化底蕴和情感资源,妙用古诗文可以使文章散发出浓浓的书卷气和文化气。

失败乃成功之母,你千万不要气馁。

漫步于秋日落叶徐徐飘落的小径上,我不禁吟了一句:"无边落叶萧萧下,不尽愁绪滚滚来。"抒发内心的悲秋之情。

教师进一步提炼引用的好处:

(1) 可使所表达的语言简洁凝练,增添感染力。

(2) 对说理、表情达意都很有帮助,可为自己的观点和看法提供有力的论据,增强说服力。

(3) 具有画龙点睛之效,能够启人心智、升华主题。

3. 通过两个句子的对比阅读,感受直接引用(明引)和间接引用(暗引)两种方式的区别。关注两种引用中标点符号和人称的变化。

提示1:从以前的课文中再找几个引用的例子,加深学生对引用这一方法的认识。

提示2:寻找一段习作,尝试让学生进行修改,用上引用这一修辞方式。

板块四 "书写提示"——鉴赏楷书中的行书笔意

1. 课件出示赵孟頫《三门记》(局部)。

2. 了解赵孟頫《三门记》作品。

提示1:关于这幅作品的书法家,你有哪些了解?

提示2:这种字体是什么体? 你能说说《三门记》这幅作品的创作故事吗?

3. 教师小结:赵孟頫是元代著名的书法家。他的楷书运笔自然,点画圆润多姿,具有行书的笔意;结构严谨端庄,平正宽绰;整体上显得秀丽柔美,稳健大方。

4. 欣赏学生的优秀书法作品,品析楷书快速书写时向行书靠拢的变化。体会潦草和行书的差异。鼓励学生楷书书写到位后再向行书发展。

板块五 "日积月累"——理解积累名篇名句

1. 读通句子,明白意思。

提示1:读一读四句话,根据自己的理解推想一下句子的意思。

提示2:指名交流自己的猜想,教师可以根据学生的发言适当介入,让学生对句子意思有正确的认识。

(1) 穷则变,变则通,通则久。——《周易》

注释:事物发展到了极点,就要发生变化;发生变化,才会使事物的发展不受阻塞;事物发展不受阻塞才能长久不断地发展。

（2）苟日新，日日新，又日新。——《礼记》

注释：如果能够一天新，就应保持天天新，新了还要更新。比喻从勤于省身和动态的角度来强调及时反省和不断革新的重要性。

（3）青，取之于蓝而青于蓝。——《荀子》

注释：靛青是从蓼蓝里提炼出来的，但是颜色比蓼蓝更深。比喻人经过学习或教育之后可以得到提高。常用以比喻学生超过老师或后人胜过前人。

（4）苟利于民，不必法古；苟周于事，不必循旧。——《淮南子》

注释：只要对人民有好处，就不必一定要效法古人的制度；只要有助于事情的成功，就不必沿袭旧有的规矩。不断改革、不断创新本来就是历史的常态。只要有利于人民、有利于事业，改革就应该推进，也只有推进改革，才能够达到所谓有利于民、有利于事业的目的。

2. 联系实际，明了事理。

根据对句子意思的理解，结合自己的生活实际谈一谈自己的认识。将观点道理融入生活实际中去。

3. 了解出处，拓展阅读。

提示1：根据句子后面的出处，简单介绍四本古典名著。

提示2：拓展阅读出自名著中的其他经典语句，激发学生对古典名著的阅读兴趣，为中学文言文阅读奠定基础。

三、教学资源链接

拓展阅读

《周易》：《周易》即《易经》，是传统经典之一，相传系周文王姬昌所作，内容包括《经》和《传》两个部分。《周易》是中国传统思想文化中自然哲学与人文实践的理论根源，是古代汉民族思想、智慧的结晶，被誉为"大道之源"。其内容极其丰富，对中国几千年来的政治、经济、文化等各个领域都产生了极其深刻的影响。

《礼记》：《礼记》又名《小戴礼记》《小戴记》，成书于汉代，为西汉礼学家戴圣所编。《礼记》是中国古代一部重要的典章制度选集，共二十卷四十九篇。书中内容主要写先秦的礼制，体现了先秦儒家的哲学思想（如天道观、宇宙观、人生观）、教育思想（如个人修身、教育制度、教学方法、学校管理)、政治思想(如以教化政、大同社会、礼制与刑律)、美学思想(如物动心感说、礼乐中和说),是研究先秦社会的重要资料,是一部儒家思想的资料汇编。

《荀子》:《荀子》是战国时期荀子和弟子们整理或记录他人言行的哲学著作。全书一共32篇,其观点与荀子的一贯主张是一致的。他的文章擅长说理,组织严密,分析透辟,善于取譬,常用排比句增强议论的气势,有很强的说服力和感染力。

《淮南子》:《淮南子》又名《淮南鸿烈》《刘安子》,是西汉皇族淮南王刘安及其门客集体编写的一部哲学著作,属于杂家作品。该书在继承先秦道家思想的基础上,综合了诸子百家学说中的精华部分,对后世研究秦汉时期文化起到了不可替代的作用。

(编写人:江苏省常州市局前街小学　沈花)

第六单元

本单元属于综合性学习活动单元。区别于四年级下册的"轻叩诗歌大门"与三年级下册的"传统节日"等"小综合"单元,本单元没有精读课文、略读课文,也没有《语文园地》,只有一些"活动建议"和"阅读材料",属于"大综合"学习活动单元。

根据其综合性、实践性、活动性强的单元特质,可以将其设计为"项目化学习"单元。

项目学习是一套系统的教学方法,它是对复杂、真实问题的探究过程,也是精心设计项目作品、规划和实施项目任务的过程。学生围绕特定主题与任务,主动参与到语文核心概念的学习中,通过自主言语活动实践,真正将知识内化为能力,并在情境的体验中凝结为素养。

本单元的人文主题是"那些种在校园里长不大的记忆,那些留在岁月中忘不掉的纯真⋯⋯"小学毕业,是成长道路上一个特殊的里程碑。母校的多彩活动、老师的谆谆教诲、同学的纯真友情以及童年的成长故事,这些人生道路上珍贵的礼物,需要在毕业之际学会回忆与总结、记录与思考,需要在告别之际学会感恩与表达,更值得永久珍藏在心。孩子们正是在总结、思考、倾诉与表达中走向新的成长。

为了凸显"感恩"的主题,我们设计了"临近毕业,我拿什么奉献给母校、老师、同学和自己"的驱动性问题,将项目化学习主题设定为"毕业献礼"。围绕该主题组建单元语文学习任务群,引导学生在活动任务中自主学习必备知识,生成关键能力。

本单元的语文要素是"运用学过的方法整理资料;策划简单的校园活动,学写策划书"。"整理"与"策划",就是项目的两个核心知识概念,也是两项关键能力。整理,指整顿使有条理,有秩序。需要经历信息的回忆、检索、整理、归类、筛选、排序、运用等过程,使学生的逻辑思维、整体思维、创造性思维得到训练与发展。策划,指执行某件事之前的计划、打算与安排,并对具体步骤作完整的记录。需要经历计划打算、整合资源、创意设计、构思谋划、布局安排、细化操作步骤等过程。从宏观布局到细节执行不断完善的过程中,学生的整体思维、逻辑思维、形象思维、创意思维、跨越式思维将得到全面提升。"毕业献礼",是一项具有长期性、合作性、综合性、创造性的项目工程,是对个人的语文学科阅读素养、表达能力、信息运用能力、高阶思维技能、整体规划能力、艺术鉴赏能力、审美创造能力、劳动技术实践能力和团队合作能力的综合考验。

项目学习目标:围绕"毕业献礼"创设任务情境,组建小组学习共同体,在完成特定任务、解决真实问题的过程中,开展多样化的言语实践活动,学习整理、选择和运用资料制作成长纪念册,学习"毕业联欢会"活动策划,学习通过写作、诵读、演讲、剧本表演、书信、建议书、赠言等多种文体、多种形式来记录小学生活的美好故事,表达对母校、师友的感恩、惜别之情,在发展听说读写等语文学科综合能力的同时,提升心智水平与合作能力——学会感恩,学会反思总结、沟通合作、组织协调、宣传邀请,并锻炼艺术、劳技、综合实践等跨学科能力,促进核心素养的全面提升。

项目成果表现方式:制作一本成长纪念册并展览;撰写书信、毕业赠言和建议书等文稿;策划并合作举办一场毕业联欢会。

学习工具与资源:教材上的阅读材料、教师选编的资料、学生自己搜集的资料、学校活动资料,以及各学科教师、学校管理人员。

"毕业献礼"项目设三个篇章"难忘、感恩、惜别",分为七个项目任务群:

项目一:策划献礼。整体阅读,头脑风暴,整体设计,定向目标。

项目二:成长回忆。回忆往事,整理资料,绘成长轴,制纪念册。

项目三:感念师恩。素材积累,选材剪辑,撰写文稿,编排剧本。

项目四:感谢学友。同学赠言,升华友谊,书信交流,互诉别情。

项目五:激情歌咏。赏析诗歌,深情朗诵,遴选诗歌,歌咏排练。

项目六:真诚建议。留恋母校,真诚建议,同学互勉,积极倡议。

项目七:毕业典礼。总结梳理,完善策划,宣传邀请,节目排演。

(编写人:江苏省江阴市教师发展中心　夏江萍)

"毕业献礼"项目化学习设计方案

项目一:策划"献礼"

项目描述:

通过创设情境,激发学生对母校、师友的感恩之情,启发思考并讨论"毕业献礼"的形式;浏览本单元教材的文字资料,整体感知内容信息,梳理"活动建议",罗列活动项目;师生共同设计项目主题,开展头脑风暴式讨论,制订目标任务,整体构思"献礼"活动的内容形式;阅读"毕业联欢会活动策划书",了解策划意义,学习《活动策划书》的主要内容与形式,讨论联欢活动的整体建构与节目形式,并练习撰写策划书。

建议时间:2~3课时。

关联技能:阅读检索、整体策划、思考分析、交际沟通、创意表达。

学习目标:

1. 理解单元项目化学习的主题和意义。

2. 参与讨论项目化学习活动内容和形式,并贡献建议。

3. 参与策划毕业联欢会活动,并学习撰写《毕业联欢会活动策划书》。

4. 能主动承担任务,积极与他人合作。

材料准备:阅读教材资料、搜集课外资料。

作品呈现:

《毕业联欢会活动策划书》

《"毕业献礼"小组活动策划书》

驱动性问题:怎样的毕业礼物,最有意义?

活动过程:

板块一 集思广益大讨论

1. 激情启思,确定主题。

揭示主题。播放音乐《奉献》(苏芮歌曲),揭示单元学习目标(教材 P94 第 1 自然段)。启发思考,引发讨论,确定项目化学习主题——"毕业献礼"。

要点1:我们即将毕业,告别小学校园,告别老师和同学。回顾六年,学校生活给予了我们哪些礼物?(谆谆教诲、纯真友情、成长记忆)

要点2:临别之际,我们可以拿什么奉献给你——美好的小学生活、小学校园、小学师友?

2.头脑风暴,提出建议。

问题讨论:我们向哪些人献礼?用怎样的方式献上怎样的礼物?需要做些什么准备?

要点1:个人填写学习单。

要点2:小组内汇报交流,形成小组意见,在汇报纸上呈现。

要点3:全班讨论,分组汇报,整合大家的相同建议与个别想法。

学习单:

项目主题	对象	形式	准备活动
毕业献礼	致成长的自己	《成长纪念册》	整理照片、文字等资料。
	致敬爱的恩师		
	致深爱的班级		
	致可爱的同学		
	致亲爱的朋友		
	致热爱的校园		

3.阅读教材,整体感知。

浏览课本上的本单元学习内容,圈画主要学习任务并梳理活动建议:

(1)填写时间轴;(2)分享难忘回忆;(3)制作成长纪念册;(4)举办毕业联欢会;(5)写信、建议书;(6)毕业赠言。

4.讨论总结,共同策划。

要点1:根据教材活动要求,结合各小组意见,确定未来项目成果:成长册、分享难忘的故事、剧本、书信、赠言、建议、微电影、毕业联欢会等。

要点2:师生共同制定《"毕业献礼"项目总策划书》。明确每人需要完成的任务,作品完成时间、上交作品时间、具体负责人等。

"毕业献礼"项目学习活动策划书

项目名称:毕业献礼

项目目的:在任务活动中,学习整理资料和活动策划,通过多种文体、多种形式来记录小学生活的美好故事,表达对母校、师友的感恩、惜别之情。

项目时间:××年×月—×月

任务分解:

任务名称	责任人	完成时间	审核负责人
个人成长册			
班级纪念册或微电影			
分享难忘的故事			
剧本创作与排演			
毕业纪念品			
临别赠言			
诚恳建议			
毕业联欢会			
……			

板块二　学习撰写《毕业联欢会活动策划书》

一、明确策划意义。

1. 愿景描画。

"你想象中的毕业联欢会,应该是什么样子的?"请结合生活中、影视中的经验谈一谈。

要点:场地布置,凸显主题;主持感人,声情并茂;节目丰富,形式新颖;真情感恩,敬献礼物;团队协作,人人参与。

2. 问题讨论。

"要成功举办一场有品质的毕业联欢会,需要做好哪些准备?"

要点:提前计划、联系场地、分工合作、设计流程、策划节目、选择内容、编写剧本、组织排练、布置场地、制作道具……

3. 意义总结。

毕业联欢会是"毕业献礼"的重点任务,是一项具有长期性、合作性、综合性、创造性的任务。它是对语文素养、合作能力、信息运用能力、整体规划能力、审美创造能力和创新实践能力的综合考验。

二、了解策划内容与形式。

1. 理解"策划"的含义。

学生先说说自己的理解,教师再点拨指导,在比较中理解,在举例中理解。

要点1:策划,指执行某件事之前的计划、打算与安排,并对具体步骤作完整的记录。这是一个从宏观布局到细节执行不断完善的过程。

要点2:与"计划"比较,策划更具有操作性。

要点3:举例理解。电影《我和我的祖国》的第一个故事《前夜》中,要完成"开国大典",需要提前数月进行计划,设计每一个流程,思考每一个细节,包括何时按下升旗按钮,都需要精心部署、周密安排以及前期试验,不能出一点儿差错。还有家庭旅游、生日庆祝、小组活动、班队活动等都可以作为"策划"的案例。

2. 了解《活动策划书》的基本内容与形式。

(1) 阅读思考:"怎样写好一份策划书?"阅读课本第101—102页。

要点1:了解策划书基本内容——活动名称、目的、时间、地点、分工、流程;

要点2:认识到"策划"要整体布局、步骤细化、分工细致,职责明确。

(2) "如果不先做这样整体细致的策划,可能会是什么结果?"推理辨析。

(3) "从这份节目单,你读出了什么?"与同学谈谈自己的感受。

要点:了解节目形式与内容,体悟节目设计背后的目的与意义。

三、学习撰写活动策划书。

1. 关于"毕业联欢会"活动流程与节目的整体策划。

问题讨论:"我们班的联欢会,能策划得更加精彩一些吗?"

要点1:对照课本上的三个流程以及节目单中的节目形式与内容,结合班级实情、同学特长,组织小组讨论,汇总改进意见。

(1) 节目要有层次,分三个篇章进行:"难忘、感恩、惜别";

(2) 节目形式要富有时代感,如故事改编、小品表演等;

(3) 采集故事,拍摄镜头,制作微电影;

(4) 集体朗诵、歌曲、舞蹈等节目编排要简单易行,可操作性强;

(5) 突出班级特色,增加集体参与性,增加合作性、趣味性游戏……

要点2:结合大家意见,形成班级"毕业联欢会"活动流程及节目单。

2. 明确"毕业联欢会"各项任务分工,责任到人。

要点1:自愿报名,分工合作。

要点2:对照课本上的分工补充意见,各小组分工负责相关任务,明确职责,形成班级共识。

3. 学习《毕业联欢会活动策划书》的样式,学生各自撰写《毕业联欢会活动策划书》。

要点:小组评价,个人修改。录入项目个人档案袋。

板块三 撰写《"毕业献礼"小组活动策划书》

根据板块二学习的《毕业联欢会活动策划书》的基本内容和具体分工,各小组围绕小组需要合作完成的"毕业献礼"某个任务或合作表演的某个节目,进行整体策划。

反推完成任务前期需要做的准备工作,确定人员分工与职责,以及任务完成的时间节点和审核负责人,小组成员合作制订《"毕业献礼"小组活动策划书》。对照评价标准,小组自评,并完善修改。

例如:

"情景剧创编表演"小组活动策划书

任务名称:××情景剧

任务目的:通过剧本创作表演,表达对学校老师的感恩之情。

完成时间:××年×月—×月

任务分解与分工:

任务名称	负责人	具体职责	完成时间	督查员
采访、搜集资料				
撰写《难忘的"微"故事》				
评选"最感人微故事"				
改编"最感人微剧本"				
修改完善				
演员选拔				
排演"最感人微剧本"				
服装采购预订				
道具采集制作				
舞台音响监察				
拍摄"难忘瞬间微镜头"				
采编剪辑"微电影"				

项目评价:

1. 活动策划书撰写的内容与格式,符合基本要求;

2. 策划书的目的性、预见性、操作性强,环节步骤细致,分工职责明确;

3. 设计有个性、有创意。

（编写人：江苏省江阴市教师发展中心　夏江萍）

项目二：成长回忆

项目描述：

围绕本单元人文主题"难忘的小学生活"，开展一次分享、记录"成长回忆"的活动。通过编写时间轴，学习搜集、筛选成长材料，根据需要给搜集的资料分类，编排制作各具风格的成长纪念册，记录班级的成长故事和自己的成长经历，并永久珍藏。

建议时间：2 课时。

关联技能：信息搜集筛选、思考分析、创意表达、交际沟通。

学习目标：

1. 参考活动建议和阅读材料，有计划地开展活动，认识到自我成长与学校的关系，激发对学校、老师和同学的感激之情。

2. 通过编写时间轴，分享难忘回忆，增进对学校、老师、同学的感情。

3. 以活动为主线，在回忆的基础上，学习搜集、筛选成长材料，根据需要给搜集的资料分类，编排制作成长纪念手册，并永久珍藏。

活动准备：

学生准备：

1. 课前搜集小学阶段的成长资料。

2. 回忆小学阶段特殊的日子、发生的大事，选择六年小学生活中最难忘的十件往事填写在调查表上。

调查表：

最难忘的十件往事			
序号	时间点	事件	备注
1			
2			
3			

序号	时间点	事件	备注
4			
5			
6			
7			
8			
9			
10			

3.剪刀、胶水、彩笔等工具。

教师准备：

1.多媒体课件。

2.调查表。

作品呈现：成长时间轴、《班级成长纪念册》、《个人成长册》

驱动性问题：

回忆六年小学生活，你最难忘的十件事是哪十件？

活动过程：

板块一　激发兴趣，分享回忆

一、激趣导入。

1.出示一组班内学生一年级时的照片，猜一猜：他们是谁？看照片猜同学。

2.出示一组班内学生的各种活动照片。从懵懂无知、幼稚天真的小孩长成了如今好学上进、聪明能干的少年，蓦然回首，你有什么想说的？

要点：感慨时光匆匆，感念师恩绵长，感激同学情谊，感恩学校关怀。

3.临近毕业之际，我们更怀念小学生活。揭题：成长回忆。

二、分享难忘回忆。

1.学习阅读材料。

（1）浏览阅读材料：《老师领进门》。思考：著名作家刘绍棠回忆小学生涯，他难忘的是什么？

交流，相机板书：1942年正月上小学，认识田老师。

（2）浏览阅读材料:《作文上的红双圈》。思考:著名儿童文学作家黄蓓佳难忘的又是什么?

交流,相机板书:1972 年 5 月"红五月"征文比赛,发表《补考》。

（3）小结:无论是刘绍棠,还是黄蓓佳,都回忆了小学生活中值得回味的人和事,连当时的时间点都记得清清楚楚呢!（板书:人、物对应时间点）

2. 在六年小学生活中,每天都会发生很多事,有些是小事,有些则很重大。那么,你认为哪些事情对你来说是大事?

提示:四人小组交流,汇总梳理"调查表"。

3. 各组选派代表,集体交流:难忘的人(或事,或物)。

提示:有些是集体共同的难忘回忆,有些是个人的难忘回忆。

4. 投票评选班级最难忘的十件事。

提示:可以汇总成《××班级成长记忆》,也可以请教美术老师,设计一个班级 LOGO,将属于班级的回忆凝练其中,或将班级最难忘的十件事以电子相册的方式串联、记录,拍摄制作微电影。

板块二　筛选梳理,编写时间轴

一、筛选梳理个人回忆。

1. 课件出示教材树形时间轴。

提示:教师回忆自己的小学生活——一连串难忘的人、事、物,组成了快乐的童年。

2. 自主思考,筛选个人最难忘的十件事。

二、编写时间轴。

1. 设计时间轴。

提示:时间轴,可以设计成形式多样的思维导图。可借物喻意,树形、花形、钟形、心形、小河、太阳、小路、阶梯、高山……也可以用自己的生肖形状或具有象征意义的事物来表现,如:散文《父爱之舟》中用"舟"的形状代表"成长"。

2. 自主设计,编写时间轴。

提示:写清时间点、主要事件(或人物,或事物),还可以把相应的照片、一段文字等贴附在旁边。

3. 实物投影展示,交流分享。

要点 1:用一个词或一个短语总结概括"我的小学生活"。

要点 2:发表感言"我最想感谢谁? 感谢什么?"回顾之余,表达自己的感恩之情。

板块三　创意表达,编制成长手册

一、范例引路。

1.成长纪念册能定格回忆,珍藏情谊,表达感激。欣赏一组成长手册。你觉得这些成长手册如何?哪一本给你留下了深刻印象?说说理由。

2.如何制作成长纪念册?欣赏上届学生的成长纪念册,发现成长纪念册一般分为几个部分?

要点:分为封面、扉页、正文几个部分。

二、创意表达。

1.设计封面:为成长纪念册命名、配图。

提示:常见的命名方式有直接呈现形式(例:成长纪念册)、比喻形式(例:红日初升、成长树、向阳花儿开)、诗化形式(例:生命放歌)等。

配图:与纪念册名字吻合,或挑选一张最符合主题的照片(个人照、集体照均可)。

2.编写"卷首语"或"成长感言"。

要点:(1)紧扣标题,呼应纪念册名字。(2)情感真挚,表达生动。(3)篇幅短小,语言精练。

范例:

这里记录了一棵树的成长,亲爱的朋友,请您放慢脚步,细细欣赏。这里有欢笑,徜徉学海游戏乐园;这里有喜悦,挥洒汗水追逐梦想;这里有见证,同伴情深师恩如海。它们如一朵朵芳香四溢的野花,如一条条滋养生命之源的溪流,让这棵树芬芳环绕、苗壮挺拔。

3.正文。

(1)结合已经编写好的时间轴,设计栏目名称。

范例:

编年体式——把小学六年的学习生活一年一年地展示出来。

栏目式——按照不同的栏目把内容分成几部分。

编年体式	栏目式
一年级——我上学了	我就是我
二年级——我进步了	发展足迹
三年级——我长大了	多彩生活
四年级——我学会了	我的恩师
五年级——我做到了	成长寄语
六年级——我毕业了	我的伙伴
	毕业赠言

设计要点:内容按一定顺序编排,结合时间轴,栏目名称表达凝练,字数相近。

提示:栏目名称尽量新颖有趣、有时代感,表达出个性和创意。

(2) 四人小组合作:快速浏览课前搜集的成长资料,实物、文章、作品、证书、照片等,按栏目进行筛选归类。

三、尝试编制成长纪念册,传阅评价。

项目评价:

1. 能编写清晰明了、富有个性的时间轴;

2. 小组合作或与家人合作,完成独具创意、内容丰富、富有情意的成长纪念册;

3. 能积极参加班级、个人纪念册展览;

4. 学习制作网上电子相册、电子成长纪念手册。

(编写人:江苏省江阴市实验小学　傅　红)

━━━━━━━━━━　▶ **项目三:师恩难忘** ━━━━━━━━━━

项目描述:

即将告别母校,告别朝夕相处的老师。老师教育我们、引导我们、关心我们、扶助我们的点点滴滴,潮水般涌上我们的心头。有多少可敬的老师要描写,多少动人的故事要讲述,多少澎湃的情感要抒发!

我们以“师恩难忘”为主题来统领这一情境性表达项目,构建一个综合性的学习任务群,通过采访、摄像等多种方式来获取材料,在材料整理中发掘师生交往过程中的感人故事与细节,用话剧、微电影、文章、诗歌等多种形式来表达我们对师恩的感激,对师德的礼赞。在完成学习任务群的过程中,发展搜集和处理信息的能力、主动意识与合作能力,提升语文核心素养。

建议时间:2~3 课时。

关联技能:交流沟通、信息搜集与整理、活动策划、创意表达。

学习目标:

1. 能通过问题征集、采访、摄影摄像等多种实践活动,多途径主动获取多样化的素材;

2. 能根据主题合理运用素材,用文章、剧本、图片、视频等多种方式表达对师恩的感念、对师德的赞美;

3. 能在活动中主动承担任务,积极与他人合作,展现和锻炼综合性能力。

材料准备:相关阅读材料、采访提纲、摄影摄像器材、场地等。

作品呈现:剧本、文章等。

驱动性问题:在这分别之际,我拿什么奉献给您——最敬爱的老师?

任务设计:

板块一　采访与素材积累

一、问题提出与筛选。

1. 头脑风暴议"采访":关于"师恩"的主题,你想采访同学或老师哪些问题呢?

要点:以"师恩"为中心发散开去,可以通过思维导图的形式,写下想要采访的人与问题。先小组合作,再全班展示,进行相关信息的合并、归类整理。

2. 形成初步的问题。

要点:对整理的信息进行问题化处理,使它可以引发对"师恩"的回忆。

3. 筛选采访问题。

要点:在备选问题后标注该问题适合向谁提问,不适合的问题不需要标注。

采访问题清单

对象:同学

1. 在教过你的老师中,让你感动的老师有哪些人?哪位老师排在第一位?　　　　　(　　　)

2. 你被老师批评过吗?你认为哪一次的批评让你至今心怀感激?　　　　　　　　(　　　)

3. 你在哪一门功课上进步最大?老师是怎么帮助你实现进步的?　　　　　　　　(　　　)

4. 你对哪一门课最感兴趣?这跟任教这门课的老师有关吗?　　　　　　　　　　(　　　)

5. 老师的哪一个细微的举动,让你至今久久难忘?　　　　　　　　　　　　　　(　　　)

6. 你在课堂上或者公开场合提出过与老师不同的建议吗?老师又是怎么做的呢?　(　　　)

7. 你被选拔代表班级参加过比赛吗?准备和比赛过程中发生了什么让你感动或难忘的事情?　　　　　　　　　　　　　　　　　　　　　　　　　　　　　　　(　　　)

8. 你向老师撒过谎吗?老师看出来没有?老师是怎么处理的?　　　　　　　　　(　　　)

······

二、提纲编制与采访。

1. 编制提纲。

要点:确定采访对象、内容等,编制采访提纲。开场语预先备好,结束语可临场机动。

示例:

"师恩难忘"采访提纲

采访对象		采访时间		采访地点	
组长		组员			
采访开场语					
提问与记录	问题1: 问题2:				
采访结束语					

2. 采访分工。

要点:确定好组长、现场记录者、摄影摄像者等人员,明确每个人的具体任务,同时注意采访礼节等事项。摄影摄像工作可预先请教这方面比较有专长的成人。

3. 分组采访。

采访要点:(1)紧扣"师恩"提问;(2)提问要具体,要注意引导被采访人回顾当时的语言、动作、身体、心理等细节;(3)当听得不太明白,或感觉细节不具体时要适时追问;(4)面向被采访人,专注倾听,不时通过点头、微笑等方式积极回应。

提示:预先与采访对象联系,确定采访时间、地点,并告知摄影摄像等注意事项,取得老师的同意。

三、素材收集与整理。

1. 交流采访感想。

要点:各采访小组分别交流采访中的见闻感受,讲述打动自己的细节,为下一步的"感念师恩"文章写作和剧本创编任务提供具体的材料。

2. 分类整理素材。

提示:根据需要完成的任务,可以分为课堂教学类、课外生活类、师生交往类、参赛类、活动类等,也可以分为最得意的学生、最难忘的一节课、最精彩的一次活动等。

板块二　感念师恩

一、情感激发与思路打开。

1. 阅读材料。

要求：

（1）选择阅读下列材料，不少于两份。

①《老师领进门》（见教材）；②《作文上的红双圈》（见教材）；③《我的老师》（作者：魏巍）；④《每当我走过老师窗前》（歌词）。

（2）圈点批注。

重点从两个角度进行批注：一是作者表达上的特点，以及给你的启发；二是自己的联想，即由阅读材料中的老师和事想到了教过自己的哪位老师、哪件事。

2. 选择材料，突出师恩。

要求：斟酌自己联想到的老师与事情，想一想最打动自己的人与事，最能让自己感受到师恩的人与事。打动自己，才能打动他人。

二、提纲拟定与作文写作。

1. 重读阅读材料，梳理表达方法。

提示：根据下表进行梳理，发现文章打动人的地方与表达方法。

篇目	事例	动人细节	表达方法
《老师领进门》	田老师用讲故事的方法教语文	1. 听得入迷 2. 恭恭敬敬地行礼	1. 叙事中融入情感 2. 直接抒情
《作文上的红双圈》			
《我的老师》			

2. 交流发现，拟写提纲。

（1）交流梳理后的发现。

提示：选择的都是自己亲身经历的事；事情不一定很大，但是对自己的影响很大；把自己的全部感情融入事情的叙述中；注意细节描写，写出了当时"我"的真实状态，因此文章格外真切而感人，等等。

（2）拟写提纲。

要点：搭好作文的结构，要完整；主要事例要展开，凸显表现师恩的细节；注意对老师教诲之恩的赞美之情、对老师呕心沥血关心帮助我们的感激之情，可以融入对事情的记叙过程、对人物的描写中，也可以适时直接抒发自己的感情；要与小学即将毕业，师生即将分别这个特殊的时间点关联起来。

3. 正式写作。

提示：教师针对学生写好的提纲进行细化指导。学生修改后，根据提纲自主写作。可以写成记叙文形式,也可以写成诗歌形式(可以参考歌词《每当我走过老师窗前》)。

三、以文感师,恩敬师德。

1. 修改,誊正。

提示:自主修改与合作修改相结合。修改后,用稿纸或其他色纸,工工整整誊抄。

2. 请老师批改。

提示:送请文中的"主人公"老师批改,当面致谢师恩,并请老师为自己批改作文。

3. 举办"感念师恩"主题作文展。

要点:

(1) 语文教师可以进行再批改,也可以不做批改。

(2) 以班级或年级为单位,举办展览。

(3) 利用好学校橱窗、宣传栏等设施。如果条件允许,可以扫描后,在班级微信群、学校微信公众号等新媒体平台进行展示。

板块三 剧本创编与排练

一、确定故事创意。

1. 头脑风暴:我的故事创意。

根据本次采访获得的素材和启发,主创小组成员充分交流各自的故事创意。

要点:

(1) 先观看微电影《听从我心》,增强对故事、主题与情节的感性体验。

(2) 展示自己的情节发展图,结合图示讲述创意,要讲清矛盾冲突。其他成员评议。

(3) 教师可补充《三国演义》中"火烧赤壁""草船借箭""空城计"等突出诸葛亮人物形象,也使故事分外吸引人的情节资料,以及鲁迅先生所说"杂取种种人,合成一个"的典型化塑造小说人物的方法等,来指导学生打开思路。

2. 确定故事创意。

要求:根据头脑风暴的讨论,达成共识,确定一个故事创意。

二、剧本创编。

1. 明确剧本要求。

阅读剧本《负荆请罪》《公仪休拒收礼物》,掌握剧本的写作要求。

示例:

负荆请罪（剧本部分）

时　　间　战国时代。

地　　点　蔺相如的府邸。

人　　物　蔺相如：赵国的上卿。

　　　　　廉　颇：赵国的大将军。

　　　　　韩　勃：蔺相如的门客。

第一幕

〔幕启。蔺相如正在聚精会神地读书，旁边站着的韩勃气呼呼的，好像受了许多委屈。

韩　勃　（气愤地）大人，别怪我多事，廉将军一再挡我们的道，太欺负人了，我实在咽不下这口气！

蔺相如　（笑笑）韩勃，干吗这么生气？

韩　勃　大人，您是赵国的上卿，职位比廉将军高，为什么那么怕他呢？

蔺相如　（依然笑笑）我并不是怕他。

韩　勃　刚才在路上，大人不是有意避让廉将军的车子吗？要是我呀，才不让他呢。

（说明故事发生的时间、地点与人物）

（说明舞台布景）

（说明人物说话时的表情）

要点：

（1）开头交代故事发生的时间、地点、人物及其身份、舞台布景。

（2）人物对话是故事的主体部分，在圆括号里说明人物说话时的动作、表情等细节。

（3）故事一定要有冲突，冲突才能使故事跌宕起伏，吸引读者。

2. 创编剧本。

提示：对照剧本形式（以剧本《公仪休拒收礼物》为范例），检查是否符合剧本要求；试一试台词、动作、表情，看是否符合人物身份、性格等，进行修订。

三、剧本排演。

1. 制订"任务策划书"。

示例：

任务名称		任务目的		完成时间	
角色1		角色2		角色3	
角色4		角色5		角色6	
现场指挥		道具		配乐	

提示：自荐、推荐相结合，经过评议，选择合适的同学承担角色表演与剧务工作任务。

2. 练习表演。

（1）个人记台词、练习表演。

提示：读背台词，揣摩、把握人物。可以对着学校舞蹈房或者家里的镜子进行练习。

（2）整体排练。

提示：上道具，配音乐，按演出标准进行演练；组内其他同学体验观看。演出后，主持人组织小组合议，进行改进、完善。

表演评价表

项目	语气	音量	动作	表情	与他人配合
建议					

备注：

教师可以根据班级学生实际情况，把剧本创编和演出改为"三句半"创编和演出或其他文艺节目类型。

四、微电影拍摄与展播。

1. 选择优秀剧本和剧组进行微电影拍摄。

提示：

（1）分场景拍摄。可请学校摄影老师、家长等协助进行拍摄。

（2）注意检查拍摄环境是否符合影片取景要求，拍摄镜头对故事的表现是否到位。

2. 后期制作。

提示：

（1）利用网络中的媒体编辑工具进行镜头剪接。注意原始资料的备份。

（2）可以适时插入故事发生当时的影像图片资料，强化真实感。

（3）可以适当配乐，帮助提高感染力。

（4）主动联系沟通，寻求帮助，解决微电影制作过程中的技术工作。

3. 微电影展播。

提示：可以利用班级 QQ 群、微信群或者在班会课上进行播放、观看；也可以推荐到校园电视台播放。

（编写人：江苏省江阴市晨光实验小学　梁昌辉）

项目描述:

阅读教材资料,思考并讨论毕业赠言的特点;练习用简洁的语言、不拘一格的形式来书写赠言,表达心中的感情;创设情境,互送赠言,表达对母校、对老师、对同学的眷恋之情。

建议时间:1 课时。

关联技能:创意表达、交际沟通。

学习目标:

1. 明确毕业赠言的目的及内容,辨别赠言的优劣,了解赠言的特点。

2. 通过说、写毕业赠言,练习用简洁得体的语言表达心中的情感,培养综合表达能力。

3. 在说、写赠言的过程中感受同学间纯真美好的情谊,激发对母校、对老师、对同学的感激、眷恋之情。

材料准备:

1. 教师准备:六年小学生活的镜头剪辑。

2. 学生准备:(1)个人成长中关键事例清单;(2) 各种花式的稿纸、便笺。

作品呈现:富有创意的毕业赠言书签(或在同学的毕业纪念册上留言、粘贴)。

驱动型问题:我要把最真最美的语言留给你……

活动过程:

板块一　初写赠言,明确要求

1. 真诚对话,唤起情感。

出示:离别时间清单。如果把一张纸分割成若干个小块,一块算一天,离你与小伙伴的分别还有 20 天。听到这个数字,不少同学神情变得凝重起来。时间匆匆而过,怎么一下子就要分别了? 如果给你一分钟,你想对老师、同学说些什么?

要点 1:难忘与不舍。

要点 2:感动与感恩。

要点 3:祝愿与憧憬。

2. 如果要在毕业前夕把这份情感表达出来,可以怎么做呢?

要点 1:写成文字,表达心声。

要点 2:合影留念,永远珍藏。

要点 3:送份礼物,表达谢意。

3. 写成文字送给对方,这不失为一个好主意,人人都可以完成。这就是今天我们要学习的"毕业赠言"。赠言,就是离别时想说的心里话。

4. 自主阅读教材 P106 的"毕业赠言",发现毕业赠言独特的表达方式。

要点 1:赠言的对象可以是老师或同学,写给某一个人,针对性强。

要点 2:可以记录一些往事,表达对对方的留恋;可以加一些祝福的话,表达美好的祝愿。

要点 3:语句简洁明了有条理,可选用比喻、排比等修辞手法和整齐的句式,表达强烈的情感。

5. 出示例子进行比较与评价,进一步发现写法。

例 1:祝你天天进步!

例 2:眼看我们分别在即,我是多么不舍啊!

要点 1:内容不能空洞,忌泛泛而谈,须"言之有物"。

要点 2:内容针对性要强,忌人云亦云,须"言中有人"。

要点 3:修辞恰当,情真意切,须"言之有情"。

6. 学习"毕业赠言"的格式。欣赏几则《毕业赠言》。

(1) ××同学:

　　　　当你孤独时,风儿就是我的歌声,愿它能使你得到片刻的安慰;当你骄傲时,雨点就是我的警钟,愿它能使你获得永恒的谦逊。

×××

×月×日

(2) 我们曾是足球场上的两只猛虎,我们曾是合唱队中的两个声部,我们曾是一张课桌上的一对学友。当我们挥手告别时,朋友,请带上我的祝福。祝你在新的学校如一叶小舟,在智慧的海洋上扬帆起航,直到成功的彼岸!

你的朋友××

×月×日

提示:

第一类:书信形式,有称呼,有署名和日期。

第二类:只有署名和日期。

要点:赠的格式可以根据实际需要作相应的变化。

7. 播放剪辑视频来勾起回忆,将值得写的事例写进去,使赠言言之有物,请选择一位对象,用几句话写下给他的赠言吧。

板块二　创意赠言,个性表达

1. 有创意的赠言一定会给大家留下深刻的印象。我们来欣赏几则赠言:

(1) 莫愁前路无知己,天下谁人不识君。

(2) 赠李雅琪:

　　　李白蜀道难

　　　雅舞播幽兰

　　　琪琚铿好词

要点:第二则是一首藏头诗,把每句第一个字连起来就是"李雅琪"。

2. 拓展创意表达支架:除了诗词式,赠言的形式还有很多。(歌词式、数学式等)

3. 拓展书写形式支架:有横向的、纵向的,还有阶梯状的、心形的,这样是不是更有创意?

例1:勤奋＋严谨＋热情＝人气王

例2:

　　　　忘不了,我们一起参加体能训练时流下的汗水;

　　　　忘不了,我们共读沈石溪动物小说时分享的快乐;

　　　　忘不了,在我考试失利时你给予的声声安慰。

　　　　　让我送上最美的小伞,

　　　　　为你遮风挡雨。

　　　　　愿我们的友谊地久天长。

(可在例2赠言外勾勒出一把伞的轮廓,上面是伞面,下面是伞柄)

4. 总结:毕业留言形式可以说是不拘一格,但是都非常简短、凝练,离不开一个"情"字。

5. 创作:请同学们取出课桌里的信封,选择一种你最喜欢的书写纸,创作你的创意赠言。

板块三　修改赠言,现场表达

1. 分享同学的作品,对照表格,同桌互评。

出示评价表:

同伴评价	言之有人(☆)	言之有物(☆☆)	言之有情(☆☆☆)
同桌			
赠予对象			
评审团			

要点:同桌相互交换,根据要求在"同桌评价"一栏中打星。

2. 修改:如果毕业典礼就在明天,临别前,你会用怎样的文字温暖他人的心灵呢? 请修改或重写你的赠言。

3. 受赠予者评价推荐。最有发言权的是他赠予的那位同学,请他来为赠言打星。 如果你赞赏他的赠言,请把它贴到黑板上。学生上台推荐赠言,评审团评价。

请被推荐者上台,声情并茂地朗诵。

例:

××:

光阴似箭,日月如梭,六年时光,转瞬即逝。

曾记得新生入学时你纯真的模样,那一刻我们相见了;

曾记得考场失利时,你春风般的鼓励,那一刻我们相识了;

曾记得阅读交流会,我们有了共同的话题,那一刻我们相知了。

时光飞逝,我们即将各奔东西,愿时光倒流,再续情谊。

×××

×月×日

要点 1:按照事情发展顺序写相见、相识、相知,写出了他们深厚的友谊。

要点 2:使用竖行排列,用了排比方法,感觉更像是一首诗。

4. 评审团评价:请语文课代表代表评审团为赠言打星。

5. 现场交际:同伴、师生现场赠言,分享创意表达,并感受赠言的交际功用。

我们还可以直接在对方的毕业纪念册上合适的地方写上你的"赠言"。或者拿起你们的赠言,走到你的同学、老师身边,读给他们听,读出你们的惜别之情,然后和你的赠言对象一起把它贴到赠言录上。

(播放音乐《明天会更好》)

板块四　写成书信，珍藏美好

1. 如果你还有很多的话想表达，成长手册上写不下，可以怎么办？

要点：写成赠文、赠信。

2. 阅读教材 P105 的《给老师的一封信》。

要点 1：内容上更丰富，篇幅可以长一些。

要点 2：私密性更强，只有对方一个人可见。

3. 饱含深情的文字会见证你们的友情。将来不管在何时何地，大家都会想起同窗学友的赠言！

（编写人：江苏省江阴市城中实验小学　狄永红）

--------→ 项目五：激情诗咏 --------

项目描述：

本项目围绕本单元项目学习主题"毕业献礼"，以"激情诗咏"为主题构建一个综合性的学习任务群。

"诗言志，歌永言"，临近毕业，学生借助诗歌朗诵来表达感恩、惜别、祝福之情。在情境任务的驱动下，学生通过"图书检阅""网络搜索"等多种方式来搜集诗歌作品，在对材料的归类整理中感受诗歌表达的多种情意，面对毕业活动中的不同场合和参加对象，能够选取和推荐合适的诗歌篇目，在朗诵中感受诗歌作品中文字和旋律所表达的情感。

在完成学习任务群的过程中，发展学生搜集和处理信息的能力、语言表达的能力、策划沟通能力，从而提升语文核心素养。

建议时间：2～3 课时。

关联技能：信息搜集与整理、语言表达、策划沟通等。

学习目标：

1. 能依据主题，通过关键词的搜索，利用阅读、网络等途径主动获取素材。

2. 能根据情境，依据目的、场合和对象整理和选取合适的素材，用诵读的方式表达对师恩的感念，对小学生活的依恋，对未来的憧憬。

3. 能在活动中主动承担任务,积极与他人合作,展现和锻炼综合性能力。

作品呈现:推荐词、朗诵展演等。

驱动性问题:哪一首才是最能表达心声的诗歌?

活动过程:

板块一　搜集选取

1. **任务主题:**花开花落,又到一年毕业季,曾经觉得无比漫长的小学生活,匆匆就要拉上帷幕。古人云:"诗言志,歌永言"。在离别之际,每一位同学请选出最能表达自己心声的诗歌。

2. **活动一:**以"毕业"为关键词,通过图书查阅、网络搜索等方式搜集诗歌作品。

3. **活动二:**将搜集到的诗歌作品进行筛选,并用打印、摘抄、小报等方式呈现。

提示:选取时可以整篇选用,也可以部分选用。部分选用的诗歌需要注明出处。

示例:

送　　别

词:李叔同

长亭外,古道边,芳草碧连天。晚风拂柳笛声残,夕阳山外山。

天之涯,地之角,知交半零落。一壶浊酒尽余欢,今宵别梦寒。

长亭外,古道边,芳草碧连天。问君此去几时还,来时莫徘徊。

天之涯,地之角,知交半零落。人生难得是欢聚,唯有别离多。

赠　　别

海内存知己,天涯若比邻。——王勃《送杜少府之任蜀州》

一愿世清平,二愿身强健。三愿临老头,数与君相见。——白居易《赠梦得》

长风波浪会有时,直挂云帆济沧海。——李白《行路难三首》

板块二　归类整理

1. **任务主题:**交流搜集的诗歌,说一说自己为什么选择这些诗歌作品。

2. **活动一:**以"选择的目的"为话题,小组之间进行交流,并推选一位同学进行全班交流。

3. 活动二：根据学生搜集的诗歌作品进行交流，从"感恩""惜别""祝愿"等方面进行归类整理。

示例：

感恩：《每当我走过老师窗前》(金哲)、《老师，我总是想起你》(常春城)、《我的歌》(泰戈尔)等。

惜别：《送别》(李叔同)、《再别康桥》(徐志摩)等。

祝愿：《行路难三首》(李白)、《〈青春万岁〉序诗》(王蒙)等。

板块三　写推荐词

1. 情境选择。

情境一：班级举行毕业联欢会，邀请所有任课老师和同学们一起参加，需要有一位同学朗诵一首献给老师的诗歌。

情境二：学校的毕业典礼上，需要在毕业班中选取一个班为全体毕业生朗诵一首诗歌。

2. 活动一：选择一个情境，根据目的，推荐一首最合适的诗歌进行朗诵。

要点：情境一是献给老师的诗歌，主要表达的是"感恩"之情，选取的诗歌要适合个人朗诵；情境二是给毕业班同学们的诗歌，主要表达的是"祝愿"之意，选取的诗歌要适合集体朗诵。

3. 活动二：学写推荐词。

(1) 毕业班的任课老师也想在班级举行的毕业联欢会上为同学们朗诵一首诗歌，他们想推荐的是何其芳的《我为少男少女们歌唱》，并且还写了这样一段推荐词。

推　荐　词

《我为少男少女们歌唱》是我国现代著名诗人、散文家何其芳创作的一首广为流传的抒情诗。诗人为少男少女们歌唱，表达了自己渴望年轻、热爱新生活的感情，对新生力量给予了由衷赞美。诗人是如此真诚，又是如此激动地在歌唱，那明快的节奏鼓舞着我们，炽热的感情感动着我们，优美的语言吸引着我们。

孩子们正当"蓓蕾初绽"的少年时代，预示着希望，象征着未来，让我们一起朗诵这首诗，歌唱少年蓬勃的力量，祝愿他们美好的未来。

(2) 交流：对照教材 P103 诗歌原文，说一说老师的推荐词是如何写的？

要点：一是写明作品的名称、作者和主要内容；二是说清楚推荐理由，根据作品朗诵的目的、场合和听众,可以从"主题理解""语言风格""表现手法"等方面介绍这首诗歌值得推荐的地方;三是语句简练,篇幅简短;四是由衷赞叹,积极推荐。

提示:在推荐时,可以将作品附在推荐词的后面。

(3) 小组合作,为毕业典礼或毕业联欢会诗歌作品写一段推荐词。

(4) 集中评选。小组展示,集体投票,评选入围毕业典礼或毕业联欢会的诗歌作品。

板块四　诵读传情

1. 任务情境:在毕业联欢会或者毕业典礼上,如何朗诵入选作品才能恰当表达你我的深情?

2. 活动一:播放《我为少男少女们歌唱》的朗诵音频或教师范读。学生交流以往诗歌朗诵的经验,学习诗歌朗诵的技巧,并进行朗诵练习。

要点:

一是解读作品主题,把握朗诵基调。朗诵要和诗人的感情产生共鸣,这才能把握朗诵基调。这首诗的基调是热情奔放,乐观向上的。

二是依据朗诵基调,确定语调语速。如果表现的内容是欢快、激动或紧张的,语速要快一些;如果表现的是悲痛、低沉或抒情的,语速要慢一些。这首诗语调轻松欢快,语速可适当快一些。

三是关注节奏押韵,展现音韵之美。朗诵时可在"停"与"连","长"与"短","轻"与"重"等方面展现,读出起承转合与抑扬顿挫。

四是练习体态语言,丰富表情动作。根据诵读内容与情感,配合适当的眼神、表情、手势、动作等,增强朗诵的表现力与感染力。

五是恰当分配角色,编排队形变化。朗诵时,根据表达需要,分配领诵、合诵;适当变换队形、动作造型,以丰富舞台表现形式。

示例:

(合)我为/少男少女们/歌唱。

(女)我/歌唱早晨——,

(男)我/歌唱希——望——,

(女)我/歌唱那些——/属于未来的——/事物,

(男)我歌唱——/正在生长的/力——量。

3. 活动二:成立朗诵小组,确定好组长。根据大家推选出来的作品,依据朗读《我为少男少女们歌唱》的经验进行朗诵练习。

要点1：完成"朗诵节目编排与表演"的项目策划，从音乐选取、背景制作、舞台编排等方面进行分工，明确每个人的具体任务。

要点2：根据作品主题、朗诵基调等，选用恰当的配乐；选用符合主题的照片或视频做背景，可适当剪辑；表演形式上可以在队形排列、服装选择、动作表演等方面进行编排。

提示：可预先请音乐、信息技术等学科的老师予以具体指导。

4. 活动三：举行朗诵比赛，推荐参加毕业联欢会或毕业典礼现场朗诵的同学。

要点：朗诵有感染力，得到老师和同学的认可。

项目评价：

1. 根据情境任务，用推荐词清晰地表达自己推荐的理由。

2. 掌握朗诵的一般技巧，恰当表达"感恩""惜别""祝愿"等情感。

（编写人：江苏省江阴市夏港实验小学　蔡海峰）

→ **项目六：真诚建议**

项目描述：

本项目的内容是围绕本单元主题"毕业献礼"，给母校、老师或同学提出中肯的建议，期许美好的未来。建议，是留给对母校、老师和同学的一种更有价值的纪念，更能培养学生的社会责任感。

首先，要留心观察学校的各项管理以及老师同学的各种表现，发现其中的不足之处和有待改进的地方，再将发现的问题进行讨论梳理，分类整理。其次，要从格式、表达内容、语言特点等方面掌握建议书的写作方法，通过陈述现状、提出问题，针对问题、分析原因，提出措施、建议采纳等几方面完成建议书。可以书面递交，也可以通过组织演讲活动，在适当的场合表达出来。

建议时间：2课时。

关联技能：观察反思、整理归类、创意表达、交际沟通。

学习目标：

1. 留心观察身边的现象，分类整理学校管理以及师生行为中有待改进的地方，通过给母校、老师、同学提出中肯的建议,深化对母校的情感,提高社会责任感。

2.学习建议书的写作。通过陈述现状、提出问题,针对问题、分析原因,提出措施、建议采纳等几方面完成建议书,提升书面表达力。

3.复习演讲稿的写作,仿照课文写演讲稿,并练习进行演讲,发展自己的口语表达能力。

作品呈现:《建议书》、演讲会。

驱动性问题:为了更好的你,我们可以怎么做?

活动过程:

板块一　发现问题,分类整理

1.回顾校园生活,发现不足之处。

播放视频。

镜头一:图书馆里散落的图书。

镜头二:校门口爷爷奶奶背着书包,而同学在旁边吃零食。

镜头三:校园里绿色植物缺少养护。

2.看了这些现象,你有什么想要说的或想要做的?

要点1:说说自己的感想、反思与建议。

要点2:讨论可以采取的措施,比如:张贴标语,言语劝导,张贴倡议书等。

3.回顾小学生活,说说你还发现了哪些不足之处。

要点:从学校建设和管理,教师教育教学以及学生行为规范等方面引导学生发现问题。

4.把学生发现的问题,按照"学校管理""师生行为"两方面进行归类整理。

5.小结:虽然我们即将离开,但是为了母校的老师和同学的未来更美好,我们不但需要留下祝福,更要说出我们的反思,留下我们的建议,帮助大家改进,这才是我们真正的目的。

给学校的建议,我们可以写下来交给各个管理部门;给老师同学的建议,我们可以通过在晨会等集会时演讲等方式,感召大家改正。

板块二　学习范文,提出建议

1.就刚才同学们发现的书包太重的问题,六(1)中队的同学对校长提出了如下建议。

建 议 书

尊敬的校长：

不知道您有没有发现,我们小学生的书包变得越来越重了。每天背着沉重的书包上学放学,不仅不方便,长此以往还会对我们的身体造成伤害。目前,为小学生减负已成为热门话题。在减轻我们学业负担的同时,我想提个建议,能不能让我们的书包也减减负。

1. 为每个学生配置储物柜,让我们把不常用的书籍文具放在教室。

2. 请老师每天给我们留有足够的自习时间,让我们尽量能在学校完成家庭作业。

3. 提倡老师们多布置不用书写的作业,比如阅读、制作等活动。

4. 每周安排一天"无作业日"。

如此,我们的书包一定能减重,我们的学习负担也能得到减轻。希望您能采纳我们的建议。

育英小学六(1)中队全体少先队员

5月8日

2. 上学期,我们已经学习了怎样写倡议书,还记得写倡议书的要求吗?

出示六年级上册教材中的例文,对比有什么不同。

3. 阅读范文,建构写作图式。

(1) 默读例文,说说建议书由哪些部分组成? 格式的要求是怎样的?

要点1:标题通常只写"建议书"三个字,但有时为了强调,也可以写成"关于×××的建议书"。

要点2:依据建议的对象写称呼,有时也可以不用称呼,在正文中点出即可。

要点3:正文要写清楚建议内容,可以分点说明。

要点4:最后署名并写上日期。

(2) 关注正文,总结结构图式。

默读正文部分,说说正文部分要写些什么,应该怎么写?

要点1:正文一般由提出建议的原因,向谁建议,解决问题的方法,希望建议采纳等内容组成。

要点2:总结结构图式——陈述现状,提出问题;针对问题,分析原因;提出措施,希望采纳。

（3）明晰表达要求。

建议书的写作，与平时写作文不同。读读正文，说说还有哪些地方需要提醒大家注意。

要点1：观点鲜明，立场公正。不夸大其词，不感情用事。

要点2：态度诚恳，把握分寸。语言要得体，便于别人接受意见。

要点3：措施得当，语言精练。不提出不切实际的要求，语言简练，表达清晰。

4. 结合自己在校园生活中发现的不足，写建议书。

要点1：对于学校需要改进的地方，首先要反思是什么原因造成的，需要哪些措施改进。

要点2：注意观点鲜明，态度诚恳，语言精练。

5. 交流评价。

评价要点：观点鲜明，表达诚恳，措施明确，语言委婉。

6. 分组优化，评选送达。

（1）这么多的建议书，有很多是就同一个问题提出的建议。请同一类的同学分组，投票挑选最好的一份建议书，大家再次优化修改。

（2）怎样送出建议书呢？选择在什么时间，什么地方，用什么方式？如果当面送达，要注意什么？

要点：可以作为信件寄出，也可以当面送达，或者由班主任老师转交。当面送达需要注意礼貌交流。

板块三 准备演讲，真情表达

1. 激发动机，布置任务。

把自己的建议写下来是建议书。如果把自己的建议通过富有激情的语言表达出来，那就是演讲。

如果你能把自己的建议在毕业典礼上演讲出来，在大家面前展示你的思考、你的担当，那一定是一件特别有意义的事情。当然，即便最终你不能代表大家上台演讲，有这样的机会锻炼自己，也是小学一段美好的回忆。

2. 复习演讲，明确演讲稿的写作要求。

六年级上学期，我们已经学过了"演讲"。什么样的演讲稿才有说服力呢？

要点：观点要鲜明；选择合适的材料说明观点，如列举有代表性的事例，引用名言警句；要有感染力，可以引用生动的故事。

3. 出示：阅读材料2《聪明在于学习，天才在于积累——华罗庚1956年在北京大学的演讲》,根据演讲稿的写作特点,感受作者是怎样写好演讲稿的。

要点1:从正反两方面强调坚持的重要性。

要点2:结合自己的经历,强调天才就是靠坚持不断的努力。

要点3:最后总结自己的观点。

要点4:要有一个观点鲜明,吸引人眼球的题目。

要点5:总结图式——题目夺人眼球、正反展开论述、结合自身经历、明确自己观点。

4. 根据例文,运用学到的方法,完成演讲稿。

要点:围绕自己的观点,从正反两方面进行论述,还可以结合自己的亲身经历,证明自己的观点,最后总结观点,发出号召。

5. 怎样演讲才能达到更好的效果呢？ 自己先试试,交流展示中,教师评价引导。

要点1:语气、语调适当,姿态大方。

要点2:利用停顿、重复或者辅以动作强调要点,增强表现力。

6. 举行演讲比赛,推荐参加毕业典礼现场演讲的同学。

要点:演讲主题要贴合实际。语言有感染力,使老师同学产生共鸣。

项目评价:
善于观察反思,用建议书或演讲清晰地表达自己的观点,自信大方地和他人交流。

（编写人:江苏省江阴市月城实验小学　季勇）

图书在版编目（CIP）数据

小学语文名师文本教学解读及教学活动设计. 六年级. 下册 / 吴忠豪, 薛法根主编
— 上海:上海教育出版社,2020.1
（小学语文教师书林）
ISBN 978-7-5444-9750-3

Ⅰ.①小… Ⅱ.①吴… ②薛… Ⅲ.①小学语文课—教学参考资料 Ⅳ.①G623.203

中国版本图书馆CIP数据核字(2020)第026028号

责任编辑　李　航
封面设计　周　亚

小学语文教师书林
小学语文名师文本教学解读及教学活动设计
六年级　下册
吴忠豪　薛法根　主编

出版发行　上海教育出版社有限公司
官　　网　www.seph.com.cn
地　　址　上海市永福路123号
邮　　编　200031
印　　刷　启东市人民印刷有限公司
开　　本　787×1092　1/16　印张 15
字　　数　298 千字
版　　次　2020年2月第1版
印　　次　2020年2月第1次印刷
书　　号　ISBN 978-7-5444-9750-3/G·8049
定　　价　49.00 元

如发现质量问题，读者可向本社调换　电话：021-64377165